PORTUGAL
E A REVOLUÇÃO
GLOBAL

PORTUGAL
E A REVOLUÇÃO
GLOBAL

Martin Page

Como um dos menores países
do mundo mudou a nossa história

Título original: THE FIRST GLOBAL VILLAGE

Copyright © by Martin Page, 2011
Copyright da tradução © 2011 by EDITORA NOVA FRONTEIRA PARTICIPAÇÕES S.A.

Direitos de edição da obra em língua portuguesa no Brasil adquiridos pela EDITORA NOVA FRONTEIRA PARTICIPAÇÕES S.A. Todos os direitos reservados. Nenhuma parte desta obra pode ser apropriada e estocada em sistema de banco de dados ou processo similar, em qualquer forma ou meio, seja eletrônico, de fotocópia, gravação etc., sem a permissão do detentor do copirraite.

EDITORA NOVA FRONTEIRA PARTICIPAÇÕES S.A.
Rua Nova Jerusalém, 345 – Bonsucesso – 21042-235
Rio de Janeiro – RJ – Brasil
Tel.: (21) 3882-8200 – Fax: (21) 3882-8212/8313
www.novafronteira.com.br
sac@novafronteira.com.br

Texto revisto pelo novo Acordo Ortográfico.

CIP-Brasil. Catalogação na fonte.
Sindicato Nacional dos Escritores de Livros, RJ.

P149p Page, Martin, 1938-
    Portugal e a revolução global: como um dos menores países do mundo mudou a nossa história / Martin Page; tradução Gustavo A. Palma. – Rio de Janeiro: Nova Fronteira, 2011.
    464p. : 21 cm

    Tradução de: The First Global Village
    Inclui índice
    ISBN 978.85.209.2763-2

    1. Portugal – História. I. Título.

                            CDD: 946.9
                            CDU: 94(469)

*Dedicado à memória de Pedro da Cunha
e à duradoura amizade da sua família*

Sumário

Agradecimentos 13

Uma nota pessoal 15

Capítulo I: De Jonas a Júlio César 35
O Antigo Testamento e as primeiras descrições gregas e latinas da Terra, para além da intervenção divina; a descoberta, pelos cartagineses, de uma enorme riqueza em minérios; a marcha dos cavaleiros portugueses, com Aníbal, sobre Roma; a loteria que permite a Júlio César ganhar o cargo de governador de Portugal, onde faz a sua fortuna; a compra do poder em Roma, juntamente com a conquista da França, da Bélgica e da Inglaterra

Capítulo II: Roma no Atlântico 45
A instalação dos romanos; a promoção de mudanças no país, no povo, nas leis, na alimentação e na língua; o lançamento de impostos elevadíssimos que os obrigam a venderem-se como escravos; o isolamento da classe romana dominante

Capítulo III: Ascensão e queda da cristandade 57
A revolução vinda do norte da África, através do "cristianismo prático", de Santiago; a sublevação contra os romanos; a chegada de dissidentes religiosos, que, vindos da Alemanha, tomam conta do país; a reforma das leis que conduz ao assassínio do rei Vitiza; a transformação involuntária de um grupo de assaltantes árabes num exército de ocupação

Capítulo IV: Os árabes trazem a civilização para a Europa *67*
A conquista quase pacífica; o preenchimento do vazio deixado pela fuga dos bispos e padres; os martírios cristãos (ou suicídios?); as inovações árabes na agricultura, no ensino, na medicina e na arquitetura; a paixão do príncipe pelo ministro; a transformação da capital do Algarve num centro internacional de música e literatura, e a sua destruição pelos cruzados ingleses

Capítulo V: A reconquista cristã *86*
O plano de são Bernardo de Claraval visando à instauração de um Estado cristão moderno; a autoproclamação de seu primo Afonso Henriques como primeiro rei de Portugal, depois de ter aprisionado sua mãe espanhola; a fundação dos templários e a importância do seu papel; as façanhas de Geraldo Sem-Pavor; os ingleses e normandos contra os alemães e flamengos no cerco de Lisboa; o saque e a selvageria

Capítulo VI: A paz cisterciense *101*
A revolução dos monges no pós-guerra, convertendo os campos de batalha em pomares, vinhas e florestas; o novo Portugal do rei D. Dinis, a inovação na previdência social e o ensino universitário; a queda da realeza da Borgonha; a ameaça vinda de Espanha; o combate à libertinagem que grassa na corte, levado a cabo por uma rainha inglesa de recato exagerado

Capítulo VII: Infante D. Henrique, o mal-aventurado *117*
A reinvenção inglesa do infante D. Henrique como "o Navegador"; o mito da Escola de Sagres; a paz com a Espanha, com a consequente ruína das ordens religioso-militares; a pilhagem do norte da África por parte do infante, e a vergonha na corte; o desenvolvimento da caravela; o início do comércio de escravos africanos na Europa

Capítulo VIII: D. João II e a grande aventura *137*
A importante reforma da corte; as razões que terão levado D. João a despedir Cristóvão Colombo; a criação de um conselho de eruditos judeus e cristãos; o surto do ouro vindo da África Ocidental

Capítulo IX: Pêro da Covilhã, o mestre espião *150*
A viagem de Pêro da Covilhã até à Índia, com os seus mapas a complementarem os de Bartolomeu Dias, sobre a rota à volta da África Setentrional; o não regresso de Pêro após a segunda demanda para encontrar Preste João; a tentativa do capelão real para o trazer de

regresso a Lisboa, depois de o encontrar vivendo no luxo, mas dizendo-se em prisão domiciliar

Capítulo X: Vasco da Gama e o Senhor dos Oceanos *161*
Um embaixador e não um descobridor; uma viagem que não foi um acaso, mas antes uma missão espacial moderna; o perigo de serem identificados como cristãos; o duelo verbal com o Senhor dos Oceanos da Índia; o desprezo pelas mercadorias europeias; escapar por um triz

Capítulo XI: Para além da Índia *175*
A contenda com os árabes pelo domínio do oceano Índico; o rompimento dos laços comerciais com Veneza; a fundação da farmacologia moderna; a captura de Malaca, porta de entrada do Extremo Oriente; o naufrágio do saque de Afonso Albuquerque, no valor de mais de dois bilhões de dólares; as incríveis aventuras de Mendes Pinto e de são Francisco Xavier; o impacto dos jesuítas portugueses no Japão; as transferências de plantas, alimentos e receitas culinárias entre a América, a Europa e a Ásia

Capítulo XII: Idade de ouro em Lisboa e desastre além-fronteiras *195*
O novo centro de riqueza e moda da Europa; a arquitetura, a música, o teatro e as festas na época manuelina; um elefante dado como presente ao papa, por Tristão da Cunha; os avanços portugueses na ciência; as depredações dos piratas protestantes; a desastrosa invasão de Marrocos por D. Sebastião; reis espanhóis no trono de Portugal

Capítulo XIII: A chegada da Inquisição e a partida dos judeus *207*
A única nação europeia que não perseguia os judeus — Portugal —, fica sob a alçada da Inquisição espanhola; a defesa dos judeus portugueses, por parte do papa e do rei D. Manuel; o sistema do Santo Ofício da Inquisição; a desmistificação dos autos de fé; na sequência do desterro e da fuga, os judeus descobrem diamantes no Brasil, ao mesmo tempo que levam tulipas, chocolate, tabaco e negócios bancários para a Holanda; o assalto dos holandeses ao Império Português na Ásia

Capítulo XIV: A reconquista da liberdade *230*
A farsa em que se transforma a invasão de *Sir* Francis Drake; o roubo dos livros do bispo de Faro pelo conde de Essex, para os dar a *Sir* Thomas Bodley, com o objetivo de criar uma biblioteca na Universidade de Oxford; a expulsão dos espanhóis, por parte da nobreza portuguesa, instaurando

os Braganças como nova família real; a troca de Tânger, Bombaim e da infanta Catarina de Bragança como noiva do rei Carlos II, em contrapartida de auxílio contra os espanhóis, avançada por um padre irlandês que foi ministro dos Negócios Estrangeiros; um casamento que foi um desastre político e pessoal; os proventos reais da loucura europeia pelo tabaco; a primeira corrida ao ouro nas Américas

Capítulo XV: Pombal e o rei: um dueto de megalômanos   *251*
A chegada às Caraíbas dos maremotos provocados quando do terremoto de Lisboa; a nomeação de um ditador nas ruínas da cidade; o propagandista que foi o marquês; os verdadeiros criadores da nova Lisboa "de Pombal" e da arquitetura pombalina; aterrorizar a aristocracia, em nome do rei; a guerra com os jesuítas; a destruição do sistema de ensino; os proveitos advindos do despotismo

Capítulo XVI: Palco das grandes potências   *269*
A fuga da família Bragança para o Brasil, ao mesmo tempo que o povo português acolhe as tropas de Napoleão como libertadoras; a vandalização do país, na sequência da ditadura militar francesa; a fuga dos franceses permitida pelo duque de Wellington, em barcos ingleses, levando consigo os tesouros artísticos da nação; a substituição da ditadura militar francesa pela inglesa; a terrível guerra civil em que os portugueses, encorajados por Bismarck, se envolveram após a libertação

Capítulo XVII: O fim da dinastia de Bragança   *282*
O relato de Hans Christian Andersen sobre Portugal, como modelo de nação moderna, tanto em termos de democracia como de tecnologia e avanço social; um novo, mas inepto, rei; as ameaças britânicas na África; o assassínio do rei e do príncipe herdeiro; o exílio do novo rei num subúrbio de Londres

Capítulo XVIII: Descambar em ditadura   *295*
Um excesso de eleições de vários presidentes e de muitos governos conduzem à anarquia e fazem com que a violência passe das ruas para o próprio Parlamento; a tentativa de erradicação do catolicismo por parte dos republicanos; a resposta dos bispos com o milagre de Fátima; o golpe militar que acaba com a democracia e institui Salazar como ditador civil; o Estado que, considerado uma família, tem Salazar como pai; a criação da polícia política e do primeiro campo de concentração português

Capítulo XIX: A II Guerra Mundial: traição e luta pela liberdade *310*
O volfrâmio português que ameaça arrasar Londres; um chefe das atividades secretas britânicas, em Portugal, chamado Graham Green; as acusações de traição, por parte da resistência, a favor da democracia; as origens de James Bond; as denúncias por parte de Henrique Galvão das condições de vida da população na África e a captura de um navio; a crescente humilhação e fúria de Salazar perante a tomada de Goa pelos indianos; a pergunta feita (por quanto tempo?) por uma nova geração de oficiais obrigados a lutar na África

Capítulo XX: Liberdade ao amanhecer *327*
A canção que, passada na Rádio Renascença, conduziu à insurreição; a Revolução das Flores que dá errado; a vitória, em confronto televisivo, de um democrata, Soares, contra um estalinista, Cunhal; as eleições livres; finalmente, o despontar de um Portugal para uma "economia latina em rápido crescimento"; a recuperação como esperança para outras nações traumatizadas do século XX

A propósito das fontes 341

Sugestões bibliográficas 345

Sites 351

Índice onomástico 352

Agradecimentos

Gostaria de agradecer à minha mulher, Catherine, que me deu a possibilidade de pesquisar e escrever este livro, apesar de eu não ver; ao professor Pedro da Cunha, da Universidade Católica de Lisboa, sem cujo encorajamento jamais teria concretizado este projeto; ao professor Fernando d'Orey, da Universidade Nova de Lisboa, pelo seu apoio, conhecimentos e ajuda; ao professor Jaime Reis, do Instituto Europeu, em Florença, pela sua orientação relativamente à história da economia portuguesa, os seus efeitos na ascensão de Salazar e nas relações anglo-portuguesas; a Austin Coates, decano dos autores sobre os colonos europeus na Ásia Oriental, sobretudo pela informação relativa à transferência levada a efeito pelos portugueses de produtos medicinais, plantas, animais e métodos de cozinha, entre as Américas, a Europa e a Ásia; à irmã Aedris, OP (Ordem dos Pregadores, dominicana), do Convento de Santo António, de Lisboa, por me ter ajudado na pesquisa sobre as origens de Portugal; aos muitos amigos portugueses, que colaboraram com vivências e testemunhos pessoais sobre a mais recente história do seu país; ao dr. Tristão da Cunha, pela generosa possibilidade de acesso à sua biblioteca, para além de outras ajudas; ao dr. António Saldanha, pelas suas preciosas correções e sugestões; ao embaixador

Gabriel Mesquita de Brito, por ter verificado a correção dos termos escritos em português ao longo do texto, juntamente com os seus profundos conhecimentos sobre a presença portuguesa na Ásia; a John O'Connor, por me ter dado a conhecer a vida cultural de Sintra; a Carlos Fernandes, pela sua ajuda e amizade ao longo de todo este projeto; e a Susan Moore e Geraldine Tomlin, pela revisão final do texto.

Uma nota pessoal

Era o meio da tarde. O Congo envolvera-se em mais uma guerra civil. Correspondente no estrangeiro, acabado de chegar de Londres, eu era ainda um novato nestas andanças. Encontrava-me à beira da estrada que liga Ndola a Elizabethville, com quatro costelas e o ombro esquerdo fraturados. Um soldado das milícias catanguesas tinha o cano da metralhadora encostado às minhas costas, enquanto os seus colegas remexiam na minha bagagem que se encontrava por entre os destroços do carro alugado.

Havia uma enorme quantidade de mercenários brancos, da África Setentrional, em veículos roubados, fugindo da zona de guerra aonde eu tinha procurado chegar. Vários condutores abrandavam, mas ao verem a milícia aceleravam de novo. Terão passado por mim mais de cinquenta. Depois chegou um Peugeot novinho. O condutor afundou o freio, deu marcha a ré na minha direção, abriu a porta traseira e gritou:

— Entra.

— Tenho uma arma encostada às costas.

— É por isso mesmo que estou dizendo para entrar.

Obedeci. Ele acelerou. Com o ombro fraturado, não podia fechar a porta, e o vento acabou por se encarregar de fazê-lo. Aproximamo-nos do posto fronteiriço. O motorista buzinou fortemente, piscou os faróis e acelerou. Os guardas, temendo, pelo menos aparentemente, que ele espatifasse a nova barreira, levantaram-na depressa. Tínhamos acabado de sair de um território autoproclamado República do Catanga. Mas por que é que os guardas nos teriam deixado passar, sem abrir fogo?

— Não têm munições. Não lhes pagaram os ordenados. Damos-lhes cigarros, que eles trocam por comida.

Através do reflexo no retrovisor, vi o rosto do condutor, um semblante grave, mas impassível. Tal como o seu companheiro, devia andar na casa dos trinta anos, tinha uma tez típica da população do sul da Europa, cabelo escuro e um bigode cuidadosamente aparado. Envergavam camisas brancas acabadas de lavar e engomar. Traziam ao pescoço um pequeno crucifixo e um medalhão pendurado num fio de ouro.

Disseram-me que faziam contrabando de cigarros para o Congo, a partir do território que é hoje a Namíbia. Levaram-me a uma clínica junto à mina de cobre, em Kitwe, onde bateram uma radiografia, deram-me uma injeção e me trataram. Transportaram-me, depois, até uma casa de repouso da companhia mineira, onde me apresentaram à administradora inglesa.

— O chá da manhã é às cinco e meia — disse ela.

— Não vou querer. Preciso descansar.

— Lamento — afirmou ela —, mas, se abrisse uma exceção para você, todos os outros iriam querer o mesmo, não é? O último desjejum na sala de jantar é às seis e meia.

Fez-me uma ligação telefônica para Terence Lancaster, o meu editor-chefe em Londres, que me disse:

— Lamento muito o que aconteceu, só que há um motim numa fábrica de cigarros, na Cidade do Cabo, e, se você não estiver lá amanhã de manhã, parto-lhe o outro ombro.

Os meus salvadores pagaram-me um copo de aguardente sul-africana, deram-me um maço de Rothmans, verificaram se tinha dinheiro suficiente na carteira e, depois, deixaram-me, de novo, entregue à cultura indígena. Nunca mais os tornei a ver. Foi a primeira vez que, pelo menos conscientemente, havia cruzado com portugueses — um primeiro encontro, não apenas com a sua extraordinária disponibilidade para ajudar um estrangeiro em apuros, mas também com o seu misto de fanfarronice, honra, ingenuidade e sangue-frio.

Fui a Tóquio, para promover a edição japonesa do meu livro *The Company Savage*, uma sátira sobre as tomadas de decisão irracionais por parte dos administradores das empresas. O diretor editorial levou-me antes, no entanto, para tomar chá com um crítico, que tinha feito uma apreciação favorável, no *Asahi Shinbum*, principal diário de negócios daquele país. Era nítido que se tratava de uma atitude de simpatia da parte de um dos mais influentes e respeitados gurus na ascensão da economia do país do sol nascente. Chegamos à torre de apartamentos, onde está instalada a Universidade de Sófia, e subimos até o último andar. Dirigimo-nos à antecâmara da área reservada aos aposentos do diretor do Departamento de Gestão Empresarial, passamos por uma fila de pessoas que nos aguardavam e entramos no seu gabinete. Dei por mim na presença de um jesuíta português, trajando eclesiasticamente e de modo impecável, cativante e falando fluentemente, tanto em inglês como em japonês.

A nós, ingleses, é fácil esquecer o fato de os portugueses, sob o comando de são Francisco Xavier, cofundador dos jesuítas, terem vivido no Japão durante gerações, antes de os nossos antepassados sequer saberem da existência desse país. Os portugueses debateram teologia com os monges xintoístas, perante a corte, e introduziram termos na língua japonesa que ainda hoje são utilizados, como, por exemplo, *orrigato*, derivado da palavra "obrigado". Levaram a receita da *tempura*, o fast-food preferido dos japoneses. Ensinaram-lhes a técnica de fabrico de armas e construíram edifícios capazes de aguentar tanto ataques de artilharia como terremotos. Na cidade de

Nagasaki, essas estruturas edificadas pelos portugueses sobreviveram durante séculos, tendo, em 1945, resistido muito melhor à bomba atómica do que as de Hiroshima. Os portugueses foram conselheiros do imperador da China antes de Marco Polo afirmar que ali tinha chegado. Levaram o piripiri para a Índia, permitindo a invenção do caril, que os ingleses lá descobriram, tendo levado para o seu país como uma amostra do *Raj* (domínio) britânico.

Os timorenses conquistaram a independência em relação à Indonésia em 1999, após uma das mais longas e amargas lutas pela independência da era pós-colonial. Um dos seus primeiros atos, após a criação do novo Estado, foi adotar o português como língua oficial e reconhecer o escudo como moeda corrente. Fortes emoções presidiram a esta decisão. A intensidade com que o povo, em Portugal, viveu a libertação de Timor Leste foi, e é, pouco compreensível para a maioria dos europeus. Para os timorenses foi de tal modo importante que a língua portuguesa se transformou num símbolo da sua causa.

Segundo outros, no entanto, a escolha não foi tão idiossincrática como muitos estrangeiros, sobretudo os australianos, seus vizinhos e protetores, o julgaram inicialmente. O português é de longe a língua latina mais difícil de dominar e, por conseguinte, a menos suscetível de ser entendida por aqueles que pretendem ouvir as conversas alheias. É também a terceira língua europeia mais falada, depois do inglês e do espanhol e antes do francês e do alemão. É claro que Brasil e Angola dão importante contribuição a esse dado ainda pouco conhecido. Mas o português é também a *língua* franca não apenas dos rancheiros do norte da Califórnia, onde os touros são subjugados com bandarilhas envoltas em pontas de velcro, a fim de cumprir a lei que impede a crueldade contra os animais, mas também das comunidades piscatórias na costa da Nova Inglaterra, como Provincetown e Providence, onde os portugueses são tidos como marinheiros de imensa coragem e perícia. Na

Igreja de São Francisco Xavier, em Hyanis, frequentada, no verão, pela família Kennedy, duas missas dominicais são rezadas em português.

O mesmo acontece por detrás das portas de vaivém das *trattorias* italianas em Londres, cujos proprietários, ou aqueles que as exploram, são predominantemente cidadãos lusos fazendo-se passar por italianos. O comportamento discreto dos portugueses, em Londres, ficou tragicamente tipificado quando o *party boat Marchioness* foi abalroado e afundado por uma draga no rio Tâmisa. Praticamente nenhum meio de comunicação noticiou que aqueles que morreram afogados eram jovens quadros bancários portugueses que trabalhavam na City, o centro financeiro de Londres, e festejavam o aniversário de um colega. Em Paris, os portugueses também são proprietários, ou exploram, mais de 400 restaurantes, dos quais alguns "latino-americanos" e outros, a maioria, "franceses". O ícone mais recente e cintilante da cidade — a pirâmide do Louvre — foi edificado por uma construtora portuguesa.

O português é a segunda língua mais falada em Joanesburgo, na África do Sul; na cidade de Newark, em Nova Jersey; em Luxemburgo e em Caracas, a capital da Venezuela. Existem comunidades de cidadãos de língua portuguesa nascidos na Índia, Malásia, Formosa e China, bem como nas Bermudas, em Jersey, Toronto, Los Angeles e Brisbane, além de muitas outras localidades.

Esses dados não se refletem nos números oficiais, porque a maioria dos portugueses que vivem no estrangeiro é de cidadãos do país onde residem. Só que, como Mário Soares um dia afirmou: "A língua é o vínculo, falar português é ser português."

Estão por todo lado, mal se fazendo ouvir, de tal modo que poucos de nós damos pela sua presença.

NA MANHÃ DE PÁSCOA DE 1988, Catherine, eu e os nossos dois filhos, Mart e Sam, acordamos na nossa nova casa, no cabo da Roca, a península que se estende da serra de Sintra, a oeste de Lisboa, até o Atlântico. Visto do terraço, o sol, envolto pela neblina que, entretanto, se levantara, parecia um disco de prata. Ao longe, por cima das árvores da serra, atrás da casa, ainda brilhava a lua. No céu, pairavam uma águia-branca e dois falcões. Nos prados vizinhos, flores silvestres e arbustos de alecrim e de amora tremulavam na brisa. No caminho, em direção à feira dominical, um jumento puxava uma carroça carregada de legumes, limões, compotas, mel, molhos de coentro e caixas de caracóis. Do lado do mar, abaixo da falésia, contornando a costa de Cascais, ouvia-se o chape-chape lento dos barcos que levam o pescado da manhã para a lota.

Sintra tem sido local de refúgio de várias gerações de escritores ingleses. Em 1757, Henry Fielding, o grande romancista cômico, sentindo-se doente e mal-humorado, perdeu a esperança de que, naquele verão, o sol voltasse a brilhar em Bath. Embarcou num paquete, em Tilbury, com destino a Lisboa. Alugou mulas e uma carruagem que o transportaram até a vila de Sintra, onde arrendou uma mansão. Quase de imediato, a saúde e a disposição pareceram se recuperar, de tal modo que, em carta escrita ao irmão, não hesitou em considerar Sintra o mais belo lugar da Terra para escrever um novo romance. Pediu que lhe enviasse uma secretária para datilografar a obra, um bom conversador, possivelmente um clérigo para o entreter à noite e dois chapéus de aba larga. Morreu, no entanto, vítima de insuficiência renal, antes da chegada de qualquer um deles.

No final do mesmo século, Robert Southey, futuro poeta laureado e autor de *A Portuguese Journal*, foi viver com a mulher e os filhos em Sintra, tendo desafiado os restantes membros do movimento romântico inglês a fazerem o mesmo. Coleridge aceitou o desafio, tendo descrito a região como um "jardim do Éden situado à beira de um mar prateado". Seguiram-se William e Dorothy Wordsworth, mas esta, indignada pelo fato de Fielding ter sido enterrado, sem qualquer cerimônia, pela comunidade anglicana local numa sepultura não identificada, regressou imediatamente à Inglaterra, onde escreveu um folheto em que acusou de filisteus os membros da comunidade anglicana de Lisboa.

Lorde Alfred Tennyson demorou-se algum tempo em Sintra, lorde Byron começou ali a escrever sua obra *Childe Harold* e, um pouco mais longe, no Casino Estoril, Ian Fleming concebeu a personagem de James Bond e o enredo do seu primeiro romance, *Casino Royale*. Até muito pouco tempo antes de sua morte, Graham Greene visitava regularmente Sintra, hospedando-se numa casa pertencente à marquesa do Cadaval. A experiência adquirida pelo fato de ter dirigido, a partir de Londres, as operações secretas levadas a cabo em Portugal, no decorrer da II Guerra Mundial, deu origem à sátira *Nosso homem em Havana*. A mudança de local onde decorre a ação foi feita para evitar as malhas da censura. No livro, o autor parodia a si próprio, brincando com os agentes dos serviços secretos como se fossem joguetes, apenas tomando consciência de que realmente eram seres humanos depois de terem sido mortos. Os agentes que sobreviveram, e que ainda viviam em Sintra e arredores, continuaram, durante décadas, a ter medo dele e das suas visitas.

No final dos anos 1930, Christopher Isherwood veio viver em Sintra, com Heinz, seu parceiro alemão, e Stephen Spender, que se fez acompanhar de um organista galês, intérprete de música religiosa. O cônsul da Alemanha em Portugal, informado da presença de Heinz em Lisboa, ordenou-lhe que se apresentasse de imediato no consulado para ser incorporado no Exército do seu país. Caso contrário, seria dado como desertor, podendo vir a ser extraditado de Portugal, enfrentar um tribunal de guerra e, eventualmente, ser condenado a prisão militar.

Isherwood levou Heinz a um dos advogados mais caros de Lisboa, pedindo ajuda. O advogado lamentou, dizendo que

nada podia fazer. De regresso a Sintra, no café em frente à estação ferroviária, um empregado, reparando no casal que chorava, perguntou o que se passava. Quando lhe explicaram, disse:
— Não se preocupem. Eu trato disso.
Incrédulos, inquiriram:
— Por quanto?
— Nada, evidentemente — respondeu o empregado, que, de fato, cumpriu a palavra.

E embora Spender e seu companheiro tenham partido após uma discussão, Isherwood permaneceu em Sintra, com Heinz como caseiro. Assim, concluiu em seu livro *I Am a Camera*, que veio a dar origem a *Cabaret*, o musical filmado em Hollywood. W.H. Auden se encontrou com ele e, juntos, escreveram *The Ascent of F6*, cuja inspiração iam matinalmente buscar enquanto escalavam as escarpas rochosas da serra.

Durante a estadia do nosso primeiro outono, uma semana depois da Feira do Livro de Frankfurt, vimos e ouvimos, atemorizados, uma grande tempestade. Eram relâmpagos que, provenientes do oceano, vinham na nossa direção. Um raio atingiu a chaminé da nossa casa, e outro, a subestação de eletricidade da vila, deixando-nos sem energia e aquecimento. A água entrava por debaixo das portas envidraçadas. Escorreguei no chão de tijoleira molhado, caí e fraturei o braço.

Após uma pequena operação, destinada a fixar os ossos com parafusos, quando me recuperava da anestesia numa clínica de Lisboa, Catherine, que me acompanhava, olhou pela janela e me disse:
— Aqui ao lado há um edifício com um belo jardim, com palmeiras e pinturas murais barrocas. As mesas estão postas com toalhas brancas e baldes de champanhe. Há criados vestidos de libré. Gente linda, vestida à última moda italiana, descendo do terraço...

Uma enfermeira entrou e, enquanto me dava uma injeção na nádega, explicou-nos:

— É um clube de escritores.

Dos clubes de escritores que, até então, tinha visitado, constava uma adega subterrânea em Tóquio, uma cabana grande e degradada nos arredores de Moscou e o *scrum-bar* do Groucho, em Londres. Nunca encontrara nada que pudesse ser considerado elegante. Alguns meses depois, após ter sido apresentado ao dr. Salles Lane, secretário do Grêmio Literário, estávamos, também nós, no terraço daquela associação, que dá para o rio Tejo, a planejar o próximo capítulo deste livro, enquanto comíamos lagosta salteada e perdiz na caçarola.

EU NÃO TINHA AINDA CINQUENTA ANOS quando deixamos Londres. Vítima de uma deficiência irreversível na retina, tinha perdido cerca de 95% da visão, até um raio de dez graus. Diga-se, a propósito, que para se dirigir com segurança deve-se possuir pelo menos uma visão de 120 graus. Nos Estados Unidos, onde tinha trabalhado no guião de um filme, fica-se "legalmente cego" aos vinte graus. Se colocasse minha mão direita à frente dos olhos, conseguia ver, ao mesmo tempo, quatro dedos, mas não o polegar.

Tinha, até então, passado a maior parte da minha vida adulta como jornalista correspondente no estrangeiro e como autor de livros de viagens. Só que, agora, já não podia mais viajar sozinho. Tinha caído à entrada de uma porta na praça Pushkin, em Moscou, e numa zona de cargas e descargas, na avenida Lexington, em Manhattan. No aeroporto de Bruxelas, na última viagem que fiz sozinho, troquei minha pasta por outra de um funcionário europeu, que se encontrava ao lado, e fui detido quando tentava embarcar com ela.

Por essa altura, Londres, minha cidade natal, tinha se transformado num local perigoso e até hostil. Quando, um dia, ao deslocar-me da Catedral de São Paulo até Fleet Street, caí nas escadas em Ludgate Hill, ou quando, algum tempo depois, ao regressar do escritório para casa, tropecei num carrinho de

Uma nota pessoal 23

bagagens abandonado em Waterloo Station, senti a massa das pessoas separar-se, para passarem por mim, juntando-se logo em seguida, fazendo de conta que nada tinham visto.

Mandei construir um anexo nos fundos do meu jardim suburbano, em Barnes, tendo passado a sair para o trabalho pela porta principal, e a chegar ao trabalho por uma passagem lateral existente entre a nossa casa e a casa ao lado. No anexo escrevi o romance *The Man Who Stole the Mona Lisa*, que foi muito bem recebido pela crítica em Nova York e que, em Londres, foi considerado pelo *Times* como um dos dois melhores *thrillers* do ano. De tal modo que, no decorrer de um almoço, no *grill* do Savoy, meu agente literário me disse que íamos ambos enriquecer à custa dos meus futuros romances.

De acordo com tabelas atuais de cálculo de probabilidades, minha esperança de vida (excluindo eventuais acidentes) era de mais 24 anos, ou seja, o dobro da pena de prisão que é cumprida pela maior parte dos condenados por assassinato. Eu iria passá-los quase isolado, numa espécie de cela, com quatro por cinco metros, escrevendo histórias que não conseguia sequer ler e que necessariamente iriam me perturbar durante a noite? Era hora de começar uma vida nova em qualquer outro lugar.

Nossos amigos ficaram perplexos com a nossa opção por Sintra, em detrimento, por exemplo, do sul da França ou da Toscana. Até um advogado português, trabalhando em Londres, nos sugeriu que tentássemos antes a Provença. Portugal era a "república das bananas" da Europa: para gente como nós, era demasiado corrupto, empobrecido, atrasado, analfabeto e infestado pela "doença". As greves eram endêmicas. A inflação subia a um ritmo tal que estilhaçava os termômetros financeiros. O escudo estava em queda. A economia, se assim se podia chamar, definhava. Os peritos previam a necessidade de duas gerações de trabalho árduo e de duro sacrifício para fazer com que a dívida nacional fosse reduzida a um nível sustentável.

As estradas estavam esburacadas, e os portugueses eram os motoristas mais perigosos da Europa Ocidental. O único supermercado existente na área de Lisboa pouco mais tinha do que couve para sopa, bacalhau salgado, tomates enlatados e margarina.

Um advogado, em Lisboa, contou-nos que, depois de ter levado um cliente seu, um líder nigeriano, ao aeroporto, e de ter lhe perguntado quando voltaria a Portugal, este lhe respondeu:

— Não volto. Este país se parece muito com a África.

Numa visita a Lisboa, encontrei amputados deitados nas ruas, pedindo esmola. Havia bolor no tapete do nosso quarto de hotel quatro estrelas. Fazer uma chamada telefônica constituía um desafio moroso. Vivendas abandonadas, em degradação, "conviviam" lado a lado com casebres que albergavam refugiados das antigas colônias africanas. O Mosteiro dos Jerónimos, santuário nacional, era desenfreadamente corroído pelas fezes dos pombos.

Apesar de tudo, havia uma outra faceta. Ao atravessarmos, em Badajoz, a fronteira espanhola, em direção ao Alentejo, ficamos de imediato cativados pela mudança de estado de espírito: de um aparente desespero para a esperança. Ainda que, hoje em dia, isso seja menos notório, graças ao auxílio que Madri e Bruxelas deram ao sudoeste da Espanha, já o tinha sido referido por viajantes que nos precederam, como, por exemplo, Hans Christian Andersen, em meados do século XIX, mencionando a atenção e a cortesia dos guardas que policiavam a fronteira, as cores alegres com que eram pintadas as casas das aldeias, a profusão de flores nos jardins bem-cuidados, a melhoria da qualidade gastronômica, a amável curiosidade das crianças quando notavam a presença de estrangeiros num café ou o orgulho municipal que mantinha os lugares históricos tão bem-preservados e vivos. Havia pintores paisagísticos, escultores em pedra-mármore, bordadeiras, entalhadores, poetas. Em Elvas, as freiras faziam ameixas em conserva e estavam permanentemente a inventar novos bolos. Foi, aliás, daqui que Catarina de Bragança levou, para a Inglaterra, a instituição do chá das cinco, incluindo, na sua comitiva, algumas freiras doceiras do Alentejo.

Os portugueses tinham sofrido consideráveis prejuízos no século XX. Os ingleses, os seus "mais velhos aliados", tinham se apossado dos direitos minerais que eles detinham na África Central. O seu envolvimento militar na Primeira Guerra Mundial, ao lado dos Aliados, tinha sido breve, mas desastroso. A uma monarquia ineficaz, que se desmoronou, sucedeu a anarquia e, depois, uma junta militar incapaz, a qual passou com agrado os seus poderes a Oliveira Salazar, que salvou o país da bancarrota, recuperou a moeda e arranjou fundos de investimento para a concretização de um enorme programa de desenvolvimento.

Só que também se tornou ditador e, tal como outros ditadores, não soube retirar-se no momento certo. Depois de manter Portugal fora do envolvimento militar da Segunda Guerra Mundial, mandou inúmeros soldados milicianos para a África e para a morte, na tentativa inútil de mudar o rumo do nacionalismo que ali se fazia sentir. As Forças Armadas e os comunistas tomaram, então, o poder. Foi o único exemplo de um golpe deste tipo num Estado da Europa Ocidental. Quando, nos finais dos anos 1970, a democracia finalmente prevaleceu, Portugal tinha regressado a uma situação precária bastante idêntica à que iniciara o século XX: falido e num caos.

O sentimento era de que os portugueses não tinham merecido a sua sorte. Não fora por culpa deles, à semelhança, aliás, do que aconteceu com a minha cegueira, que também não foi culpa minha. Ambos tivéramos pouca sorte, fôramos vítimas do infortúnio. Parecia-nos também que, como nós próprios, os portugueses haviam batido no fundo, não lhes restando outra opção senão melhorar. E o fato é que muitos deles começavam já a mostrar a energia, o engenho e a determinação de recriarem o país para o século XXI. Para nós, nascidos e educados numa Grã-Bretanha em declínio gradual, sem grandes perspectivas de inversão, era aliciante ver um país erguer-se de novo.

Conheci Pedro da Cunha passava já da meia-noite, num parque de estacionamento, em frente a uma casa de fados situada à saída do anel rodoviário ao norte de Lisboa. Vínhamos ambos de uma festa de aniversário de um professor do St. Dominic's, o colégio dominicano irlandês que os nossos filhos frequentavam. Ele era um dos muitos portugueses que, pouco tempo antes regressados do estrangeiro, com grandes conhecimentos adquiridos no exílio — da medicina e tecnologia informática à museologia e música —, estavam determinados a contribuir para que o novo Portugal democrático fosse um país de sucesso. Na escuridão, não o conseguia ver, mas ainda hoje retenho, na minha mente, o primeiro impacto da sua voz: calorosa, confiante, viva, misto de curiosidade e ironia.

Tinha regressado para ocupar o cargo de secretário de Estado para a Reforma do Ensino. Ele e sua mulher americana, Susan, costumavam encontrar-se conosco na missa dominical, na Igreja de St. Mary, em São Pedro do Estoril. Nossas conversas continuavam depois da missa, enquanto tomávamos um café. Começamos a almoçar e jantar juntos e a encontrarmo-nos para longas conversas nas tardes de fim de semana. Fizemo-nos sócios de um *diner's club*, onde esperava-se estudar e discutir teologia contemporânea, o que realmente acontecia em boa parte do tempo.

Pedro era um homem extraordinariamente bem-informado, tinha um raciocínio rápido e o fascínio pela novidade. Nossa amizade, que durou até a sua morte, vítima de cancro, sete anos mais tarde, foi das maiores da minha vida e, simultaneamente, a menos esperada.

Pedro e eu tínhamos nascido com um ano de diferença — eu em Londres, ele em Lisboa. A partir dali, nossos caminhos pareceram divergir cada vez mais. Eu aguentei, sob protesto, a vida num colégio interno quacre, no sudoeste da Inglaterra — banhos frios no inverno, às sete da manhã; uma única muda semanal de roupa interior; refeições de carne com péssimo aspecto, ou uma papa cinzenta com cheiro de óleo de bacalhau, que mais parecia comida de gato enlatada; um ensino medíocre e um castigo chamado "percurso do triângulo". Horas de meditação coletiva, em silêncio, seguidas de uma ida, em excursão da escola, a um comício evangélico de Billy Graham. Ganhei tal aversão à religião que decidi ser ateu.

Entretanto, Pedro, optava pelo sacerdócio, depois de ter estado num colégio dos jesuítas, no norte de Portugal, cujos rigores deixaram marcas, físicas e psicológicas, em muitos dos seus contemporâneos.

Enquanto eu me encontrava em Cambridge, abandonando os outros estudos para fazer um curso de iniciação ao jornalismo, Pedro se graduava num curso de filosofia, em Braga, e outro de teologia, em Granada. Ao iniciar a profissão, como correspondente no estrangeiro, fiz reportagens sobre acidentes de trem e de avião, guerras e cimeiras. Pedro encontrava-se, agora, na Universidade de Boston, obtendo um mestrado em psicologia. Na altura em que passei a chefiar a delegação da redação em Moscou, Pedro mudava-se para a Universidade de Boston, para escrever sua tese de doutoramento sobre educação.

Quando lhe pediram que regressasse a Lisboa, tinha formalmente abandonado o sacerdócio (poucos dos seus amigos acreditavam que alguma vez o tivesse feito em espírito) e possuía a cidadania americana.

Portugal aderia à União Europeia. Subsídios, empréstimos com juros baixos e fundos de investimento afluíam vindos do norte rico da Europa. Acabara de ser eleito um governo social-democrata, sob a liderança de Cavaco Silva, doutorado em economia pela nova e prestigiada Universidade de York, no Reino Unido. O novo ministro das Finanças havia obtido o seu segundo doutoramento na Universidade de Chicago, tendo lecionado em Yale, antes de integrar o Banco Mundial, para dirigir a política relativa ao Terceiro Mundo. O novo ministro dos Negócios Estrangeiros tinha lecionado na Universidade de Georgetown. Constatei, na altura, que entre os membros que constituíam o novo governo português havia mais doutores do que bacharéis no Conselho de Ministros britânico.

Roberto Carneiro, o novo ministro da Educação, sobressaía pelo fato de ser o único indivíduo de etnia chinesa (ou, até mesmo, asiática) a integrar o Conselho de Ministros de um país europeu. Seu ministério era designado por "superministério". Depois de ter lido a dissertação do Pedro sobre os problemas de ensino das crianças emigrantes na Nova Inglaterra, convidou-o a colaborar na resolução da crise do ensino em Portugal. Em termos de analfabetismo, o país ocupava o último lugar na Europa Ocidental.

Cinco anos após a nomeação de Pedro para o cargo de secretário de Estado para Reforma do Ensino, o *Financial Times*, de Londres, noticiava que, em relação aos jovens com mais de 18 anos, a subida da alfabetização, em Portugal, aproximava-se da inglesa, que estava em queda.

No empobrecido Nordeste, encontrou crianças na escola, ao longo da manhã, sem capacidade de concentração, pelo menos aparentemente. As mães davam-lhes "sopas de cavalo cansado" para iludir a fome. Introduziu os cafés da manhã nas escolas, com sanduíches de queijo e presunto, fruta e leite. Com a diminuição da má nutrição e da embriaguez infantil, aumentou a assiduidade e, consequentemente, subiram as cotações em nível europeu. Foram dados incentivos aos professores, não tanto pelos anos de serviço, mas tendo em vista, sobretudo, uma formação complementar. O número máximo de alunos por turmas foi reduzido à metade. Foi elaborado um novo currículo, onde se passaram a incluir conhecimentos práticos, sociais e de autossobrevivência: desde o modo de medir ou de tirar uma fotografia de família até a aprender a nadar. Os mestres artesãos passaram a ser pagos para treinar jovens aprendizes. Porque Portugal era, agora, uma sociedade multicultural, o catolicismo, do qual, aliás, Pedro era um militante convicto, já não podia mais deter o monopólio religioso; outras crenças passaram, pois, a ser integradas e respeitadas.

A economia crescia a um ritmo muito superior ao verificado no resto da Europa. As publicações especializadas começaram a falar do "tigre português". Como, então, revelou a Ford Motor Company, os jovens portugueses acabados de sair das escolas levavam metade do tempo dos seus homólogos do norte industrial da Europa a aprender a dominar um robô eletrônico. A Volkswagen juntou-se à Ford para criar, perto de Setúbal, uma fábrica destinada à produção de todos os Galaxies e Sharans do mundo. Rapidamente, passaram a ser o maior produto de exportação portuguesa, ultrapassando a pasta de papel.

Era impressionante a velocidade com que Portugal se libertava da sua precária situação terceiro-mundista, chegando mesmo, em algumas áreas, a ultrapassar largamente países "desenvolvidos". Um estudo levado a cabo pelo banco francês BNP concluía que o BCP era o banco europeu com o melhor sistema de serviço ao cliente. Quando chegamos a Portugal, não existiam cartões de crédito; agora, era o primeiro país europeu onde se podia comprar um bilhete de trem, com reserva assegurada, em qualquer caixa multibanco. As autoestradas portuguesas tornaram-se as primeiras, em todo o mundo, a possuírem pedágios totalmente eletrônicos. Novos métodos de extração e refinação de cobre possibilitaram a reabertura de minas que não eram exploradas desde o tempo dos romanos.

Os hospitais adquiriram equipamentos de tão alta tecnologia que os médicos ingleses apenas podiam sonhar com eles.

A expansão das zonas suburbanas para oeste de Lisboa foi tal que rapidamente, sobretudo de manhã cedo e no princípio da noite, a nova autoestrada passou a ficar repleta de Alfa Romeos, BMWs e Volvos quase parados, com os motoristas falando no celular, ditando mensagens para os seus gravadores, barbeando-se com aparelhos elétricos, ou com o *Wall Street Journal Europe* em cima do volante. Terrenos destinados a universidades foram transformados em clubes de golfe. Outros terrenos, onde anteriormente pastavam ovelhas e cabras, albergavam agora os maiores centros comerciais da Europa, com lojas como a francesa Au Printemps, a holandesa C&A, a espanhola Coronel Tapioca, a italiana Divani & Divani, as inglesas Bodyshop e Mothercare, entre outras vindas do outro lado do Atlântico, juntamente com o McDonald's e a Pizza Hut ou os cinemas *multiplex* da Warner.

Era fácil para os estrangeiros que viviam ali, confortavelmente, lamentarem — e muitos o fizeram publicamente — a perda do caráter singular e do encanto antigo, simbolizado pela substituição da carroça e do burro pelo Toyota. Houve casos de corrupção na concessão de licenças de construção e na adjudicação de obras públicas. Aumentou a toxicodependência, a criminalidade e as doenças provocadas pelo estresse, só que muito abaixo da média registrada na Europa.

Apesar de tudo, não havia aviões ou helicópteros especialmente concebidos para combater os incêndios florestais, que, quase todos os anos, no verão, assolavam o interior do país. As famílias tinham dinheiro para aquecer as casas durante o inverno, e mandar instalar a eletricidade e o telefone. Foram montados sistemas de esgotos. A inflação estava entre as mais baixas do mundo ocidental, a taxa de desemprego era a menor da União Europeia, e os trabalhadores recebiam os ordenados regularmente. Decrescia a tuberculose e outras doenças associadas à condição de pobreza. O desnível entre os mais ricos e os mais pobres diminuiu, tornando-se menos acentuado do que no Reino Unido.

Mas estaria Portugal perdendo sua identidade? Ao contrário, foi lá que se iniciou o processo conhecido por globalização. O país estava agora regressando do seu longo isolamento para assumir, de novo, um papel no mundo.

Nos roteiros turísticos, Lisboa é frequentemente comparada a São Francisco, por causa das ruas íngremes que sobem da zona ribeirinha, e a Roma, pelo fato de estar construída sobre sete colinas. Na verdade, a capital portuguesa é, e sempre será, inconfundível. Longe de abdicar do seu caráter irresistível a favor das forças da homogeneidade do século XXI, a nova prosperidade fez, ao invés, renascer o justificável orgulho na sua singularidade.

DOIS DIAS ANTES DE MORRER, recusando, de forma corajosa, os analgésicos que poderiam diminuir a sua capacidade de espírito, Pedro da Cunha me telefonou. Afirmou que tinha passado a noite lendo os primeiros capítulos deste livro. Começou por questionar a data que eu havia atribuído à construção do Aqueduto das Águas Livres (já foi corrigida). Meu relato sobre os primeiros anos de Portugal foi, por ele, totalmente subscrito, tendo me dado, de imediato, autorização para citar o seu apoio. Outro amigo, o professor Fernando d'Orey, da Universidade Nova de Lisboa, leu integralmente meu manuscrito três vezes, comentando que o mais importante da obra era a perspectiva sobre as origens de Portugal.

O nascimento de Portugal como Estado-Nação, o único, na Ibéria, a ser independente da Espanha, constitui um marco significativo na formação do mundo moderno além-fronteiras. Meu relato difere de forma radical de versões anteriores. Entre a fundação de Portugal, na Idade Média, e a restauração da democracia, no último quarto do século XX, houve sempre censura, excetuando cerca de cinquenta anos. Muitos documentos que não foram sonegados ou alterados pela censura acabaram destruídos pelo terremoto de Lisboa, pelas invasões napoleônicas, pela ocupação britânica e também por negligência.

Assim, cada regime que se foi sucedendo estava livre para reinventar a História. Os portugueses da geração de Pedro, e da minha, tinham ouvido falar, durante a ditadura salazarista, de uma figura tipo Che Guevara, um cristão medieval que, conduzindo o povo à revolta, derrubou os opressores islâmicos. A nova nação descobriu, então, a África, a Ásia e a metade da América Latina que não tinha cedido aos espanhóis, tendo aí, de Bíblia e espada em punho, exercido o poder em nome de Cristo e do comércio.

Este mito do destino nacional levou o próprio Salazar a empenhar o país nas desastrosas guerras da África, ao mesmo tempo que acentuava, sobretudo entre a geração mais velha, a dúvida sobre a identidade nacional: o sentimento de que, embora os portugueses fossem europeus, o seu lugar era, no entanto, outro.

A realidade é, na verdade, manifestamente diferente, como se pode provar através de fontes existentes fora de Portugal, a mais notável das quais constituída pelos registros do Concílio de Troyes, que, presidido por são Bernardo de Claraval, contou com a presença do papa e dos reis da França e da Alemanha. Ali foi aprovada a instauração da Ordem do Templo, com a tarefa específica de criar uma nova nação europeia, que se viria a chamar Portugal. Não se concretizou como uma entidade solitária, mas antes como parte orgânica de uma Europa em surgimento, agora finalmente reunida.

Ainda que os turistas que chegam a Portugal sejam levados a visitar o grande Mosteiro da Batalha, construído para comemorar a célebre vitória sobre os espanhóis que confirmou a nacionalidade de Portugal, Pedro acha, no entanto, que a verdadeira alma da nação está ao lado, no Mosteiro de Alcobaça, edificado por monges de Cister da Borgonha, onde foi criada e disseminada uma nova civilização humanista. O grande papel dos portugueses não foi, pois, o de conquistadores, muito menos o de conquistados, mas antes o de um povo pivô, uma espécie de conduta através da qual as ideias, o conhecimento e as tecnologias se transmitiram à Europa e ao mundo.

Capítulo I
De Jonas a Júlio César

Escrito cerca do ano 700 a.C., o Livro de Jonas continua a ser lido nas sinagogas no Dia do Arrependimento. É um dos menores livros da Bíblia e, simultaneamente, a mais antiga sátira conhecida.

De acordo com o autor anônimo do livro, Jonas era um profeta, a quem Deus ordenou que se apressasse a ir a Nínive avisar a população local de que estava muito zangado com ela por causa da sua conduta pecaminosa. Caso não se arrependesse rapidamente, destruiria a cidade e os seus habitantes.

Jonas, que detestava o povo de Nínive, em vez de obedecer, caminhou em direção ao porto marítimo de Jafa, onde comprou um bilhete de barco para longe do alcance de Deus. Pouco depois de o barco zarpar, levantou-se uma violenta tempestade, e a tripulação, com o consentimento do capitão, lançou Jonas ao mar.

Jonas foi engolido por um grande peixe, que o vomitou em terra, onde o Senhor lhe repetiu as ordens. Depois, Deus acalmou o mar e o barco prosseguiu até o seu destino ímpio, Társis.

Társis é referenciada no capítulo dez do Gênesis como uma nação distante, fundada, após o dilúvio, por um descendente de Noé. O salmo 48 descreve como, diante da cidade de Deus, os reis "ficaram aterrados, perturbaram-se e puseram-se em fuga", tendo-se deles apoderado "o medo, uma angústia" idêntica à do "vento leste que destroça as naus de Társis".

De acordo com o testemunho, datado do século V a.c., do geógrafo e historiador grego Heródoto, o *Rex Argentonius*, o Rei de Prata de Társis, tinha 120 anos e o acesso ao seu reino estava guardado por gigantescos monstros marinhos e enormes serpentes, que apenas esperavam o naufrágio dos barcos para devorar os marinheiros. Estrabão, outro erudito grego que viveu no tempo de Jesus, escreveu no tratado, a que deu o nome de *Geografia*, que esta era a terra das aventuras de Ulisses.

Numa série de lendas gregas igualmente famosas, quando Hércules chegou a Társis, começou por roubar a manada de touros vermelhos do rei Gades e, depois, as maçãs douradas das Hespérides. Há quem refira, a propósito, que estas eram, afinal, laranjas, e hoje em dia, em muitas línguas do Mediterrâneo oriental, a palavra para dizer laranja é "Portugal".

Durante pelo menos mil anos, os Pilares de Hércules, no apertado estreito que separa o Mediterrâneo do majestoso Atlântico, foram considerados a fronteira da Europa (que se calculava ocupar metade da superfície do mundo), ou seja, o local onde a civilização terminava. Társis era a terra que estava além; constituída pelo território que, hoje em dia, é o oeste da Andaluzia e o Portugal ao sul de Lisboa. (Atualmente, Társis sobrevive como nome de uma pequena cidade espanhola, a seis quilômetros da fronteira portuguesa, onde existe um marisco que é único ao largo da costa oeste de Portugal.)

No ano 241 a.C., Cartago, durante cinco séculos a grande potência mercantil do norte da África, no Mediterrâneo, e senhora das rotas marítimas e seus entrepostos comerciais, foi derrotada por Roma, sua irreverente vizinha ao norte. Depois de uma guerra que durou 23 anos, os romanos, como nova superpotência do mundo civilizado, impuseram tais condições de rendição que o seu próprio historiador oficial, Tito Lívio, viria mais tarde a classificá-las de "gananciosas e tirânicas".

Ainda de acordo com aquele historiador, o maior "achincalhamento" aconteceu, sobretudo, com a humilhação de Amílcar, o supremo comandante militar, grande em honra e mestria, mas em reconhecida inferioridade numérica de homens, e que foi obrigado a abandonar o Mediterrâneo e a exilar-se em Társis. Como escreve Tito Lívio, ao longo de mais de 600 páginas da sua *História de Roma*, este terá sido o maior e mais caro erro cometido pelo império acabado de se erguer.

Antes de Amílcar deixar Cartago, seu filho Aníbal, de seis anos, implorou-lhe que o levasse consigo para o exílio. Amílcar — conta Tito Lívio — levou, então, Aníbal até o Templo de Melcarte, o deus principal da cidade-Estado, onde, diante do altar, o "obrigou a jurar solenemente que, logo que tivesse idade, se tornaria inimigo do povo romano". Só depois ambos partiram.

Os que sobreviveram à viagem por mar, de pouco mais de uma centena de quilômetros para além dos Pilares de Hércules, mas a que, então, quase ninguém se arriscava, aportaram numa baía abrigada, pelo menos à época, desconhecida dos romanos. É a hoje chamada baía de Cádis, constituída pelos estuários de três rios: o Guadalquivir, nas margens do qual foram construídas as grandes cidades de Cádis e Sevilha; o rio Tinto, assim chamado devido à cor das enormes quantidades de cobre depositadas no seu leito (nome que foi, aliás, dado a uma das maiores companhias mineiras do mundo moderno, a Rio Tinto Zinc), e o Guadiana, situado mais a ocidente, e que faz hoje fronteira entre Portugal e Espanha.

Como o confirmam inúmeras gerações de viajantes, ao atravessá-lo, deixa-se um terreno e um clima mediterrânico bastante árido e entra-se numa zona atlântica mais fértil, de clima temperado. A baía, propriamente dita, tinha peixe em abundância; a terra era rica em flores, frutas e produtos hortícolas; abundavam as abelhas, coelhos, lebres, raposas, lobos, veados e javalis; e o céu estava repleto de perdizes e faisões com os seus predadores, os falcões-brancos e as águias-brancas.

Ecos de uma religião local, registrados no século II d.C., dão conta da existência de um deus-rei, Gargaris, que aí introduziu a agricultura, e de Abis, que proibiu a nobreza de trabalhar e dividiu o resto do povo em cinco tribos.

Foi nas margens do rio Guadiana que, mais tarde, os romanos construíram Mérida, uma das cidades mais belas do império, capital do que viria a ser Portugal, mas então chamado Lusitânia.

A partir de escavações feitas em sepulturas, os arqueólogos chegaram à conclusão de que Társis já era conhecida séculos antes por outros povos do Mediterrâneo: judeus, fenícios, cipriotas e gregos ali fundaram, de fato, colônias muito antes da chegada de Aníbal. Sabe-se também que os colonos cartagineses construíram, cerca de 150 quilômetros ao norte do estuário do Guadiana, um grande templo, cujos pilares integram, agora, o pórtico da Universidade de Évora. Tinham um alfabeto e um código jurídico, elaborado em coplas rimadas, de modo que pudesse ser decorado mais facilmente.

Os romanos ainda não tinham percebido que, na serra Morena, nas colinas e montanhas para onde corria o rio Guadalquivir, a montante, havia quantidade de prata suficiente para pagar o recrutamento, treino, manutenção e salários de um grande exército. Sob o domínio dos cartagineses, ascendem a mais de vinte mil os operários trabalhando nessas minas.

Na margem ocidental do rio Guadiana, que é agora o Alentejo, havia grandes depósitos de cobre, estanho, zinco e fósforo, os ingredientes necessários para fazer o bronze, a liga a partir da qual se fabricavam as armas e os escudos, e que servia para unir a madeira usada na construção dos barcos.

No local onde o Guadiana começa a ser navegável, os cartagineses edificaram uma cidade — Mírtilis —, com docas, onde as jangadas eram carregadas com minérios e enviadas, rio abaixo, até o estuário, onde tinha sido construído um porto, fundições e fábricas de armas. Mírtilis é a atual vila de Mértola. Até os anos 1960, comboios de barcos de transporte de minérios ali aportavam para carregar o cobre nos seus porões e o transportarem até a Inglaterra a fim de ser transformado. Hoje, mais de dois mil anos após a partida dos cartagineses, o governo português e a RTZ continuam a extrair minérios no Alentejo, que ainda possui as maiores reservas de cobre e as mais ricas reservas de estanho conhecidas na Europa.

Àquela altura, não havia, no sudoeste da Ibéria, nenhuma nação, pelo menos no sentido como hoje é entendida. O território era povoado por tribos criadas mitologicamente pelo deus-rei Abis. Ninguém como os lusitanos, que viviam ao norte do rio Tejo, resistiu com tanta bravura às tentativas de subjugamento e colonização por parte de Amílcar. Aliás, Amílcar foi por eles morto em batalha, no ano 230 a.C.

Consta que, entre os 17 e os 26 anos, quando se tornou governador da Ibéria, Aníbal terá passado a maior parte desse tempo em Gades (Cádis), sob a tutela de um professor grego e de oficiais cartagineses. Ao longo desse período, seu cunhado Asdrúbal, enquanto governador interino, tinha tentado, e conseguido, através de dádivas e do comércio, a conciliação com os lusitanos e outras tribos. Como senhores do sul da Ibéria, os cartagineses eram agora mais ricos do que o tinham sido como senhores do Mediterrâneo.

"As tropas receberam Aníbal apenas com algum entusiasmo", escreve Tito Lívio. Os soldados mais velhos olharam-no como se fosse a reencarnação do pai. "Nas feições e na expressão do rosto do filho, descobriam idêntico vigor e, nos olhos, o mesmo brilho. Rapidamente, no entanto, ele percebeu que já não precisava da memória do pai para se fazer amar e obedecer. Bastavam as suas qualidades. Sob a sua liderança, os homens mostravam sempre notável arrojo. Aníbal era temerário e, quando tinha de enfrentar o perigo, revelava uma brilhante capacidade tática."

Aníbal casou com Imulce, filha do senhor das Montanhas de Prata, de quem, reza a lenda, teve um filho. O casamento durou pouco tempo. "Desde o primeiro dia do seu comando", escreve Tito Lívio, "que Aníbal agia dominado pela ideia de ocupar a Itália, de fazer guerra a Roma. A urgência era a essência do seu plano. A morte violenta do pai lembrava-lhe permanentemente que não estava imune a um fim prematuro, que não lhe restava muito tempo".

Foram trazidos 24 elefantes de barco, do norte da África. O local de desembarque, no Algarve, mais tarde identificado pelos romanos, foi chamado de Portus Hannibalis, agora Portimão. Também vindos do norte da África, a eles se juntaram mais de mil cavaleiros berberes, armados de lanças.

Aníbal foi ao templo de Hércules e rezou pedindo força. Convocou uma grande assembleia de combatentes da Ibéria e, de forma empolgante, ofereceu-lhes a oportunidade de "iniciar uma guerra contra Roma que, com a ajuda de Deus, lhes encheria os bolsos de ouro e espalharia sua fama pelo mundo inteiro".

Não cabe aqui relatar de novo o modo como Aníbal fez transportar os elefantes e conduziu o exército, composto por norte-africanos e iberos, até a Itália, onde, depois de atravessados os Pireneus e passados os Alpes, ficou a dez quilômetros de destruir Roma. A importância para a História de Portugal está antes na resposta dada por Roma.

Na primavera de 218 a.C., Aníbal tinha atravessado os Apeninos, ganhado uma batalha importante e, com reforços recém-chegados da Ibéria, marchava sobre Roma. Então, o Senado romano enviou para a Ibéria uma bem-apetrechada força militar, comandada pelo general Caio Cornélio Cipião. Pareciam, àquela altura, não ter qualquer intenção de conquistar, e muito menos de colonizar, a península. O seu objetivo principal era ajudar a salvar Roma, cortando de Aníbal sua fonte de reforços e de dinheiro.

Cipião e suas tropas encontraram pouca resistência na parte oriental da Ibéria. Ao longo dos séculos, as tribos haviam se acostumado aos mais diferentes domínios estrangeiros. Os romanos gastaram quantias avultadas na compra de provisões e tratavam com alguma humanidade a população nativa. Mas quando, em 197 a.c., os soldados de Cipião marcharam em direção ao interior e chegaram ao território onde, hoje, fica Portugal, eles encontraram pela frente os lusitanos.

Durante os 15 anos de guerra que se seguiram, os lusitanos lutaram sem armadura, com roupas leves e frequentemente a cavalo, empunhando espadas, dardos envenenados e fundas. Recusaram a batalha convencional, escondendo-se nas colinas e montanhas da serra da Estrela, de onde lançavam ataques súbitos e demolidores. De acordo com os relatos dos romanos, traziam sempre consigo bolinhas com veneno para se suicidar no caso de serem capturados. Quando feitos prisioneiros, resistiam até a morte a qualquer tortura, recusando sempre revelar informações.

Para impor uma paz que nunca foi bem-aceita pela Lusitânia, foram necessários 150 mil soldados, o que obrigou os romanos a estabelecer, pela primeira vez, o serviço militar profissional e permanente. Foi então que surgiu, entre os lusitanos, um novo líder, um pastor de nome Viriato, que apelou ao povo para se rebelar contra os romanos. Durante oito anos, chefiou os seus seguidores em incursões-relâmpago contra as forças estrangeiras. Os generais romanos foram obrigados a negociar uma paz em termos de tal forma humilhantes que ela foi rejeitada pelo Senado. Sob o pretexto de que pretendiam prosseguir as negociações, os romanos contrataram agentes que, fazendo-se passar por intermediários, conseguiram ter acesso a Viriato e envenená-lo.

Dividiram a Ibéria em duas províncias, a pacífica Hispânia Citerior, cujas fronteiras coincidiam aproximadamente com as da Espanha atual, e a rebelde Hispânia Ulterior, a oeste, constituída em grande parte pelo território que é hoje Portugal.

As mais importantes diferenças existentes entre as duas províncias consistiam no fato de a Citerior ser, tal como Roma, um país com situação, clima e cultura mediterrânica, enquanto a Ulterior era atlântica. Tal era a intransigência dos lusitanos, que, vivendo frequentemente escondidos nas terras altas do centro, impediram que o domínio efetivo de Roma fosse muito além, ao norte do rio Tejo.

Em 61 a.C., em Roma, numa espécie de loteria realizada entre oficiais de alta patente, o cargo de governador da Hispânia Ulterior foi ganho por Júlio César. Sua sorte, que poucos, àquela altura, consideraram invejável, iria não só mudar o seu destino, mas alterar profundamente o curso da História da Europa Ocidental.

Desconhece-se a data exata do seu nascimento, mas tudo indica que, na ocasião, ainda não completara quarenta anos. Fora até pouco tempo antes o sumo sacerdote da cidade de Roma. Tinha acabado de provocar grande escândalo, ao divorciar-se da sua segunda mulher, por alegada, mas não comprovada, blasfêmia, que deu origem ao famoso, mas de certo modo controverso, ditado segundo o qual "a mulher de César deve estar acima de qualquer suspeita".

César estava altamente endividado e, em vez de esperar que o Senado ratificasse o sorteio, dando assim hipótese aos credores de ganharem tempo para levar o tribunal a impedir que abandonasse a cidade antes do pagamento, ele fugiu de Roma e, sem demora, foi de barco para Cádis.

Esta não era a sua primeira visita à província. Dez anos antes, tinha servido aí como adjunto do governador anterior. Não pareceu hesitar sobre o que era importante fazer. De acordo com Plutarco, seu biógrafo romano, logo à chegada César começou por ler a vida de Alexandre, o Grande, e, ao terminar, pousou o livro, suspirou e disse: "Com a minha idade, Alexandre já era rei, e eu ainda não consegui nada de verdadeiramente notável."

Júlio César recrutou dez mil soldados, que juntou aos vinte mil que tinham ficado sob o seu comando a partir do momento em que assumiu o cargo de governador. Marchou com eles em direção à Lusitânia, atravessando o rio Tejo. Era um caminho que muitos dos seus antecessores tinham tentado, com consequências desastrosas. O motivo de César, no entanto, era diferente. Ele viera não para conquistar, mas para pilhar, saquear e exigir pagamento em troca de misericórdia, o que, a princípio, parecia boa tática. Tanto a Lusitânia como a região situada ao norte eram ricas em ouro e prata, que os povos locais e seus vizinhos tinham refinado e transformado em enormes quantidades de joias e moedas, que os romanos se encarregaram de lhes roubar à força e de surpresa, retirando-se rapidamente.

César mandou sua frota navegar para o Norte, com o objetivo de aterrorizar o povo que vivia ao longo do rio Douro. "Douro" significa "de ouro", e naquele tempo suas águas reluziam como aquele minério. Nas suas margens, existiam minas a céu aberto — grandes faixas incrustadas nas encostas, que chegavam a ter 200 metros de largura e um quilômetro de comprimento — onde, em cada uma delas, trabalhavam mais de mil homens. Em breve, os barcos de César partiram, carregados de lingotes.

Sob a sua orientação, os despojos foram repartidos em três partes: um terço foi enviado para o tesouro, em Roma, outro terço foi dividido entre os soldados que tinham procedido à pilhagem, e o último terço ficou para o próprio César. Na zona já pacificada, ao sul do rio Tejo, perto da cidade de Beja, na região agora conhecida por Alentejo, César era proprietário e explorava minas em nome de sua mulher, Juliana. Os legionários que guardavam as rotas por onde passavam as barras de ouro eram recompensados com o direito de extrair e fundir o minério de cobre existente à beira da estrada, bem como construir herdades, onde produziam a azeitona, a uva e o trigo. Casaram com gente local e nunca regressaram a Roma. Ainda hoje ali se encontram descendentes seus.

Após dois anos, César regressou a Roma mesmo antes da chegada do seu sucessor. Sua pilhagem da Hispânia Ulterior tinha sido considerada um "triunfo" por parte do Senado. Não só pagara as dívidas, como ainda acumulara fortuna suficiente para se envolver, entre outras coisas, no suborno eleitoral. Regressou a tempo de disputar as eleições para um dos consulados que se encontrava vago, tendo comprado um número de votos mais do que suficiente para garantir a vitória. Conseguiu, pois, os meios, a posição e o poder para invadir e ocupar a Gália, os Países Baixos e a Inglaterra.

Durante séculos, antes de os romanos terem chegado a Társis, marinheiros mercadores, provenientes da costa sudeste, hoje Algarve, e referenciados como "tímidos e sombrios", tinham navegado pela costa acima da Europa continental e atravessado o golfo da Biscaia em direção à Cornualha, onde trocaram bronze e ouro por estanho. Muitos dos legionários que, com César, marcharam por terra, através do continente, e invadiram a Inglaterra, no ano de 55 a.C., eram seus descendentes, e não italianos. Aliás, nunca tinham posto o pé em Roma. Adriano, que se tornou governador da Inglaterra, era natural de Cádis. Arqueólogos britânicos descobriram, no norte do seu país, junto à Muralha de Adriano, vasos que, fabricados em Beja, eram utilizados no transporte do azeite.

Capítulo II
Roma no Atlântico

Ao entrar-se na aldeia de Almoçageme, a quarenta minutos de Lisboa, passa-se, à direita, pelas ruínas de uma casa. Em toda a área, foi erguido um telhado de metal ondulado, e terra recobre temporariamente o chão de mosaico, para protegê-lo dos ventos salgados do Atlântico. Esta casa era o ponto mais ocidental do Império Romano. Dali se veem pastagens agrestes que abundam em lírios selvagens exclusivos da região. Uma estrada leva até a praia, onde existem grutas e cavernas esculpidas pelo bater das ondas do oceano. Nos princípios do primeiro século da era de Cristo, um grupo de turistas romanos que veio até ali de visita convenceu-se de que tinha visto deusas e ninfas do mar a dançarem nas grutas. Ficaram tão comovidos com a experiência que escreveram uma carta (hoje preservada na Hamilton Collection dos Arquivos Públicos de Edimburgo) ao imperador Tibério, tendo contratado um mensageiro para levá-la a Roma.

Tinham sido necessários 200 anos de guerra ininterrupta para os romanos conseguirem pacificar a terra a que chamaram Lusitânia e cujas fronteiras não eram muito diferentes das atuais. Trataram, então, de desfrutar em paz aquilo por que, antes, tinham lutado com tanta bravura.

À medida que os seus encantos se iam tornando conhecidos, os italianos começaram a ir para lá, aumentando assim o número dos que, tendo servido no Exército, optaram por ficar e ali construir seu novo lar. Ainda que os dados sejam desconhecidos, as provas arqueológicas mostram, no entanto, que eles eram em grande número. O fato de os agricultores utilizarem, hoje em dia, charruas que cavam mais fundo a terra do que antes faz com que seja vulgar encontrarem pedaços de mosaico, inscrições e desenhos esculpidos em pedra, que deixam à beira dos campos ou que penduram nas paredes.

A construção de estradas e outras obras públicas vem revelando casas, templos e povoamentos. Algumas dessas novas estradas têm sido mesmo, por vezes, desviadas. Recentemente, foram feitas, ou estão ainda em curso, 14 importantes escavações em locais arqueológicos de origem romana. Pontes romanas, incluindo a situada na estrada que vai de Sintra até Mafra, hoje são utilizadas, o mesmo acontecendo com os edifícios de dois andares. A igreja paroquial de Egitânia, agora Idanha-a-Velha, na estrada principal que os romanos construíram entre Mérida e Viseu, é um templo romano adaptado.

Em Palma, no norte do Alentejo, na estrada romana que, partindo de Lisboa, segue em direção a Leste, arqueólogos da Universidade de Louisville, Estados Unidos, descobriram, em 1947, um mosaico de mármore, com musas, magnificamente preservado. É um dos mais belos exemplares até hoje descobertos no Império Romano do Ocidente. Os americanos permaneceram mais de 28 anos tentando reconstituir o dia a dia numa vila da Roma Lusitânia — o bairro residencial, com as casas dos italianos, dos seus servos e dos escravos lusitanos, e a zona industrial, com suas oficinas e seus armazéns.

No Baixo Alentejo, em São Cucufate,[1] existe uma mansão rural em notável estado de conservação. Boa parte das pare-

---

[1] Ruínas romanas da *villa* rural com o mesmo nome (360 d.C.), existentes em Vila de Frades, concelho da Vidigueira, distrito de Beja. (N.T.)

des, portas arqueadas e pilares esculpidos continua a resistir ao tempo. Seu primeiro proprietário construiu-a de tal modo que ela se manteve habitável ao longo de mais de 1.500 anos. Numa praça de Évora, capital do Alto Alentejo, existe um templo sobrelevado, com pilares. Em Milreu, perto de Faro, capital do Algarve, existem pilares, paredes e mosaicos, restos de um templo que, tanto quanto se sabe, terá sido um grande local de peregrinação.

Em Lisboa, o vasto teatro romano só parcialmente escavado, por motivos de custo e viabilidade, encontra-se em excelente estado de conservação. Em Conímbriga — termas romanas ao sul do que é hoje Coimbra —, extensas escavações revelaram uma boa parte da cidade, mantendo-se em exposição no museu uma enorme variedade de utensílios e objetos de decoração.

A joia de todo esse tesouro arqueológico é, no entanto, Mérida. Fundada pelo imperador Augusto, como capital da Lusitânia, fica situada do outro lado do que é, hoje, a fronteira de Portugal com a Espanha, podendo acessá-la através de uma ponte de seis vãos, construída sobre o Guadiana no ano 25 d.C.

Encontra-se ali a mais impressionante mostra da Roma imperial existente na Europa Ocidental, suplantando largamente Arles ou Nîmes, na França, ou Verulamium, na Inglaterra. No circo de 15 mil lugares, podia assistir-se à luta de gladiadores entre si ou contra animais selvagens. Foi concebido de modo a que pudesse ser inundado, para aí se simularem batalhas navais entre frotas inimigas constituídas por miniaturas de galés romanas contra cartaginesas.

Ainda se encontra em funcionamento o teatro de Mérida, construído há quase dois mil anos e com capacidade para seis mil lugares. É dominado por grandes estátuas dedicadas aos deuses e uma varanda onde se pode passear. Inclui-se aí, entre vários outros edifícios que, no momento, são objeto de restauração, um templo de três andares, dedicado a Diana.

Há passeios que dão acesso às lojas, que as ligam umas às outras — a padaria, a ourivesaria etc. — e que prosseguem em direção às ruínas das mansões. A qualidade do museu romano de Mérida é relevante, não apenas pelo modo como, por exemplo, mostra o funcionamento de uma padaria, mas ainda pela sua notável coleção de mosaicos, escultura e joalheria.

Embora sejam notáveis, as ruínas arqueológicas estão longe de constituir a melhor parte do legado romano. Em mais nenhuma parte das costas do Atlântico, exceto na Galícia, a província espanhola situada ao norte de Portugal, se encontram tão impregnadas influências latinas.

Os romanos detêm uma presença bastante significativa na ascendência do povo português, só encontrando, talvez, paralelo nos antepassados celtas. A língua portuguesa, tal como o galego, do qual evoluiu, e com que ainda mantém muitas afinidades, permanece mais fiel ao latim do que propriamente às línguas românicas.

Aldeias como, por exemplo, Almoçageme, que, para muitos portugueses, constituem uma espécie de coração da nação, estão construídas segundo o modelo romano: o fórum central, onde os homens se reúnem para conversar e onde, normalmente, se realizam as feiras, é delimitado por uma igreja, pela escola, pelo café e pelo ginásio, além do edifício onde, de uns tempos para cá, foi instalado o quartel dos bombeiros voluntários.

O direito português fundamenta-se no direito romano, por razões bem diferentes das de outros países europeus, que passaram a assumir o modelo romano através da adoção do Código Napoleônico, no início do século XIX. Ao longo de dois mil anos, os portugueses têm mostrado uma preferência consistente pelo sistema jurídico romano. A tentativa dos visigodos, da Germânia, de imporem o sistema jurídico teutônico, em troca da sua adesão ao catolicismo, provocou uma rebelião que abriu caminho à entrada dos mouros e à sua tomada do poder. Com sua expulsão, os fundadores do novo Portugal regressaram ao sistema jurídico romano. Portugal foi um dos primeiros países ocidentais onde foi implantado o cristianismo. Permanece a segunda nação mais católica da Europa Ocidental, depois da Irlanda: a maior parte do resto da Europa atlântica foi, durante séculos, aderindo a um protestantismo um pouco inflexível. A arquitetura romana influenciou a construção de muitas das mais belas igrejas do país. A influência dos romanos na cozinha encontra-se no pato com laranja ou azeitonas e no cozido à portuguesa, que, feito com embutidos e couve, era a alimentação normal dos legionários. Adaptado, foi mais tarde alimento dos escravos africanos transportados para as Américas a bordo de navios portugueses, dando origem à *soul food*.[2] De igual modo, os romanos introduziram o hábito de fritar peixe envolvido em ovos e em farinha, *tempura*, que, mais tarde, os portugueses levaram para o Japão. Os romanos ensinaram ainda como conservar o peixe, salgando-o e secando-o, de tal modo que o bacalhau, que é peixe assim conservado, constitui um verdadeiro vício nacional. Havendo embora muito peixe nas suas águas costeiras, os pescadores portugueses sentiram, no entanto, necessidade de se deslocar à sua procura mais longe, na Terra Nova. As negociações da Noruega para aderir à União Europeia soçobraram devido à insistência de portugueses e galegos em terem acesso a uma quota da sua pesca de bacalhau. Eles são obrigados a importá-lo, em enormes quantidades, da Escandinávia e da Inglaterra.

O conceito português de nacionalidade, que é distinto do dos seus vizinhos, tem por base o sentido que lhe era dado no antigo Império Romano. Para os espanhóis, a ideia de nacionalidade baseia-se essencialmente nos antepassados, de tal modo que sempre que se procede ao registro de uma criança

---

[2] Tipo de alimento tradicionalmente utilizado pela população negra do sul dos Estados Unidos. (N.T.)

é inscrita a sua linhagem nas últimas três gerações. O conceito tradicional inglês baseia-se na etnia, no ser "anglo-saxão", para quem o local onde se nascia era muito importante.

Tal como ser cidadão romano, ser português é um estado de espírito, é a aceitação, em sentido amplo, da cultura nacional, é uma maneira de ser. Algumas das mais importantes figuras romanas não eram de origem italiana. Sêneca, o Ancião, e Adriano, que nunca esteve na capital imperial, eram iberos do Sul. A maioria dos portugueses há muito que se orgulha da relativa ausência de discriminação racial na sociedade e da sua longa tradição de casamentos inter-raciais, com indianos, africanos, chineses, bem como com ingleses e alemães. É geralmente o cônjuge estrangeiro, independentemente do sexo, que se integra na sociedade portuguesa, e não o contrário.

Desde o início da sua presença na Índia, e contrastando ab-ruptamente com a política inglesa de separatismo, que os portugueses cultivaram o relacionamento, incluindo os mais íntimos, com as mulheres locais. Se esses relacionamentos não acabassem em casamento, como frequentemente acontecia, o governo imperial obrigava-os, sob a ameaça de castigo, a reconhecer e a assumir a paternidade e a responsabilidade pela educação dos eventuais filhos.

O próprio Estado fazia o mesmo. À semelhança do que acontecia com muitos cidadãos romanos no tempo do império, também um grande número de cidadãos de Portugal, cujo único antepassado europeu poderá ter existido há um século ou mais, são detentores de pleno direito de passaporte português, mas nunca visitaram a sua "pátria". São sino-europeus, ou vivem em Macau ou Hong Kong, *purghers* do Sri Lanka ou indianos que, oriundos de Goa, habitam atualmente em Bombaim.

Foi a atração pelo ouro que trouxe muitos italianos à Lusitânia. Plínio, o Velho, que lá foi governador de 70 a 75 d.C., afirma que o campo de ouro que atravessava a Lusitânia e a

Galícia até as Astúrias era considerado "a maior área de produção mundial" daquele metal precioso. (O mundo então conhecido era duas vezes superior ao tamanho da Europa.) De acordo com Plínio, valendo-se de um velho decreto do Senado visando à preservação dessas reservas, as empresas que se dedicavam à exploração de minas de ouro na Ibéria não podiam empregar mais de cinco mil mineiros por veio. A partir do levantamento da restrição, Plínio calculou em 320 mil onças a produção anual das minas de ouro da Ibéria Ocidental. As reservas existentes em Portugal eram tão vastas que só em 1992 foi encerrada, em Jales, perto de Vila Real, no Nordeste, uma mina cuja exploração fora iniciada pelos romanos. Até então, produzia um pouco mais de cem mil onças anuais de ouro, e cerca do dobro de prata. Os geólogos calculam que os filões ainda contêm ouro no valor de um bilhão de dólares, só que, com as técnicas atualmente disponíveis, o custo de extração é demasiado elevado.

Plínio mostrou-se profundamente chocado com a ganância revelada pelos seus compatriotas italianos, de tal modo que não hesitavam em recorrer, direta ou indiretamente, a métodos pouco humanos para conseguir o ouro. Descreve ele o que, na época, acontecia em Portugal: "À luz de lanterna, longos túneis foram rasgados nas vertentes das montanhas. Os homens trabalhavam em longos turnos, podendo, durante meses a fio, não ter acesso à luz do dia. Os tetos estavam sujeitos a ruir e a esmagar os mineiros no seu interior. Apanhar pérolas ou pescar peixe roxo nas profundezas do oceano parecia, comparativamente, bastante mais seguro. Como fomos capazes de tornar a terra perigosa!"

Outro método utilizado era a extração a céu aberto. Sua marca foi deixada pelos romanos no norte de Portugal, onde o método foi praticado ao longo de 200 anos, numa extensão com 350 metros de comprimento, 110 de largura e cem de profundidade. Aí trabalhavam mais de dois mil mineiros.

Relata Plínio: "O método utilizado consistia em amassar a terra com cunhas e britadeiras de ferro. A mistura de argila e cascalho era considerada a mais resistente e duradoura de todas — exceto a ganância pelo ouro, que conseguia ser ainda mais forte."

À medida que os mineiros atacavam a vertente da montanha, acabava por aparecer uma fissura. "Com um grito ou um aceno", escreveu Plínio, "o vigia dá ordem para os mineiros pararem, descendo rapidamente do seu posto. A montanha rasgada desintegra-se com um estrondo inimaginável, que é acompanhado por uma deslocação de ar igualmente incrível. Como heróis conquistadores, os mineiros contemplam o seu triunfo sobre a natureza".

Os pedaços de argila e granito eram partidos em bocados menores. Em seguida, abriam-se as comportas dos reservatórios, anteriormente construídos na montanha, e a água precipitava-se através de íngremes condutos. Para os escavar, os mineiros eram descidos, através de cordas, ao longo da falésia. "Vista a distância, a operação parecia envolver não propriamente uma espécie de animais estranhos, mas pássaros", acrescentou Plínio. "A maior parte permanece pendurada, enquanto segura os níveis e mede o percurso. E, assim, o homem fazia com que os rios pudessem correr por onde não havia lugar para ele próprio deixar marcas dos seus passos."

Na torrente, as pepitas, que chegavam a pesar três mil onças, raramente ficavam expostas. De qualquer modo, a água arrastava os fragmentos de cascalho argiloso pelos degraus que os mineiros haviam talhado na rocha. Era nesses degraus, cobertos de tojo, que se recolhiam as partículas de ouro. O tojo era, depois, secado e queimado, e o ouro recuperado das cinzas.

A tecnologia de extração mineira dos romanos era de tal modo avançada que, mais de cem anos depois, após Portugal ter sido vítima de sucessivas invasões, muitas dessas explorações tiveram de ser abandonadas porque ninguém conseguia perceber o modo como a água era bombeada para manter as minas suficientemente secas, tornando assim possível uma exploração contínua. Só no século XIX é que foi, de novo, concebido um método com sucesso.

Ao sul do Tejo, em pleno Alentejo, os romanos apoderaram-se das minas de cobre, prata, estanho, zinco e ferro que os cartagineses tinham explorado, sob o comando de Aníbal, tendo expandido enormemente a sua atividade. Havia também grandes reservas de chumbo branco, cuja utilização, como aditivo do ferro, era muito importante, já que impedia que este enferrujasse.

Os dois mais importantes campos de cobre encontram-se em São Domingos, cuja exploração a céu aberto continuou a ser feita por uma empresa britânica, até os anos 1960, e em Aljustrel, onde os poços das minas romanas, alguns deles com mais de 200 metros de profundidade, ainda continuam em atividade.

Todas as minas de ouro do Norte eram propriedade do Estado e por ele exploradas. No Alentejo, as concessões foram vendidas a empresários individuais ou a grupos de mineiros. As condições em que trabalhavam eram muito exigentes. Ao adquirirem um direito de exploração, os concessionários tinham 25 dias para começar a atividade, caso contrário esse direito revertia para o Estado. Antes de poderem ser comercializados, tanto o minério como os metais produzidos eram objeto de altos impostos. As estradas que davam acesso às docas, nas margens do rio Guadiana, eram guardadas e patrulhadas para impedir o contrabando. Se apanhados, os que, durante a noite, tentavam contrabandear os metais eram condenados a longas penas de trabalhos forçados.

A exploração mineira, de longe a atividade mais lucrativa, concentrava-se, no entanto, em pequenas áreas do norte e do sul do país. No território, considerado como um todo, a maior alteração registrada no modo de vida e na própria economia dos lusitanos se deu com a introdução das técnicas romanas na agricultura. O azeite, o vinho e os cereais já eram cultivados, mas numa escala muito pequena. Os imigrantes italianos, além de trazerem mais plantas e mais variedades, começaram a comprar terras de pequenos proprietários, que iam juntando em grandes herdades, chegando a atingir, algumas delas, mais de dois mil hectares.

O trigo e vários frutos (conservados em mel ou secos) e o esparto (utilizado para fazer cordas e velas) eram exportados para a Bélgica, Holanda, Inglaterra, e ainda para a Itália. Uma parte do azeite lusitano era considerado em Roma o melhor do império, sendo vendido a preço muito elevado.

Na oitava década d.c., à semelhança, aliás, do que veio a acontecer na Europa, no final do século XX, o Império Romano se viu confrontado com uma enorme quantidade de vinho que não conseguia vender. Na Lusitânia, um decreto do imperador Domiciano determinou que fossem arrancadas todas as videiras implantadas em terra que podia ser utilizada para outras culturas, como, por exemplo, os cereais. E, assim, a produção foi reduzida à metade. O fato, que terá obrigado as adegas a se concentrarem mais na qualidade, fez com que aumentassem as exportações de vinhos lusitanos de qualidade superior. Quase dois mil anos depois, os vinhos produzidos ao sul do Tejo, em vinhas originariamente plantadas pelos romanos, continuam a ser comercializados na Itália. Servem de exemplo as 3,5 milhões de garrafas anuais do Lancers Rosé, da adega José Maria da Fonseca, de Azeitão.

Por volta de 212 d.C., existia uma grande homogeneidade entre a população devido, sobretudo, aos casamentos inter--raciais. Então, o imperador Caracala decretou a concessão de cidadania automática a todos que, com exceção dos escravos, vivessem no território e ainda não tivessem a cidadania romana. Esta eliminação da distinção oficial entre imigrantes e nativos pretendia fazer com que estes ficassem mais ligados a Roma. Só que, ironia do destino, teve antes o condão de ajudá-los a se unirem aos imigrantes contra ela.

As empresas estatais de Roma controlavam a indústria mineira. Grandes herdades e fábricas eram, salvo raras exceções, propriedade privada das classes altas italianas, que, longe de se integrarem, eram geralmente absentistas que viviam em Roma. O grosso dos lucros estatais e privados era enviado para Roma, mas esta nunca se dava por satisfeita.

Muito tem sido escrito sobre o modo como Roma se tornou tão insaciável na sua ganância e como a extravagância e a opulência acabaram por conduzi-la à falência, perdendo a vontade e os meios capazes de impedir a entrada dos bárbaros. À medida que seu poder enfraquecia, Roma ia exigindo cada vez mais remessas de dinheiro às suas colônias. O privilégio de cidadania parecia ser constituído apenas pela obrigação de pagar impostos a um Estado estrangeiro, que, dia a dia, ia se tornando mais intolerável.

Durante o longo período da *pax romana* na Lusitânia, os municípios foram evoluindo para comunidades democráticas, muitas vezes com autonomia administrativa. Os cidadãos elegeram magistrados que passaram a governar esses municípios. Cobravam impostos, cujo dinheiro, como se pode ver através das escavações arqueológicas, foi, durante várias gerações, majoritariamente gasto em obras públicas: estradas, pontes, aquedutos, templos, banhos públicos e teatros.

À medida que Roma exigia mais impostos, diminuía o investimento em serviços e melhoramentos locais. Para fugir ao pagamento de impostos, as pessoas abandonavam os municípios, mas um edito emitido por Roma classificou prática ilegal, ameaçando com perseguição e punição os que viessem a ser capturados. Sem capacidade financeira para liquidar os impostos, alguns preferiam vender-se como escravos a serem presos por dívidas. Quando se extinguiram candidaturas às eleições para magistrados, Roma decretou que o cargo passaria a ser hereditário: o filho de um lusitano era obrigado, sob pena de morte, a suceder ao pai no cargo de cobrador dos impostos romanos.

Para escapar às ameaças, muitos lusitanos se alistaram nas legiões romanas, tendo sido enviados como soldados para reprimir insurreições em outras colônias, designadamente no norte da África, Gália e Grã-Bretanha. Alguns acompanharam Constantino na sua marcha para libertar Roma, que se encontrava cercada e ocupada pelos godos.

Na Lusitânia, os italianos que, recusando integrar-se com os locais, tinham formado uma elite abastada passaram a depender do consentimento da maioria para continuar a sobreviver como casta. Das três legiões mantidas para defendê-los, duas foram extintas por falta de dinheiro. Entretanto, a autoridade de Roma na própria Itália começa a ser contestada. A elite italiana vivendo na Lusitânia, desavinda com a população local, ia sabendo que sua pátria estava sendo invadida por "bárbaros" norte-europeus.

Capítulo III
Ascensão e queda da cristandade

Tão parca é a documentação existente em Portugal da época que se seguiu ao eclipse da autoridade de Roma que alguns historiadores simplesmente a ignoram. Uma cronologia recentemente publicada salta logo do ano 104 d.C., quando os romanos concluíram a ponte sobre o rio Tâmega, em Chaves, no norte, para o ano 409, por ocasião da invasão pelos refugiados religiosos vindos da Alemanha.

A importância dos acontecimentos que mediaram essas duas datas é, no entanto, tão grande que não podem facilmente ser ignorados — devemos, pois, tentar articulá-los.

Os arqueólogos descobriram, numa vasta área de Portugal, objetos abandonados na sequência de uma terrível onda de destruição que assolou o território por volta do ano 250 d.C. A culpa dos estragos tem sido atribuída às hordas dos vândalos invasores. Mas, de acordo com o professor Jorge Alarcão, não existem, na realidade, suficientes pistas para que possamos acusá-los do fato, tanto a eles como, aliás, qualquer outro grupo de intrusos. A primeira onda de devastação ocorreu muito antes da chegada dos alemães e foi claramente da responsabilidade da população local.

As descobertas arqueológicas mostram que aqueles que destruíam e saqueavam não o faziam de forma indiscriminada. Seus alvos eram os italianos ricos, que detinham uma enorme quantidade de bens e controlavam os centros de decisão da economia, tratando com enorme dureza os escravos e o pessoal assalariado. Tanto as fábricas como os ricos casarões em que viviam foram destruídos. Um muro de proteção foi erguido às pressas em redor de Conímbriga, a faustosa cidade termal, onde gente da classe alta, vinda do estrangeiro, costumava relaxar. Parece que, pouco depois, o muro foi destruído pela população amotinada.

Dentre os muitos objetos então enterrados — aparentemente para escondê-los dos saqueadores —, destacam-se lanternas e objetos de culto pré-cristão, o que parece reforçar a ideia de que a insurreição teve como causa não apenas questões de ressentimento em relação aos italianos, mas um ato de cristianismo militante: uma revolta de convertidos à Igreja primitiva contra as injustiças econômicas e sociais da ordem romana pré-cristã.

A reação não se fez esperar e um edito assinado pelo imperador Domiciano ordenou que o culto aos deuses romanos e o pagamento do respectivo tributo passassem a ser feitos em templos oficiais, de cujo certificado comprovativo se deviam fazer acompanhar. De acordo com o historiador ibérico Quintiliano, que viveu no princípio do século II, a essa altura o cristianismo tinha chegado até a costa atlântica. A adesão estava, no entanto, longe de ser universal: era a mais recente de várias religiões rivais que ali tinham chegado vindas do extremo oposto ao do decadente Império Romano, o Mediterrâneo Oriental. Alguns dos conceitos considerados, hoje em dia, como dos mais essenciais do cristianismo já não eram novidade para os lusitanos quando os primeiros missionários lá chegaram. O culto egípcio da deusa Ísis já os tinha familiarizado com a teologia da morte e a ressurreição do Filho de Deus, e o culto persa de Mitra com os sacramentos do batismo e da refeição sagrada (a eucaristia). Ainda que em templos diferentes, alguns padres tanto presidiam ao culto mitraísta como ao cristão. Aliás, na Lusitânia, o culto de Mitra coexistiu com o de Cristo durante, pelo menos, mais dois séculos.

O que fez, no entanto, com que o cristianismo tenha crescido com uma rapidez tão impressionante e conseguido resultados tão avassaladores em competição com, pelo menos, meia dúzia de outras religiões? A par dos ensinamentos de Jesus, pesou evidentemente bastante a revelação do fato de ele ser uma divindade que tinha vindo à terra em passado recente, fora morto pela mesma classe dominante da Roma imperial que também os havia oprimido e ressuscitara triunfalmente por intervenção direta de Deus.

Para além disso, na Ibéria atlântica, há que registrar a importância da ação de são Tiago, o discípulo a quem Jesus chamou de "Filho do Trovão". Diz a lenda local, que ainda hoje perdura, que são Tiago foi o primeiro a trazer a esse lugar "a boa-nova" do cristianismo, entre os anos que mediaram a crucificação de Jesus, em 32 d.C., e sua própria decapitação, no regresso à Judeia, dez anos depois.

Ainda segundo a lenda, seu corpo encontra-se sepultado no túmulo por debaixo da Catedral de Santiago de Compostela (que significa "São Tiago do Campo das Estrelas"), na Galícia, mesmo ao norte da fronteira portuguesa. Consta que sua cabeça se manteve preservada ali próximo, em Braga, a mais antiga cidade portuguesa com direito a catedral. Ainda hoje, todos os anos, centenas de milhares de peregrinos, e talvez quase o mesmo número de excursionistas, se deslocam a Santiago movidos pela devoção e pela curiosidade.

Parece tão improvável que alguma vez são Tiago tenha visitado a Ibéria como a fábula de que o seu corpo, envolto em vestes pontificais e rodeado de estrelas, tenha para lá voado após a sua execução na Judeia. Era preciso que o corpo tivesse viajado sem a cabeça que o bispo de Braga diz ter encontrado em Jerusalém, quando, no século XII, ali se deslocou em peregrinação. A cabeça que ele afirma ter trazido consigo, no regresso ao norte de Portugal, terá sido ali roubada por agentes do rei de Leão e enviada para Santiago de Compostela. Há quem afirme que o túmulo, em Santiago, poderá conter os restos mortais de um missionário alemão que, acusado de heresia e executado, no século IV, por ordem do imperador Máximo, para ali foram trazidos pelos seus seguidores, fugidos às perseguições no norte da Europa.

A força e a persistência do culto de são Tiago ultrapassam, no entanto, a mera superstição. Seu impacto decorre de igual modo dos ensinamentos contidos nos textos que lhe são atribuídos. É provável que a exortação de são Tiago, integrada num grupo de escritos do Novo Testamento, há muito designados por *Cartas católicas,* ou *Cartas universais,* tenha constituído o primeiro texto cristão a chegar à Ibéria atlântica. É ainda provável que tenha sido escrito uma geração antes de são Marcos ter redigido o primeiro dos Evangelhos sinópticos, no ano 72 d.C. Ao que parece, foi levado por mercenários lusitanos que, regressados a casa depois de integrarem a Sétima Legião Romana, serviram no norte da África, onde foram convertidos ao cristianismo por missionários oriundos de terras situadas mais a leste.

As *Cartas católicas* eram conhecidas, na Igreja primitiva, por "Cartas universais", distinguindo-se, assim, das de são Paulo, que, dirigidas a pessoas e comunidades concretas, se debruçam especialmente sobre a espiritualidade e a vivência cristã em comunidade. Em contraste, são Tiago classifica a sua mensagem como a "perfeita lei da liberdade". Seus escritos dão a impressão de ser uma espécie de apelo à revolta santa contra os ricos.

Em parte alguma das sete versões manuscritas ainda hoje existentes desta "carta universal", aliás muito semelhantes entre si, Santiago condena os ricos apenas por serem ricos. Alerta, só de passagem, para o que é transitório, para o inevitável murchar dos seus empreendimentos. Seu protesto contra os ricos tinha a ver com o fato de estes, na ânsia de se tornarem mais ricos, terem se entregado aos luxos e prazeres, ignorando o próximo. "Não são os ricos que nos oprimem?", pergunta são Tiago. "Não são eles que vos arrastam aos tribunais e blasfemam o belo nome que sobre vós foi invocado?" Ele pergunta aos ricos: "Não ouvis o clamor contra vós por causa do salário que não pagastes aos trabalhadores que ceifaram os vossos campos?", acrescentando, como um aviso: "Os protestos dos ceifeiros já chegaram aos ouvidos do Senhor."

Para são Tiago não basta crer. A convicção religiosa deve exprimir-se pela ação. "É através das obras que dou testemunho de fé. Se ela não tiver obras, está morta. Aquele que medita com atenção a lei da liberdade, e nela persevera — não como quem a ouve e logo se esquece, mas como quem a cumpre —, esse encontrará a felicidade."

São Tiago intimou, ainda, os seus irmãos na fé a evitarem a violência verbal e física, observando: "A misericórdia não teme o julgamento... Só os poderosos é que dão a morte ao inocente."

Herodes Agripa II condenou e mandou matar são Tiago, no ano 42 d.C., na Judeia. Os pobres da Lusitânia, quatro mil quilômetros a ocidente, passaram a invocá-lo como se fosse um dos seus.

A classe escolhida por Roma para ali governar fora impedida de comprar os minerais e os produtos agrícolas exigidos pelos romanos, além de ter perdido a proteção militar. À medida que as condições de vida dos escravos se deterioravam, estes iam se recusando cada vez mais a trabalhar. Seus donos, não dispondo já dos meios necessários para obrigá-los, sentiram a necessidade de negociar contratos, através dos quais lhes era dada a liberdade, com o compromisso, no entanto, de que, se houvesse a garantia do salário, estariam disponíveis para regressar ao trabalho.

Só que, de fato, já não existia um mercado de produtos agrícolas, e os ordenados ficavam por pagar. A burocracia e a magistratura romanas, que durante tanto tempo tinham sobrevivido na Lusitânia à custa de um poder fictício, acabaram por ceder. O poder caiu na rua, e o resultado foi a destruição maciça descrita anteriormente. As únicas pessoas que tinham granjeado o respeito e a popularidade suficientes para conseguir impor a paz e a ordem eram os bispos cristãos. Constituíam também o único grupo capaz de reclamar em Roma, junto ao papa, o reconhecimento da nova ordem. Em fins do século III, a Igreja tinha se constituído como a verdadeira administradora e promotora da justiça, uma espécie de governo, se é que a Lusitânia ainda existia.

O bispo de Mérida, a cidade capital, foi criticado por utilizar em proveito próprio ou na compra de paramentos e cálices riquíssimos as dádivas dos fiéis à Igreja. Apesar de tudo, também construiu o primeiro hospital da cidade, onde os doentes eram tratados gratuitamente, e uma hospedaria, também grátis, destinada ao alojamento de visitantes. Fundou, ainda, um banco que emprestava dinheiro com juros a baixas taxas, visando desenvolver empresas comerciais e, consequentemente, criar mais prosperidade.

Nos princípios do século IV, Prisciliano, bispo de Ávila, conseguiu reunir um grande número de crentes nos distritos mais pobres do interior de Portugal. Denunciou publicamente os seus irmãos no clero pela sua riqueza e ganância. Apontou a pobreza e a privação como atitudes especialmente estimadas por Deus. Pregou a abnegação rigorosa, preconizando o celibato e o vegetarianismo. Era, neste caso, um seguidor de são Tiago. Desafiou, ainda, o cristianismo ortodoxo, ao recusar a doutrina da Santíssima Trindade. Negou o nascimento divino de Jesus, defendendo ser este como qualquer ser humano, que só mais tarde foi por Deus repleto com o dom do Espírito Santo. Tal fato nada tinha de inédito, já que alguns profetas também haviam sido dotados de graças divinas e os homens que serviam a Deus podiam ser por Ele abençoados, tanto então como no futuro. Como os homens, também as mulheres tinham a mesma possibilidade de serem imbuídas por Deus, podendo, como eles, receber o sacramento da ordem.

Em qualquer outra época, Prisciliano e os seus seguidores, ao tentarem igualar-se a Cristo, teriam sido acusados de heresia pela Igreja oficial. Parece, de fato, ter havido, nesse tempo, uma notável tolerância no interior do mundo cristão.

Apesar das pressões dos poderosos sobre o papa, são Martinho de Tours e muitas outras figuras destacadas da ortodoxia, ninguém condenou publicamente o priscilianismo, ainda que discordando da sua doutrina. Mercê do exagero colocado no culto do desprendimento dos bens materiais, as terras de cultivo começaram a ficar no abandono. Os poderosos, designadamente os proprietários dos terrenos, moveram, então, forte perseguição a Prisciliano, tendo conseguido sua execução,[1] o que, contrariamente ao desejado, aumentou ainda mais a popularidade da heresia junto à população.

Particularmente em relação à personagem de Cristo, os priscilianistas tinham bastante em comum com as tribos germânicas do norte da Europa, seguidoras dos ensinamentos de Ariano. Seu caráter herético fez com que estas tribos tivessem vivido, durante mais de um século, sob a constante opressão imposta pelo cristianismo oficial romano. Deslocavam-se através da Europa, dos Bálcãs à Grécia, em busca de uma terra, procurando bens e produtos que pudessem pilhar ou tão somente por razões de vingança. Durante algum tempo, dominaram grande parte da França, invadiram e destroçaram a própria Roma, refugiando-se, finalmente, na Ibéria, onde se fixaram entre os seus correligionários.

---

[1] Acusados de magia, defesa de doutrinas heréticas e práticas religiosas imorais, Prisciliano e quatro de seus discípulos foram condenados à morte, em 348, na cidade de Tréveros, por ordem do imperador Máximo. (N.T.)

Os visigodos são frequentemente referenciados como um povo constituído por tribos fortemente interessadas na conquista e na imposição de um domínio estrangeiro. Em Portugal, no entanto, independentemente de eventuais façanhas militares, o número desses imigrantes não devia ir além dos cinquenta mil, ou seja, cerca de 12 vezes menos do que os indígenas. São Martinho, o bispo católico de Braga, entronizou e ungiu o seu líder como rei — mas à custa de sua conversão pública ao catolicismo. Mas rei de quê? As leis e os costumes germânicos que tinham trazido consigo só se aplicavam a eles próprios. A população restante, que era, afinal, a maioria, continuava a viver segundo as leis locais administradas, como até então, pela Igreja.

Martinho de Dumes era um monge oriundo da Hungria, a quem se atribui a introdução da vida monástica em Portugal. Foi, de fato, no seu tempo que surgiu uma série de comunidades constituídas por padres que, bastante cultos, não apenas em questões religiosas, mas também seculares, viviam com enorme simplicidade e eram conhecidos por seu caráter incorruptível. Com são Martinho, declararam que a única língua litúrgica válida parecia ser o latim. Então, excetuando meia dúzia de igrejas, a língua gótica da Germânia tinha caído em desuso. Os missais góticos foram destruídos e a língua quase que desapareceu por completo.

Em concílio, reunido em Braga, são Martinho condenou qualquer doutrina sobre Jesus que recusasse os ensinamentos católicos referentes à Santíssima Trindade. Simultaneamente, acabou com a lei que impedia o casamento dos católicos locais com godos.

Tentando escapar à determinação de são Martinho, o rei Recesvinto fez publicar um decreto, segundo o qual, dali em diante, só seriam considerados válidos os casamentos germânicos. Tal fato haveria de conduzir não apenas à sua queda, mas também à queda do seu povo e à da cristandade, em Portugal.

Ao abrigo da tradicional lei local, idêntica, aliás, à que hoje vigora em Portugal, os bens paternos são, em caso de morte de um dos cônjuges, divididos em partes iguais entre o outro cônjuge, se sobrevivo, e os filhos, se os houver. Em caso de herança paterna, as mulheres tinham os mesmos direitos dos irmãos, podendo, igualmente, se o quisessem, legar esses bens. Além de, por imposição da lei germânica, as mulheres terem perdido os direitos de propriedade, a herança deixara de ser dividida entre os filhos sobreviventes, cabendo por inteiro ao primogênito. Tais fatos haveriam de contribuir para um crescente descontentamento em relação à monarquia.

Em 710, o rei visigodo àquela altura, Vitiza, terá sido assassinado, pelo menos aparentemente, pelos filhos mais novos de alguns membros da nobreza, que se recusaram a aceitar como sucessor no trono seu filho primogênito, Agila, aclamando como alternativa um dos seus pares, Rodrigo.

Agila enviou, então, um embaixador ao norte da África, pedindo ao califa o seu apoio na pretensão ao trono. Tanto quanto se sabe, o projeto de Agila passava pelo desembarque de um exército de berberes que, depois de derrubar o novo regime, seria recompensado dos seus esforços com a pilhagem de bens e produtos, retirando-se, em seguida, para o norte da África. Rezam as crônicas árabes que o califa teria dado uma resposta muito aquém das expectativas: "Enviem uma pequena unidade exploratória, mas não exponham, pelo menos por enquanto, uma grande força aos perigos de uma expedição ultramarina."

Em 711, o general Tarik fez deslocar para a península sete mil soldados, que desembarcaram no rochedo que passou a ser conhecido pelo nome desse comandante norte-africano — Gibraltar (Jabal Tarik).

Rodrigo marchou ao encontro de Tarik com um exército muito mais poderoso do que o do seu inimigo, tendo ele mesmo comandado a divisão central, constituída pela elite dos guerreiros visigodos. As outras duas divisões, que o flanqueavam, eram comandadas por oficiais que, secretamente, conspiravam contra ele. Ambas as divisões eram constituídas por iberos do sul, que haviam sido alistados à força para defenderem um regime que detestavam. Obedecendo às ordens dos seus superiores, os soldados avançaram em direção aos muçulmanos, tendo-os acolhido como libertadores. Rodrigo, dado como morto no campo de batalha, desapareceu para sempre sem deixar qualquer vestígio.

Tarik conduziu depois o seu exército até a Ibéria, onde, além de ter encontrado pouca resistência, foi bem-recebido pela população local. Os bispos, juntamente com os nobres e membros da realeza visigoda, entretanto deposta, fugiram em direção ao Norte, para a Galícia. O metropolita, chefe da Igreja na Ibéria, só parou depois de ter chegado a Roma em segurança.

Capítulo IV
Os árabes trazem a civilização para a Europa

O califa Muça ibn Nusayr atravessou os estreitos do norte da África em direção à Ibéria, em visita de inspeção militar. Ao chegar, verificou que a linha de frente do exército se encontrava a mais de 200 quilômetros ao norte da costa. Relatam as crônicas árabes que, quando o comandante Tarik apeou do cavalo para saudá-lo, o califa o teria chicoteado à frente dos seus homens, gritando, irado: "Por que avançou tanto sem minha autorização? Minha ordem era para fazer uma pequena incursão e regressar à África."

Muça não demorou muito tempo, no entanto, a aperceber-se do extraordinário potencial do território, onde a terra era bem mais fértil do que qualquer outra na África mediterrânica, chovia bastante e o clima era ameno. Estava virado para o Atlântico, o "Mar Tenebroso", como era conhecido pelos árabes, mercê do desafio que os tinha atormentado ao longo de tanto tempo. O país era rico em minérios e pedras preciosas. Boa parte da classe dominante havia fugido após a primeira batalha. Agora que a maioria dos bispos, padres e monges partira, o grupo mais instruído era constituído pelos judeus, que se dedicavam especialmente ao comércio. Eles estavam gratos aos árabes, porque consideravam que eles os tinham libertado do antissemitismo ensinado e praticado pela Igreja.

Simultaneamente, um grande número de cristãos, que também se consideravam explorados pela Igreja, parecia preferir os árabes ao regime anterior.

Em junho de 712, Muça desembarca uma força constituída por 18 mil cavaleiros e soldados de infantaria árabes. Em Sevilha, os judeus abriram uma porta da cidade que se encontrava mais desguarnecida, por onde os invasores entraram mais facilmente. Sob a liderança do bispo local, Mérida, capital da Lusitânia, tentou resistir, mas foi obrigada a capitular após um cerco de quase um ano. Em outros lugares, a conquista decorreu quase sempre sem derramamento de sangue. Através do norte da Ibéria, os árabes, depois de atravessar os Pireneus, avançaram até Tours, 200 quilômetros ao sul de Paris, antes de ver sua marcha travada e começarem a ser obrigados a bater em retirada.

Aos príncipes, filhos de Vitiza, que tinham negociado a invasão, Muça concedeu terras, perfazendo um total de três mil herdades, além de tê-los colocado em altos cargos governamentais. Fez publicar um decreto em que garantia uma vida tranquila a todos os plebeus que aceitassem de imediato e sem reservas o domínio árabe. Aos que, no entanto, resistissem, lhes seriam confiscados todos os bens.

Os árabes permaneceram em Portugal durante os 400 anos seguintes (e na Espanha, ainda mais 250). Sua civilização desenvolveu-se e floresceu de tal modo que ultrapassou tudo o que tinha sido conseguido no Oriente Médio e na África mediterrânica. Atingiu o auge no século X, sob o domínio da família Abd al-Rahman, da Síria.

Os membros fundadores dessa dinastia real, sagaz e carismática, estabeleceram sua capital em Cádis, tendo alargado seu domínio à maior parte da península Ibérica. Chamaram à nação Al-Andaluz — Andaluzia, terra dos vândalos —, nome genérico pelo qual eram conhecidos os norte-europeus. Boa parte do território que é hoje Portugal foi constituída durante praticamente todo esse tempo por três emirados: Al-Qunu, que é o atual Algarve; Al-Qasr, que incluía o que é hoje o Alentejo; e a região ao norte do Tejo, a que chamaram Al-Balata, integrando Lisboa, Sintra e Santarém.

No século XIX, alguns historiadores tentaram encontrar as razões que originaram essa surpreendente conquista. Teria sido, como defendeu Américo Castro, uma *jihad*, uma guerra santa, para obrigar os cristãos europeus a adorar o Deus do islã, se necessário mesmo pela força da espada? Ou não teria sido antes que, como adiantou Richard Konestske, tudo se teria resumido à concretização do sonho de possuir terras mais aprazíveis e produtivas do que aquelas de onde provinham?

O debate entre os historiadores tomou, no entanto, por base um erro bastante usual, o de que as pessoas agem motivadas por razões individuais. Só que habitualmente as decisões são tomadas por uma combinação indeterminada de razões. Apesar de tudo, a discussão teve a vantagem de trazer para a luz do dia o que permanecera na obscuridade durante 800 anos.

A islamização da Ibéria por parte dos conquistadores árabes foi rápida, tendo sido reforçada pela pena de morte aplicada a toda a população que tentasse renegar a fé, ou até mesmo contestá-la. Em 1862, o grande arabista belga Reinhart Duzy publicou uma série de documentos existentes em arquivos de tribunais islâmicos relativos a julgamentos de muçulmanos que, no século IX, se tinham convertido ao cristianismo. A pena habitual era a crucificação à beira da estrada, entre dois porcos. Um cristão que insultasse publicamente Maomé ou o Alcorão era sumariamente executado.

Em meados do século IX, assiste-se à criação de um grupo de cristãos apelidados de "novos zelotas". Tal como muitos outros espalhados pela Europa afora, também eles acreditavam que o mundo acabaria em breve, no ano 1000, quando Cristo viesse de novo para julgar a humanidade. Pretendiam assegurar a entrada direta e antecipada no céu, sem ter de passar pelo Purgatório. A forma escolhida para agradar a Cristo foi a de se fazerem decapitar pelos muçulmanos por insultar publicamente o profeta Maomé.

Os dirigentes árabes não tinham, no entanto, estofo suficiente para enfrentar as suas potenciais vítimas. Um frade, de nome Isaac, abandonou seu mosteiro, em Tabanos, e dirigiu-se até Córdoba, onde, diante do governador que de nada suspeitava, gritou:

— Seu Profeta mentiu para vocês e os enganou. Maldito aquele que arrastou consigo tantas almas inocentes para o inferno.

O governador esbofeteou o monge, que retorquiu:

— Está ofendendo a imagem do próprio Deus. Como se atreve?

Retrucou o governador:

— Ou está embriagado ou completamente transtornado. Não sabe que a consequência de falar assim é a pena de morte?

— Nunca na vida bebi vinho, e sei bem do que falo — respondeu o monge. — Anseio ser condenado à morte. Bem-aventurados os que proclamam a verdade, porque deles será o Reino dos Céus.

O governador queixou-se ao califa, dizendo que Isaac estava claramente louco e, por isso mesmo, devia ser perdoado. O califa discordou e, em 3 de junho de 851, o monge foi enforcado, num cadafalso, de cabeça para baixo. A fim de impedir que os novos zelotas transformassem o funeral numa manifestação pública de vitória, seu corpo foi queimado e as cinzas lançadas ao rio. Isaac foi de imediato declarado santo pelos novos zelotas, que lhe passaram a atribuir muitos milagres durante, após e mesmo antes do seu "martírio".

Um sacerdote, chamado Sisenando, afirma ter visto, em sonho, Isaac descer do céu até ele, instando-o a morrer como mártir. Ao acordar, dirigiu-se até a autoridade árabe, blasfemou contra o Profeta e foi executado. Antes de montarem o cadafalso, pediu ao diácono Paulo que seguisse seu exemplo. E Paulo assim fez, quatro dias mais tarde. Esses martírios foram registrados à época, muitas vezes com pormenores escabrosos, pelo novo zelota, o professor e escritor Eulógio, no livro *Memorial to the Saints*. É, aliás, o nome deste autor que deu origem à palavra "elogio".

Alguns dias após a execução de Paulo, um discípulo de Eulógio, chamado Sancho, incentivado pelo seu mestre, insultou o Profeta e foi decapitado. O fato forneceu material suficiente a Eulógio para um capítulo inteiro do livro. Relata ainda como, no domingo seguinte, mais seis monges de Tabanos, incluindo o tio de Isaac, se apresentaram perante o governador e, segundo ele, teriam clamado: "Fazemos eco das palavras dos nossos santos irmãos Isaac e Sancho. Vingue agora o seu maldito Profeta. Inflija sobre nós suas torturas mais cruéis."

Foram decapitados.

Depois, foi a vez de Maria, irmã de Isaac, ter um sonho, que contou à sua amiga Flora. Maria estava destinada a reunir-se ao seu querido irmão, enquanto Flora queria se encontrar com o próprio Jesus. Ambas se apresentaram, também, perante o governador e insultaram o Profeta, mas o tolerante árabe pediu-lhes que não fossem insensatas. Apesar de terem insistido no insulto, ele decidiu, mesmo assim, não as condenar à morte, mandando-as antes para a prisão.

Enviou-lhes um juiz, para chamá-las à razão, ameaçando-as, caso não se retratassem, com um destino que por certo seria considerado pelas devotas virgens bem pior do que a morte: uma vida de prostituição forçada.

Pediu também aos cristãos que se opunham aos novos zelotas que visitassem Maria e Flora na prisão, e as tentassem dissuadir de um sacrifício desproposital. Lamentavelmente, também permitiram a Eulógio que tivesse acesso às duas mulheres, ele que não queria de todo perder um novo capítulo do seu livro sobre a história de duas belíssimas virgens mártires. Prostrando-se diante delas, disse-lhes, em tons exaltantes, que já conseguia vê-las perante Deus, irradiando como anjos, e que as coroas celestiais a elas destinadas reluziam por cima das suas cabeças.

A prostituição forçada não existia como punição por lei. Eulógio conseguiu o que queria. Maria e Flora foram levadas ao cadafalso, no dia 24 de novembro de 851. Não parece que tenham enfrentado o momento com regozijo, ao contrário do que Eulógio insinua quando escreve: "O Senhor tem sido muito indulgente para conosco e tem nos dado grande alegria. As nossas virgens, instruídas por mim, com lágrimas amargas, conquistaram a palma do martírio."

Por fim, exasperado pelas atitudes assumidas por Eulógio, o governador condenou-o a 400 chicotadas. Temendo a dor, pediu que o condenassem antes a uma morte rápida. O cronista árabe registrou sua súplica: "Devolvam minha alma ao Criador. Não permitirei que seu chicote dilacere meu corpo."

Eulógio acabou decapitado, em 859. Posteriormente, seus ossos, juntamente com os de vários outros "mártires" sobre quem ele mesmo tinha escrito, foram recuperados por comerciantes árabes e vendidos a embaixadores de reinos cristãos do norte da Europa, onde foram venerados, sendo-lhes atribuídos muitos milagres.

Muitos dos cristãos que viviam sob o domínio árabe ficaram revoltados com os acontecimentos. Pode-se ler, numa carta aberta dirigida a Eulógio e publicada vários anos antes da sua própria execução: "O califa permite aos cristãos que exerçam livremente a sua religião. Ele não nos oprime. Aqueles a quem chama de mártires não são nada disso. São suicidas. Se tivessem lido o Evangelho, teriam ali encontrado a frase: 'Amai os vossos inimigos; fazei bem àqueles que vos odeiam.' Em vez de difamarem Maomé, deveriam ter escutado são Tiago, quando diz que os que julgam os outros também serão julgados por Deus."

Acrescenta ainda a carta: "Os muçulmanos nos dizem: 'Se Deus pretendesse provar que Maomé era um falso profeta e tivesse inspirado esses fanáticos cristãos, operaria milagres através deles para nos converterem à sua fé. Mas não o faz. O cristianismo não ganha nada com essas execuções e delas não advém qualquer mal para o islã.'"

Para os escravos, que eram propriedade de lavradores e comerciantes cristãos, o islã oferecia uma perspectiva de verdadeira liberdade na terra. O Alcorão afirma que libertar um escravo é agradar a Deus. Aos escravos que fugissem de uma comunidade cristã para uma comunidade islâmica, e ali proclamassem perante pelo menos duas testemunhas de que "há um só Deus e Maomé é o seu profeta", eram dados abrigo e proteção. Desde que aceitassem os ensinamentos do Alcorão e provassem que procuravam viver segundo ele, desfrutariam muitos direitos, incluindo o casamento e a posse de bens materiais.

Com o objetivo de recuperar os escravos de que eram donos, muitos cristãos organizavam, com algum êxito, incursões noturnas a cavalo até o interior do território muçulmano. A muitos dos escravos que conseguiam escapar, os muçulmanos ofereciam terrenos suficientemente grandes para poderem cultivar, em quantidades comerciais, frutos, legumes e ervas medicinais. Eram terras que tinham sido confiscadas dos bispos cristãos que haviam fugido.

Importada de Alexandria, a irrigação foi ali introduzida pelos árabes através de uma revolução tecnológica até então desconhecida da Europa. No século X, dois agrônomos, originários da Ibéria Setentrional — Ibn al-Basaal e Ibn al--Awaam —, escreveram alguns manuais em que adaptavam seus conhecimentos às condições locais. Os livros abrangiam não apenas a concepção, a construção e o funcionamento das rodas e bombas hidráulicas e condutos de água, mas também a gestão das terras, a criação de animais, o cultivo e desenvolvimento das plantas, a conservação de terrenos e a comercialização das colheitas.

Réplicas das então inovadoras rodas hidráulicas podem ser vistas, ainda hoje, em funcionamento nos jardins ribeirinhos de Tomar. Movidas pela corrente do rio Nabão, elas recolhem a água e a despejam nos canais de irrigação. Entre a variedade de plantas importadas do Oriente Médio, estão a bananeira, o coqueiro, a cana-de-açúcar, a palmeira, o milho e o arroz.

Igualmente importante foi o incentivo dado pelos árabes ao cultivo de alimentos, designadamente alfaces, cebolas, cenouras, pepinos, maçãs, peras, uvas e figos.

Na tentativa de encontrar uma explicação para a existência de um baixo índice de doenças cardíacas, investigadores médicos do norte da Europa têm estudado o eventual impacto desses produtos na alimentação dos portugueses. Parte da herança árabe que, neste caso, sobrevive em Portugal consiste, sobretudo, no nome dado a muitos dos alimentos, nos sistemas de irrigação utilizados e no modo de armazenamento.

O sistema iniciado pelos árabes, segundo o qual os terrenos destinados à produção hortícola eram retidos e cultivados em regime familiar — uma alternativa às herdades, propriedade de italianos, alemães e da Igreja —, sobreviveu até os nossos dias em várias regiões, como em Sintra, ainda que o rendimento deles proveniente tenha de ser complementado pelo trabalho assalariado em fábricas e lojas locais, ou na construção civil. Os terrenos tendem a ser de cultivo intensivo, com vinhas plantadas debaixo de laranjeiras e limoeiros, ou com flores e hortaliças por entre fiadas de plantio. Apesar da opinião contrária dos técnicos, incluindo os agrônomos, os camponeses continuam a resistir a todas as tentativas de agrupamento em unidades agrícolas mais racionais, do mesmo modo que às novas "variedades europeias" de plantas preferem a fidelidade à tradição secular das suas famílias. São os últimos europeus a resistir, mas as multidões que costumam frequentar as feiras onde se vendem esses produtos agrícolas mostram como o seu conservadorismo permanece popular. São pessoas que não regressaram à agricultura biológica, porque realmente nunca praticaram outra.

Antes da conquista árabe, o povo das vilas e aldeias rurais era governado pelos senhores da terra, que, com o tempo, passaram a ser os senhores da Igreja. Contrariando, ironicamente, as razões que levaram são Paulo a mudar de vida, rapidamente os curas locais se transformaram em verdadeiros usurpadores de impostos. Os padres agiam como proprietários de terras, governadores, juízes, agentes do bem-estar social e, salvo honrosas exceções, muitos deles passaram, à custa do próprio povo, a ser mais ricos do que seus paroquianos.

Tanto os muçulmanos por nascimento como por conversão estavam isentos de boa parte dos impostos sob o regime árabe. Relatam as crônicas que, por causa da diminuição dos rendimentos, eram frequentes os protestos dos tesoureiros do Estado contra a atividade missionária islâmica. Além de não serem maiores dos que, até então, eram exigidos pela Igreja, de ali em diante os impostos podiam ser pagos em espécie. Porque os árabes não tinham interesse em preencher o vazio administrativo criado pela partida dos sacerdotes, assistiu-se a um notável movimento de homens-bons, que, organizados localmente, se reuniam na praça pública, angariavam fundos e, através de trabalho voluntário, promoviam a necessária manutenção e reparação dos bens. Administravam ainda a justiça local, arbitravam eventuais litígios e proviam o bem-estar social, sobretudo em relação às viúvas e aos órfãos. Organizaram cooperativas de produção de azeite e de vinho, assim como a comercialização coletiva dos seus produtos agrícolas com mercadores árabes. Alguns celebravam a liturgia católica, tanto quanto se lembravam, na ausência de sacerdotes, e faziam os preparativos para batismos, casamentos e funerais. Os jovens eram treinados e constituídos em corporações de bombeiros.

O Vaticano passou a reconhecer a tradição oral do Ritual Bracarense (por vezes confundido com o visigodo), que, na época, estava muito em voga na celebração da missa, no norte de Portugal, e que continua a ser ocasionalmente seguido. A confissão era mais simples e menos humilhante do que na missa latina. O cálice era preparado no início da missa e não no meio.

A instituição dos homens-bons continua a existir no Portugal rural de hoje. As comunidades que os integram contam-se entre as que, no mundo ocidental, têm maior independência de espírito e autossuficiência, muito mais do que os registrados em algumas regiões dos Estados Unidos, onde, por vezes, essas virtudes apenas existem nas palavras dos seus defensores. Lhes é dado o nome de bombeiros voluntários. Num país de incêndios florestais, apesar de não serem remunerados, eles são altamente profissionalizados, tanto em equipamento como no combate ao fogo. No entanto, esta constitui apenas uma pequena parte da sua função.

A Associação dos Bombeiros Voluntários de Almoçageme, da qual fui sócio durante alguns anos, é proprietária de um terreno que, situado ao lado da praça pública, é cerca de cinco vezes maior do que ela. Lá, são os homens-bons, e não a Câmara Municipal, que fornecem um espaço seguro às crianças em idade pré-escolar, uma biblioteca, um museu, uma sala de computadores, um pavilhão esportivo (dotado de um ginásio e de um rinque de hóquei em recinto coberto), um heliporto, um centro de assessoria jurídica e um posto médico, onde, além dos serviços de primeiros socorros e dos médicos de família, por aí transitam semanalmente especialistas de Lisboa. Um recente apelo público tornou possível a aquisição de uma ambulância Mercedes, equipada com a mais moderna tecnologia. Outro irá em breve permitir a construção de uma piscina comunitária.

Além de uma banda de música, esta corporação de bombeiros voluntários dispõe ainda de uma banda de *jazz*, um grupo de dança, uma orquestra de câmara e um coro gregoriano. Continua também a preservar um dos rituais sociais mais macabros existentes em Portugal — a festa da matança do porco.

Para substituir os escravos que tinham libertado, os árabes compraram outros de mercadores norte-europeus e de piratas locais, que se dedicavam ao sequestro em alto-mar. As primeiras vagas desses escravos eram constituídas por prisioneiros de guerra eslavos, capturados pelos germanos nas suas invasões no Leste Europeu. As eslavas eram compradas a preços altíssimos para os haréns. Outras conquistaram, entretanto, os favores da corte real, tendo nela conseguido lugares de destaque. Eram tão numerosas que, à época do reinado de Abd-al-Rahman III, o termo "eslavo" passou a designar todos os estrangeiros europeus, tendo o rei árabe pintado de preto o seu cabelo loiro, para não ser confundido. Outros escravos foram trazidos do sul da Itália, Bélgica e França, país que forneceu grande quantidade de eunucos aos haréns. Verdun era o principal entreposto de contratação e exportação de jovens destinados a esses locais.

Entre as inovações introduzidas pelos árabes, merecem referência as escolas, muitas delas gratuitas, e as universidades, que, com alguns séculos de antecedência, foram as primeiras da Europa. Até então, as únicas pessoas que sabiam ler e escrever eram, praticamente, os padres e membros das ordens religiosas. Raros eram os reis e os nobres que o sabiam fazer.

Os governantes árabes da Ibéria Setentrional propuseram--se a pôr em prática um processo de alfabetização em massa. O fato de a língua oficial nas escolas passar a ser o árabe, que era, evidentemente, também a língua utilizada no ensino da matemática, história ou da geografia, provocou indignação junto à geração mais velha, que falava o latim. "Os nossos jovens cristãos", escrevia-se, em forma de protesto, no opúsculo *Indiculus luminus*, editado em 854, "com os seus ares elegantes e discurso fluente, estão inebriados com a cultura árabe. Devoram e discutem avidamente os livros maometanos, elogiando frequentemente a sua retórica, ao mesmo tempo que desconhecem por completo a beleza da literatura da Igreja. Os cristãos ignoram de tal modo as suas próprias leis, e prestam tão pouca atenção à sua língua, que dificilmente encontramos um homem entre cem que seja capaz de escrever uma mera carta de forma inteligível, e até para perguntar pela saúde de um amigo tem de o fazer em árabe".

Muitos desses cristãos, que, apesar de tudo, não mudaram de religião, não apenas adotaram o árabe como língua principal, como também o modo de vestir, a alimentação e a cultura — mudaram todo o estilo de vida, apenas não aderiram ao islã. Ficaram conhecidos por moçárabes. Os judeus, respeitados pelos árabes como o "povo do livro", fizeram um percurso idêntico, tendo, alguns deles, à semelhança do que aconteceu com os cristãos seus contemporâneos, assumido posições de relevo na ciência e cultura árabes.

Todos esses dados nos foram revelados por Al-Idrisi, o célebre geógrafo árabe que, no início do século XII, quase finais da era de Abd-al-Rahman, viajou pelo território que hoje é Portugal.

Al-Idrisi descobriu as minas, que, à semelhança do registrado em muitas outras atividades, tinham sido abandonadas ao longo da era visigoda. Haviam sido alargadas e aumentadas pelos trabalhadores que, divididos em grupos, escavavam, extraíam e fundiam o mercúrio, muito utilizado na decoração de fontes.

Na região de Lisboa, os agricultores vangloriaram-se para Al-Idrisi de que ali as variedades de trigo árabes estavam prontas para a colheita quarenta dias após serem plantadas. No sul, multiplicavam-se os pomares de figos "delicados e deliciosos".

De acordo com aquele geógrafo, tinha-se então desenvolvido um estilo arquitetônico diferente, mas agradável, em que a matemática árabe, conjugada com a estética local, deu origem à criação de arcos em ferradura, de estuque decorativo e de azulejos. A cerâmica e o trabalho em vidro e em metal estavam altamente desenvolvidos. Como os cruzados cristãos viriam em breve a descobrir, Lisboa e outras importantes cidades encontravam-se não apenas dotadas de água da rede, de banhos públicos e de esgotos, mas também bem fortificadas.

Setúbal, ao sul do estuário do Tejo, estava rodeada de pinhais, que constituíam a matéria-prima da florescente indústria da construção naval. Em Coimbra, Al-Idrisi elogiou os jardins nas margens do Mondego, jardins esses que, em 1996, no preciso momento em que escrevo estas linhas, estão sendo restaurados. Em seu relato, Al-Idrisi dá conta de que ao norte viviam tribos de cavaleiros salteadores.

Estes, com a ajuda da França e da Inglaterra, haveriam de invadir o país, pouco tempo depois. Em nome de Cristo, foram destruindo, de forma sistemática, quatro séculos de presença árabe — edifícios, obras de arte, sistemas de irrigação, moinhos de vento e de água, armazéns e navios. A destruição foi tal que, com frequência, há quem considere que, na prática, desapareceram todos os vestígios da influência arábica. Felizmente, como veremos, essa afirmação está um pouco longe de ser totalmente verdadeira.

É importante fazer-se aqui a distinção entre "arábica" e "árabe", visto que muitas das conquistas — por exemplo, no campo da medicina, da filosofia e do ensino — foram obra de judeus e cristãos de língua arábica, que trabalhavam com muçulmanos ou sob a sua orientação. De modo que, na Ibéria Setentrional, no tempo da dinastia real de Abd-al-Rahman, seguidores das três religiões colaboraram entre si, tendo contribuído para a criação da sociedade mais avançada que, do ponto vista artístico e científico, já existira no mundo ocidental.

Hoje, quando "islâmico" é tão frequentemente identificado com "terrorismo", "fundamentalismo" e movimentos reacionários contra as mulheres ou contra a liberdade de expressão, é de fato importante recordar e sublinhar a contribuição dada pelo islamismo ao mundo ocidental, que, depois de ter lançado raízes na Ibéria Setentrional, daí alastrou a terras situadas mais ao norte na Europa. Em Santarém, no centro de Portugal, a par da sinagoga e do Mosteiro de São Francisco, está sendo restaurada a mesquita, que não é utilizada há mais de 700 anos. Tal como na Espanha, também ali existe um movimento de católicos, judeus e muçulmanos interessados não apenas na promoção da tolerância, mas em sentir, de novo, a sinergia e todo o dinamismo intelectual e cultural que por ali passam.

Foi em Córdoba que, pela primeira vez, se acordou na existência do zero, o que conduziu à criação da matemática e, por sua vez, dos meios de cálculo arquitetônico que permitiram a construção de edifícios altos e abobadados. Estas e outras técnicas arquitetônicas arábicas sobreviveram à expulsão dos árabes, que, entretanto, as haviam ensinado aos cristãos. Podem, ainda hoje, apreciar-se muito claramente no traçado do Palácio Nacional de Sintra ou no ainda mais exótico Mosteiro da Batalha.

A medicina evoluiu para novos níveis de qualidade. Os cuidados prestados a uma criança, desde a concepção à adolescência, passaram a constituir uma especialização. Em meados do século X, Arib bin Said organizou um importante manual de ginecologia, embriologia e pediatria, que passou a constituir um marco na literatura médica mundial, especialmente pelo fato de se basear na observação clínica direta do doente e na investigação patológica, e não em teorias abstratas gregas, incluindo a hipocrática.

O estudo empírico dos efeitos do ambiente e da alimentação nos seres humanos desenvolveu-se rapidamente. Foram concebidas novas técnicas e instrumentos cirúrgicos, que permaneceram em uso na Europa Ocidental até o século XVI.

Muito depois da expulsão dos árabes de Portugal, Pedro Hispano, filho de um médico judeu de Lisboa, traduziu para o latim súmulas de textos médicos arábicos que haviam sobrevivido (alguns deles assinados por médicos judeus e cristãos), tendo-os publicado sob o título de *Thesaurus pauperum* (*O tesouro dos pobres*), que toda a gente podia consultar, designadamente quando não tinham posses para pagar os honorários médicos.

Em 1276, Pedro veio a se tornar o primeiro e único papa português, sob o nome de João XXI. Morreu esmagado, meses depois da sua eleição, debaixo do teto da biblioteca que tinha mandado construir, no palácio papal, em Viterbo, ao norte de Roma. A tragédia aconteceu após uma dura troca de correspondências entre o papa e o rei de Portugal, em relação à subordinação da Igreja ao Estado, e vice-versa. Muitos insinuaram, à época, que o "acidente" tinha sido uma encomenda régia.

Com o advento da tipografia, o *Thesaurus pauperum* foi traduzido e publicado na maioria das línguas europeias, tendo permanecido como a principal obra de consulta médica durante dois séculos após a sua morte. Pedro Hispano publicou também um tratado, no qual se escreve, talvez pela primeira vez, pelo menos em arábico, que a loucura não é estar possuído pelo demônio, mas uma doença que necessita de tratamento clínico. Seguiu-se, há cerca de 500 anos, um trabalho pioneiro de são João de Deus, em que considera a psiquiatria uma especialidade médica. Ainda hoje seu nome é muito respeitado pelos psiquiatras modernos, que o consideram o primeiro entre todos.

Os árabes trouxeram do Oriente Médio, em versão arábica, os escritos dos antigos filósofos gregos, até então desconhecidos na Europa Ocidental, e ali foram traduzidos para o latim. Antes de ser eleito papa, Pedro de Lisboa prestou notável contribuição nessa área, através da explicação inédita da teoria da lógica de Aristóteles, que permaneceu como obra de referência bem para além da Idade Média.[1] Aliás, as rimas gnômicas que compôs, para ajudar a memorizar os passos da lógica aristotélica, ainda hoje são ensinadas nas aulas de filosofia, obrigatórias nas escolas secundárias portuguesas.

O próximo capítulo descreve como os árabes foram obrigados a sair de Portugal, 250 anos antes de terem sido finalmente retirados da Espanha. É pertinente, nessa fase da história, recordar que, apesar das repetidas tentativas, os árabes permaneceram no Algarve por mais um século após a sua expulsão do resto do país.

O nome Algarve deriva da palavra arábica *al-Gharb*, que significa "o Ocidente". Sua capital, Xelb, hoje Silves, longe da costa, no rio Arade, tornou-se um centro de cultura árabe de importância internacional. No século XI, intelectuais, escritores, artistas e músicos para lá emigraram vindos de lugares tão a Leste como Bagdá ou Iêmen. A pureza linguística do árabe falado e escrito em Xelb era célebre em toda a Arábia, onde a cidade passou a ser conhecida como a Bagdá do Oeste.

O famoso poeta Mohammed ibn Ammar foi governador durante a denominada Idade de Ouro, onde, aliás, nasceu, filho de camponeses vindos do norte da África. Depois de ter completado o ensino básico, foi estudar num instituto de escrita criativa. Consta que seus pais não tinham dinheiro para sustentá-lo. Então, segundo relatam as crônicas árabes, compôs um poema celebrando a recaptura de Xelb dos salteadores berberes, por forças árabes lideradas pelo príncipe Al-Mu'tamid de Sevilha. Na verdade, o comando do príncipe era apenas nominal, já que na época ele tinha apenas 11 anos. O príncipe, que se sentiu altamente lisonjeado pelos versos, comprou-os

---

[1] Intitulado *Summullae logicales*, esse compêndio foi adotado, entre os séculos XIV e XVII, pela maioria das faculdades europeias de filosofia, tendo conhecido cerca de 300 edições. (N.T.)

por avultada quantia e marcou um encontro com o seu autor. Quando o viu, apaixonou-se loucamente por ele. Al-Mu'tamid não tinha, então, mais de 12 anos. Quando seu pai lhe entregou o governo de Sevilha, uma das suas primeiras decisões foi nomear Ibn Ammar, o poeta, para o cargo de primeiro-ministro. O príncipe e o poeta foram juntos para o Algarve, onde, montados a cavalo, percorreram triunfalmente as ruas de Xelb, à frente de cortejo formado por uma enorme multidão. Um dos primeiros atos de Ibn Ammar como primeiro-ministro foi ajustar velhas contas. Anos antes, tinha escrito um poema que enviara a um dos mais ricos comerciantes da cidade, implorando comida, para matar a fome. O mercador tinha-lhe, então, enviado um saco de cevada, um alimento que era vulgarmente dado aos animais. Agora, Ibn Ammar enviou ao mercador um saco, de tamanho semelhante, cheio de prata e com uma nota: "Se me tivesse dado trigo quando eu tinha fome, eu agora teria lhe enviado ouro."

Deve-se sublinhar, nas descrições referentes ao desenvolvimento da cidade de Xelb sob a égide dos novos governantes, a existência, por exemplo, de um bazar dedicado a bens de luxo importados do Oriente Médio e do Oriente — sedas, peças de vidro, perfumes, especiarias, filigrana de ouro —, o cultivo de roseiras ornamentais nas margens do rio, e, ainda, um sem-número de palácios erguendo-se encosta acima. No cume, encontrava-se o célebre Palácio das Varandas, onde se reunia a corte para assistir a concertos e recitais de poesia e participar em danças e banquetes regados a vinho. A proibição islâmica do álcool há muito que tinha sido atenuada no Algarve. À hora da denominada oração vespertina, o príncipe e o governador iam de mãos dadas até a mesquita, onde improvisavam versos. Este é um dos diálogos registrados na época:

Príncipe: Escute enquanto o almuadem chama o povo para a oração.

Governador: E espere que Deus lhe perdoe os seus muitos pecados.

Príncipe: Que seja perdoado por proclamar a verdade.

Governador: Desde que o coração sinta aquilo que sai pela boca.

O pai do príncipe, o rei de Sevilha, ficou escandalizado pelo fato de o filho estar perdido de amores pelo poeta e com ele coabitar, pelo que mandou Ibn Ammar para o exílio, em Saragoça, no norte da Espanha, e chamou o filho a Sevilha, ordenando-lhe que casasse. O príncipe comprou uma escrava e desposou-a.

Sobreviveram até os nossos dias dois curiosos relatos sobre a sua esposa, onde, num deles, se coloca a questão sobre quem, entre ambos, era realmente escravo. Raramente neva na Andaluzia, mas quando, em invernos mais rigorosos, nevava um pouco, ela olhava para as colinas cobertas de branco e, desfazendo-se em lágrimas, dizia: "Choro por causa do teu egoísmo. Por que não prepara isto todo ano?"

Consta que o príncipe mandou plantar uma enorme quantidade de amendoeiras para que, todo ano, as encostas ficassem cobertas por um manto branco de flores.

De acordo com outro relato, quando, um dia, viajando de coche, passaram por uma construção, onde um grupo de escravas pisava barro para fazer tijolos, a princesa desatou a chorar e, queixando-se da vida de clausura que levava no palácio real, disse ao marido que tinha saudade dos tempos em que também ela podia pisar o barro ao lado das amigas. O príncipe mandou, então, cobrir de açúcar mascavado e especiarias, e aspergir com água de rosas, o pátio do palácio, de modo que a princesa pudesse ficar satisfeita, ao ver as damas de companhia pisando aquela lama artificial.

Quando o pai do príncipe Mu'tamid morreu, este ascendeu ao trono e mandou embora a mulher. Ordenou o regresso de Ibn Ammar e nomeou-o governador do Algarve.

Tempos depois cruzados cristãos, fazendo um desvio na sua viagem à Terra Santa, subiram o rio Arade, onde, encontrando-se com as tropas portuguesas comandadas pelos bispos de Lisboa, Coimbra e Porto, que tinham marchado por terra, tomaram de assalto a cidade de Silves. Os bispos portugueses satisfizeram-se pela conquista, mas o rei Ricardo e seus homens, talvez como recompensa por uma viagem tão longa, saquearam e pilharam a cidade. Depois, demoliram-na de tal forma e tão meticulosamente que quase nada deixaram de pé, para além da grande mesquita que os bispos consagraram como catedral. O padre Nacala, um sacerdote flamengo que viera com os cruzados, foi sagrado seu bispo. Escreveu, então, o poeta arábico algarvio Ibn al-Labban:

Somos peças de xadrez nas mãos da fortuna
E o rei poderá cair às mãos de um humilde peão.
Não se preocupe com este mundo
Nem com as pessoas que nele vivem.
Pois agora este mundo está perdido,
Desprovido de homens dignos desse nome.

Capítulo V
A reconquista cristã

Hugo de Payens, natural da Champagne, regressou à Europa, no ano de 1126, depois de uma estada em Jerusalém. Veio à procura de homens, de dinheiro e da bênção do papa para a fundação de uma nova ordem militar. Com Godofredo de Saint-Omer, outro cavaleiro cristão, tivera a ideia de criar a Ordem do Templo, com o objetivo de guardar a igreja construída em Jerusalém, no local onde se diz ter existido o Templo de Salomão, e, simultaneamente, proteger os peregrinos que para ali acorriam.

Só uma geração mais tarde é que os templários começaram a se empenhar nesses objetivos. Durante os primeiros anos da existência da ordem, seus cavaleiros dedicaram-se, antes, à criação de um novo protótipo de Estado cristão, que viria a ser Portugal. De tal modo que, muito tempo depois de a ordem ter sido perseguida e extinta, não apenas na França mas em todo o mundo, ela prosperou ali, ainda que dissimuladamente, até o século XIX.[1] As histórias dos templários e de Portugal estão, de fato, intimamente ligadas e são interdependentes.

---

[1] Extinta, por pressão do rei da França, em 1312, pelo papa Clemente V, os bens dos templários, em Portugal, passaram para a nova Ordem de Cristo, confirmada por bula papal a 14 de março de 1319. (N.T.)

A ordem transformou-se na mais rica instituição do mundo ocidental, mais abastada do que qualquer monarquia, ou do que a própria Igreja, a quem, teoricamente, devia fidelidade. Contudo, na época da sua criação, os fundadores eram tão pobres que seu emblema era constituído por dois cavaleiros — presumivelmente, Hugo e Godofredo — montados num único cavalo.

Hugo viajou até a Borgonha, que, então, era a mais florescente nação ocidental, constituindo a principal encruzilhada comercial e intelectual da Europa, para, de acordo com as crônicas cistercienses, pedir ajuda a um monge: Bernardo, abade de Claraval. Bernardo era, à época, considerado um homem de enorme prestígio, capaz de influenciar a eleição dos papas e de exercer sobre eles um poder efetivo. Primo dos duques da Borgonha, era um doente crônico, sofrendo de anemia, úlceras gástricas, hipertensão e enxaquecas. Aos 25 anos, tinha já persuadido quatro dos seus cinco irmãos e 17 dos seus primos aristocratas a abdicarem das herdades e mansões de que eram proprietários, e a fazerem um voto de pobreza total. Na ocasião, esse tipo de renúncia estava fora de moda nos diferentes mosteiros da Borgonha. Na Abadia de Cluny, o mais importante desses mosteiros, os monges beneditinos banqueteavam-se com alimentos raros e bebiam dos melhores vinhos. Passavam grande parte do ano em suas luxuosas casas, em Paris. Ao solicitar doações de terras, costumavam dizer que "nada é demais para Deus".

No mosteiro construído por Bernardo, seus irmãos monges dormiam sobre palha, sem cobertores e em dormitórios não aquecidos. Descansavam apenas seis horas por noite e não tinham tempos livres durante o dia, que era repartido entre a oração e o trabalho físico. Bernardo, que tinha perdido o paladar como consequência de uma das suas doenças, obrigou toda a comunidade a, tal como ele, não comer mais nada senão legumes cozidos. Enquanto chefe da recém-reformada

Ordem de Cister, uma de suas principais ambições era libertar a Igreja de toda a escandalosa imoralidade. Vivia num casebre de eremita, nos terrenos do mosteiro, acompanhado por um herbanário. Ali escreveu um sem-número de cartas, homilias, exortações e opúsculos, que enviou para o mundo todo.

Através desses textos, denunciou publicamente a corrupção dos bispos e dos padres. Como são Tiago, advogou os direitos de os camponeses se rebelarem contra a opressão exercida sobre a sua classe. Proibiu a discriminação dos judeus, enquanto povo de Jesus. Promoveu o respeito pela condição da mulher através da veneração da Virgem Maria, expressão divina da compaixão feminina.

Desconhece-se quem pela primeira vez teve a ideia de fundar Portugal e desviar os templários para essa tarefa. Com base nas crônicas monásticas da Borgonha e na abalizada biografia de são Bernardo, da autoria do irmão Irénée Vallery-Radot, não se sabe ao certo se a intenção original era a de criar uma nova nação modelar cristã no flanco ocidental do islã, que se estenderia do rio Minho, ao norte da Ibéria, até o sul, que é hoje Agadir, no Marrocos Setentrional, imediatamente acima do deserto do Saara. Três séculos mais tarde, quando Portugal se transformou na nação mais rica da Europa, foi o desejo persistente de cumprir o plano de são Bernardo — a conquista do Marrocos —, que conduziu o país à maior derrocada da sua história, incluindo duas gerações de domínio espanhol.

Desde finais do século XI que a família de são Bernardo tinha mostrado um interesse ativo na Ibéria. Seu tio, o conde D. Henrique de Borgonha, ali se deslocou, com o seu exército, para ajudar D. Afonso, rei de Leão e Castela (por quem El Cid combateu e morreu), na guerra contra os árabes. Como recompensa, recebeu em casamento a mão de D. Teresa, segunda filha de D. Afonso, que também lhes deu, como dote, a faixa de terras situada na costa atlântica entre os rios Minho e Douro, conhecida pelo nome de Portucale.

Em 1126, ano em que Hugo de Payens chegou à Borgonha, o conde D. Henrique tinha morrido 14 anos antes. A infanta D. Teresa ficou com um filho único, um rapaz chamado Afonso, nome herdado do avô, e Henriques, do pai. D. Afonso Henriques tinha agora 15 anos. A mãe, durante a regência, havia prestado, em nome do filho, vassalagem ao seu sobrinho, reconhecendo-o como o novo rei de Leão e Castela. Ao chegar à maioridade, D. Afonso Henriques prendeu a mãe num castelo e casou com uma prima do conde da Borgonha, D. Mafalda, filha do conde de Mouriana e Saboia, Amadeu III. Depois proclamou a si mesmo rei por direito próprio. A este propósito, continuam, no entanto, por responder a questões sobre quando, onde e como tudo aconteceu. Ainda que sua crônica oficial diga que os soldados o fizeram de forma espontânea, após a grande vitória sobre os árabes e os berberes, na batalha de Ourique, o fato é que não existe qualquer prova, escrita ou arqueológica, de que se tenha travado tal batalha, ou até mesmo que tenha existido esse local.[2]

De acordo com outras fontes, parece claro que a região ao sul do rio Douro ainda se encontrava então sob o domínio árabe, e que os soldados berberes do norte da África, aí acantonados, se amotinaram, devido à falta de mantimentos, contra os oficiais. Relatos da insurreição chegaram à Borgonha, onde foi elaborado um plano destinado a enviar uma força de elite, com o objetivo de expulsar os muçulmanos beligerantes e reivindicar o território para a cristandade.

Foi convocado um conselho para Troyes, que contou com a presença do papa e dos reis da França e da Alemanha, para discutir a possibilidade de uma nova grande cruzada. Bernardo se recusou a comparecer, apesar de o papa lhe ter dito que seria ele a presidir. Justificou-se com a falta de saúde, mas o

---

[2] O local tem sido identificado com povoações do mesmo nome, existentes em Leiria, no Ribatejo e no Baixo Alentejo. A coincidência da data da batalha com o dia de são Tiago pretende apenas acentuar o significado da vitória. (N.T.)

papa lhe enviou uma liteira e um grupo de carregadores, que o levaram até Troyes.

A primeira decisão foi autorizar a criação da Ordem do Templo. Já então não havia qualquer dúvida de que sua missão não seria propriamente a de proteger os peregrinos, mas a de derrotar os muçulmanos. Foi pedido a Bernardo que fizesse um sermão visando à importância do alistamento de novos membros, o que ele recusou, com o argumento de que todo homem é nosso irmão. Assim, matar o próximo, ainda que muçulmano, vai contra a lei de Cristo. Segundo ele, nem Jesus, nem os apóstolos tinham alguma vez defendido a guerra santa. Ao pedirem que ele o fizesse, não estariam se colocando do lado dos agressores "cristãos", mas das suas vítimas.

No entanto, talvez um pouco enfraquecido pela doença, Bernardo cedeu à pressão. Fez, então, um sermão, possivelmente contra a sua vontade, afirmando que, embora Jesus tivesse ordenado a Pedro que embainhasse a espada, também não era mesmo verdade que João Batista se tinha disposto a batizar os soldados sem exigir propriamente que eles depusessem as armas. Só tiveram de se comprometer a não exercer violência sobre as pessoas que não tinham "dado falso testemunho" (Lucas 3:14).[3] Recordou ainda que, de acordo com santo Agostinho, quando, como acontecia por vezes, as guerras eram ordenadas por Deus ou por uma autoridade legítima, elas poderiam ser justas.

A constituição da Ordem do Templo foi anunciada pelo papa na cidade de Troyes, em janeiro de 1128. Afonso Henriques enviou à Abadia de São Bernardo, em Claraval, o penhor da sua fidelidade e da sua nação. Seis semanas mais tarde, em meados de março, Hugo de Payens e um grupo de cavaleiros

---

[3] Diz textualmente são Lucas, no seu Evangelho: "Por sua vez, os soldados perguntavam-lhe: 'E nós, que devemos fazer?' Respondeu-lhes: 'Não exerçais violência sobre ninguém, não denuncieis injustamente e contentai-vos com o vosso soldo.'" (N.T.)

que tinham acabado de ser empossados chegaram a Portucale. Há quem, a propósito, comente a celeridade com que tudo aconteceu, partindo do princípio de que a viagem foi feita a cavalo. Só que também não se pode ignorar que a Borgonha era o eixo de um complexo de vias marítimas, que se espraiavam pelos quatro pontos da bússola. Para consultar são Bernardo no casebre onde vivia, nos terrenos do mosteiro, o papa foi até Claraval de barco, subindo a costa mediterrânica da Itália e, depois, pelo rio Ródano, em Marselha. Hugo e os outros cavaleiros seguiram a rota contrária, descendo até o Atlântico, tendo sido ajudados pelas correntes e pelos ventos alísios em direção ao Sul. No estuário do Lis, perto de onde se ergue hoje a cidade de Leiria, conquistaram um castelo aos berberes e aí fixaram residência.

A tendência para se enaltecer esta época da História de Portugal, sobretudo no tempo da ditadura salazarista, foi recentemente corrigida pelo conhecido historiador contemporâneo José Hermano Saraiva. Como, de fato, sublinha esse historiador, durante um longo período Afonso Henriques e seus cavaleiros comportaram-se não propriamente como um exército, mas como bandidos que faziam incursões em território inimigo com o objetivo de pilhar e raptar civis transformados em escravos.

O mais lendário desses cavaleiros foi Geraldo Sem Pavor, que roubava dos muçulmanos para dar aos cristãos. Durante a noite, escalava com grande facilidade e sem ser visto as muralhas das cidades mouriscas. Pela madrugada, fazia "uma tal algazarra que os aldeões, supondo estar, no mínimo, perante um regimento", agarravam tudo o que podiam e desapareciam.

Geraldo Sem Pavor foi finalmente apanhado, não pelos muçulmanos, mas pelos castelhanos, no decorrer do assalto a Badajoz, cidade que hoje fica na fronteira com Portugal. As tropas de retaguarda eram comandadas por D. Afonso Henriques. Quando o rei atravessava o portão da cidade, a ponte levadiça caiu sobre ele, esmagando-lhe a perna direita. Foi capturado e a família teve de pagar um enorme resgate. Porque não conseguiu que a perna se recuperasse das múltiplas fraturas, nunca mais montou a cavalo. Geraldo Sem Pavor conseguiu, entretanto, escapar, alistando-se, desta vez, ao lado dos muçulmanos. Como recompensa pela qualidade dos assaltos aos burgos cristãos, quando de sua retirada, recebeu um feudo no norte da África.

Para festejar o quadragésimo aniversário do rei D. Afonso Henriques, em 1147, foi lançada uma nova iniciativa que, com origem na Borgonha, pretendia acabar com o impasse existente entre cristãos e muçulmanos. Em quase todos os países da cristandade, o moral andava muito baixo. A partir do mar Negro, os muçulmanos tinham avançado significativamente em direção a Leste. Simultaneamente, existia a ameaça do mundo eslavo. São Bernardo e o papa Eugênio III, seu ex-noviço, lançaram um apelo visando a uma Segunda Cruzada.

Ainda existe hoje uma carta escrita por são Bernardo a seu primo, Afonso Henriques, que, tratando-o por "ilustre rei de Portugal", se refere de modo bastante elogioso aos cavaleiros que levaram a missiva. Mal eles chegaram a Portugal, Afonso Henriques e Hugo de Payens conduziram a Santarém, cidade que ocupava uma posição estratégica em relação ao rio Tejo. Aí chegados, os cavaleiros enviaram um mensageiro ao governador muçulmano, informando-o de que dispunha de apenas três dias para se render, caso contrário avançariam sobre a cidade. Só que, como eram poucos, o governador os ignorou.

Ao amanhecer do quarto dia, os cavaleiros encostaram uma escada ao muro da cidade, tendo apenas três deles conseguido chegar ao topo antes de a escada desabar. Depois de terem matado os dois guardas que se encontravam de plantão, abriram caminho à força até o portão principal, que abriram, permitindo assim a entrada dos cavaleiros restantes. Todos tinham, entretanto, jurado, perante são Bernardo, que renunciariam ao ganho pessoal, já que combateriam apenas por Cristo. Atacaram os habitantes, que, majoritariamente cristãos, se encontravam desarmados, tendo acontecido um verdadeiro banho de sangue. Os que sobreviveram pegaram alguns dos seus bens e fugiram para o sul, procurando refúgio em Lisboa. D. Afonso Henriques concedeu aos cavaleiros a posse de todas as igrejas existentes em Santarém. No Mosteiro de Alcobaça pode ver-se um painel de azulejos representando o rei, após a tomada de Santarém, a escrever uma carta de agradecimento a são Bernardo pelo auxílio dado.

Animados por esse sucesso, os borgonheses lançaram uma campanha com o objetivo de recrutar novos cavaleiros. A iniciativa alastrou-se à França, à Alemanha, aos Países Baixos e à Inglaterra, país que havia sido ocupado pelos normandos, após duas tentativas fracassadas de dominar Portugal. Alistaram-se, ao todo, três mil homens, que, transportados numa frota de 164 navios, atravessaram o Reno e o Sena, desceram os rios da Inglaterra e, percorrida a sua costa sul, se reencontraram no porto de Dartmouth, em Devon.

Ao escrever sobre a dívida histórica de Portugal à Grã-Bretanha, vários historiadores locais consideram que esta foi essencialmente uma expedição inglesa, apoiada por alguns continentais. Hoje, poucos parecem pôr em causa o fato de que o propósito inicial da expedição era uma cruzada à Terra Santa, só que a armada, obrigada a enfrentar uma violenta tempestade no golfo da Biscaia, teve de ancorar na cidade do Porto para proceder às reparações dos navios e reabastecê-los de água e alimentos. Ao que consta, os cavaleiros terão sido ali brindados com um lauto repasto, oferecido pelo bispo local, que, através de intérpretes, leu um apelo de D. Afonso Henriques, solicitando-lhes que apenas prosseguissem viagem depois de o ajudarem a conquistar Lisboa.

Contrária, no entanto, é a opinião expressa nas crônicas da Borgonha, segundo a qual desde o início o destino da expedição seria Portugal. Ainda de acordo com esses textos, o reencontro dos barcos em Dartmouth teve apenas a ver com o fato de, desde os tempos do Antigo Testamento, aquele porto ser considerado o melhor local de onde se podia partir para atravessar o golfo da Biscaia. Era, aliás, uma rota que continuaria a ser utilizada por navios de diferentes nacionalidades norte-europeias ao longo de várias centenas de anos.

Essa conquista constituiu, na prática, o único êxito da Segunda Cruzada, que, fora isso, redundou num autêntico fracasso para são Bernardo e para o papa, seu *protegido*.

O conhecimento que hoje temos do cerco e conquista de Lisboa, em 1147, provém de um relato testemunhal que, escrito em latim, se encontra hoje na biblioteca da Faculdade de Corpus Christi, em Cambridge. Pensa-se que seu autor teria sido um padre normando que acompanhou os cavaleiros como capelão.

Durante quase 400 anos Lisboa tinha estado efetivamente fechada aos norte-europeus. O capelão descreve a cidade como um local situado para além das fronteiras do mundo conhecido, à semelhança da extremidade sul do oceano Atlântico. Era, na época, considerada a cidade comercial mais rica, tanto "em relação à África como a quase toda a Europa".

Quando da sua chegada, a população da cidade, à mercê dos refugiados vindos de Santarém, tinha ultrapassado os 150 mil homens, a que importa acrescentar um número incalculável de mulheres e crianças. Em comparação, a população de Paris e de Londres era, na época, de cinquenta mil e trinta mil habitantes, respectivamente. Segundo o capelão, entre os residentes de Lisboa contava-se "toda a aristocracia de Sintra, Almada e Palmela, além de muitos mercadores oriundos das terras da Espanha e da África". Lisboa estava situada no topo de uma colina, e "suas muralhas, descendo gradualmente, estendiam-se até a margem do Tejo", que só era "fechado pela muralha". Do outro lado das muralhas, para oeste, ficavam os subúrbios. Os invasores vindos do norte ficaram espantados com a quantidade de campos que circundavam a cidade. "Trata-se de um caso único", comentou aquele capelão, relatando, a propósito, a qualidade dos produtos da terra, sejam eles frutos das árvores ou das vinhas. "Existe de tudo em abundância, quer se trate de artigos de luxo ou de bens essenciais. Tem ouro e prata e, nas minas, não há falta de ferro. A azeitona é de qualidade. Nada é improdutivo ou estéril. O sal não é obtido por evaporação da água, mas tirado de depósitos subterrâneos. São tantos os figos que só parte é consumida. A região é conhecida pela enorme variedade da sua caça. O ar é saudável. Nas pastagens, as éguas procriam abundantemente." Por causa da riqueza do seu pescado, dizia-se que o Tejo era constituído por dois terços de água e um de peixe e marisco.

Ainda mal tinham chegado os cruzados e já os normandos e ingleses tinham passado ao ataque. Declararam, entretanto, que não tentariam tomar a cidade desde que se pudessem servir dos bens sem partilhá-los com as tropas cristãs portuguesas. No seu acampamento, ao norte da cidade, D. Afonso Henriques cedeu com nobreza: "Constantemente acossados pelos muçulmanos, certamente que a nossa sina não é acumular riqueza. Tudo o que as nossas terras possuem podem considerar como seu."

Foi, então, elaborada uma carta régia, na qual D. Afonso Henriques se compromete perante os cavaleiros "que se aprestam a permanecer comigo no cerco da cidade de Lisboa, a permitir que apoderem e guardem todos os pertences do inimigo. Eu próprio e os meus homens não teremos, nesses bens, qualquer quota-parte. Se porventura tomarem a cidade, poderão desfrutá-la e possuí-la até a sua total espoliação. Depois de ter sido saqueada e todos ficarem plenamente satisfeitos, ela me será devolvida". Finalmente, tanto a cidade como as terras que a rodeavam seriam repartidas entre os invasores, de acordo com a respectiva hierarquia. Eles e os seus herdeiros ficariam isentos do pagamento dos direitos, bem como dos impostos portugueses.

Lorde Saher de Archelle era o comandante dos cavaleiros. Ordenou-lhes que armassem as tendas numa encosta virada para a cidade, "que ficava mesmo ali ao pé". Ele próprio montou sua tenda, e o seu ajudante de ordens, Herbay de Glanvill, fez o mesmo. Todos os homens regressaram ao navio, onde permaneceram a noite inteira.

Cerca das nove horas da manhã, os cavaleiros armados de fundas começaram a apedrejar a cidade. Do outro lado da muralha, muçulmanos e moçárabes subiram aos telhados e arremessaram as pedras de volta. Ao tentarem abrir caminho à força, nos subúrbios, encontraram pela frente enorme resistência. Quando chegaram os reforços pedidos, foram recebidos por uma chuva de setas e de pedras, atiradas pelas balistas. As baixas foram pesadas. Ainda antes do pôr do sol, no entanto, os muçulmanos e os moçárabes retiraram-se, e ao cair da noite os subúrbios já estavam nas mãos dos cavaleiros.

Os dias que se seguiram foram passados entre escaramuças e trocas de insultos. Os cristãos gritavam que Maomé era filho de uma prostituta, enquanto os muçulmanos, cuspindo e urinando nos crucifixos, os atiravam contra os cavaleiros. Àquela altura, já os normandos e os ingleses tinham tomado posição a Oeste das muralhas do castelo. Os bretões guardavam a zona ribeirinha. Os alemães, franceses e flamengos estavam situados a Leste. Os alemães, numa iniciativa não concertada com os restantes, tentaram umas cinco vezes escavar um túnel por debaixo da muralha, mas foram repelidos. Os ingleses e os normandos construíram uma torre de madeira, sobre rodas, com trinta metros de altura. Quando a empurravam em direção à muralha da cidade, a torre ficou atolada na areia, tendo sido "bombardeada noite e dia sem descanso, até que, após quatro dias, quando já tínhamos despendido imensos esforços e sofrido pesadas perdas em sua vã defesa, a torre se incendiou. Durante uma semana, nossos homens mal conseguiram recuperar a coragem". Um capelão de Bristol — que não o cronista antes mencionado — incitou os cavaleiros a amotinarem-se. As relações entre normandos, ingleses e os restantes elementos foram se deteriorando pouco a pouco. Entretanto, correu uma história segundo a qual, num domingo, no decorrer de uma missa celebrada no acampamento alemão, a hóstia havia se transformado num pedaço de carne ensanguentada. Os normandos e ingleses consideraram o fato como um aviso de Deus, verberando as suas atitudes sanguinárias.

Uma tarde, já na sexta semana de cerco, dez muçulmanos entraram a bordo de um esquife e remaram em direção à margem oposta. Os bretões os viram e perseguiram em seus barcos a remo. Os muçulmanos saltaram do barco e voltaram a nado para a cidade, deixando para trás um saco com cartas que, escritas em árabe, eram dirigidas aos governantes muçulmanos de Palmela, Évora e de outros distritos ao sul do Tejo. Nas cartas, onde se pedia auxílio para que a cidade pudesse ser libertada "do assédio dos bárbaros", eram mencionadas as mortes de muitos nobres muçulmanos, bem como a desesperada carência de pão e diversos alimentos. Outro mensageiro foi apanhado com uma carta do governador de Évora dirigida ao governador de Lisboa, onde se escrevia: "Tendo há muito celebrado uma trégua com o rei de Portugal, não posso violar a fé ou fazer guerra contra ele. Compre a segurança dando--lhes dinheiro."

Escreveu, no seu relato, o capelão dos cavaleiros normandos: "O ânimo dos nossos homens foi enormemente fortalecido para continuar a luta contra o inimigo." Um grupo de cavaleiros, que, entretanto, tinha ido fazer uma incursão por Sintra, acabava de regressar para junto dos seus companheiros de cerco, carregado com o produto das pilhagens.

Enquanto os bretões pescavam na margem sul do Tejo, um grupo de muçulmanos atacou, matando vários deles e fazendo cinco prisioneiros. Como represália, os ingleses organizaram um assalto à margem sul da cidade de Almada, regressando, nessa mesma tarde, com 200 prisioneiros muçulmanos e moçárabes e mais de oitenta cabeças cortadas, o que, segundo então afirmaram, só lhes havia custado uma baixa. Espetaram as cabeças em lanças e agitaram-nas por cima das muralhas de Lisboa.

"Vieram ter com os nossos homens, suplicando-lhes que lhes dessem as cabeças que tinham sido cortadas", acrescenta o capelão cronista. "Tendo-as recebido, voltaram para dentro das muralhas chorando a sua dor. Durante a noite, em quase todas as zonas da cidade, apenas se ouvia a voz da mágoa e o lamento da saudade. A audácia deste feito transformou-nos no pior terror para o inimigo."

Alguns cavaleiros, que almoçavam ao ar livre, junto das muralhas, viram pessoas saindo furtivamente da cidade para recolher os restos de comida que ali ficavam. Nos dias seguintes, os cavaleiros foram sucessivamente deixando comida no local. Montaram, então, algumas armadilhas, rindo-se ruidosamente do sofrimento das pessoas que nelas caíam. Lisboa estava densamente construída e não havia cemitério no interior das muralhas. O cheiro pestilento da morte rodeava a população por todo lado. Cada vez mais, os pobres iam passando para o lado dos cavaleiros. Recebiam comida e, em contrapartida, forneciam informações preciosas sobre as condições vividas no interior da cidade.

Após 15 semanas, os alemães conseguiram, finalmente, escavar uma passagem subterrânea por debaixo da muralha leste. Colocaram material inflamável na passagem e a incendiaram. "Ao cantar do galo, desmoronaram-se cerca de trinta cúbitos (65 metros, aproximadamente) da muralha. Ouviram-se, então, os gritos dos muçulmanos que a guardavam, manifestando a sua angústia de que os seus longos trabalhos estivessem chegando ao fim e de que aquele fosse o último

dia deles — o fato de terem de morrer seria o seu maior consolo... Convergiram de todos os lados para defender a brecha aberta na muralha. Quando os alemães e os flamengos tentaram entrar, foram repelidos... Depois, os árabes, não conseguindo superioridade no embate corpo a corpo, passaram ao ataque a distância através de setas, quase parecendo ouriços-cacheiros, já que, eriçados de virotes, assim se mantiveram imóveis na defesa da muralha, aguentando-se como se nada tivessem sofrido."
Os alemães retiraram-se, exaustos, para o seu acampamento. Os normandos e os ingleses avançaram para ocupar o lugar deles, mas foram aconselhados pelos alemães a criarem, eles mesmos, uma alternativa de ataque. Construíram, então, uma nova torre que, depois de revestida com pele de boi para protegê-la das pedras e dos projéteis em chamas, foi, pelo arcebispo, abençoada e aspergida com água benta. Empurraram a torre pela encosta acima em direção à torre da cidade, tendo os muçulmanos para ali deslocado toda a sua guarnição. Tendo os cavaleiros empurrado a torre dez metros para Oeste, os besteiros e arqueiros normandos e ingleses deram início a um imenso bombardeio. Com o surgimento da noite, a batalha foi esmorecendo gradualmente, até cessar por completo. Na manhã seguinte, porque os cavaleiros tinham ficado isolados da torre pela maré alta, os muçulmanos aproveitaram a oportunidade para atacar. "Mas o mar recuou rapidamente, e o inimigo, exausto, abandonou a contenda", relata o capelão dos cavaleiros, que, entretanto, se acantonaram na areia, deslocaram a torre para pouco mais de um metro da muralha e abaixaram a ponte sobre ela. "Quando os muçulmanos se aperceberam do que estava realmente acontecendo, depuseram as armas à nossa frente, estenderam as mãos em sinal de súplica e, em voz alta, pediram trégua."

Saíram da cidade cinco homens para negociar uma rendição com o rei D. Afonso Henriques. Um grupo de cavaleiros tentou matá-los, mas foi impedido pelos portugueses. Perante os olhares estupefatos de muçulmanos e portugueses, normandos e ingleses, por um lado, e alemães e flamengos, por outro, envolveram-se numa violenta discussão sobre a divisão do espólio, enquanto muçulmanos e portugueses os observaram com repulsa.

Finalmente, as condições foram acordadas: 150 normandos e ingleses e 150 alemães e flamengos entrariam em Lisboa e se apoderariam da torre, onde os habitantes procederiam à entrega dos seus bens. Depois, haveria uma busca às casas, aos armazéns e às lojas, sendo decapitados todos os muçulmanos que fossem descobertos tentando esconder qualquer coisa. Os restantes seriam restituídos à liberdade. Para indignação de alguns cavaleiros, foi decidido que o governador muçulmano de Lisboa e sua família mais próxima poderiam ficar com o seu patrimônio, com exceção de uma égua árabe, objeto de cobiça do lorde Saher de Archelle.

Assim que os muçulmanos abriram as portas, os cavaleiros irromperam e de imediato se lançaram em atos desenfreados de assassínio, violação e pilhagem. Longe de se limitar aos muçulmanos, a ira se estenderia mesmo ao próprio bispo de Lisboa, a quem cortaram o pescoço. Muitos cristãos empunhavam crucifixos e imagens de Nossa Senhora, na esperança de que os poupassem. Foram, no entanto, chacinados, acusados de serem muçulmanos blasfemos tentando apenas se safar.

"Ah, como todos exultaram!", continuou o capelão dos cavaleiros. "Ah, como todos estavam verdadeiramente orgulhosos! Ah, que quantidade de lágrimas, de alegria e de piedade, foram derramadas, quando, para honra e louvor de Deus e da Santíssima Virgem Maria, a insígnia da Cruz salvadora foi colocada sobre a mais alta torre da cidade como penhor da sua submissão, enquanto nosso arcebispo e nosso bispo, acompanhados pelo clero, entoaram, em lágrimas e repletos de júbilo, o 'Te Deum laudamus'."

Capítulo VI
A paz cisterciense

Depois que, em nome de Cristo, ocuparam a cidade de Lisboa sem oposição dos seus habitantes, os cavaleiros estrangeiros mataram o bispo e colocaram à frente da diocese um dos seus capelães, o padre Gilberto de Hastings. Durante os 370 anos de domínio muçulmano e consequente isolamento do resto da cristandade, os cristãos portugueses tinham desenvolvido uma liturgia própria e distinta. Trata-se do denominado Rito Bracarense, que, graças a um decreto do Vaticano, pode ser utilizado em ocasiões especiais. Na época, o bispo Gilberto tentou suprimir este rito, substituindo-o pelo inglês de Sarum. Foi uma tentativa de anglicização da Igreja que contou com a colaboração de padres ingleses e normandos, que, vindos com ele nas Cruzadas, tinham sido nomeados cônegos.

D. Afonso Henriques mandou construir um palácio e uma catedral para o bispo Gilberto, tendo oferecido uma mansão a cada um dos padres estrangeiros. Porque muitos dos cruzados leigos não queriam regressar aos seus países de origem nem viver na cidade que tinham destruído, Afonso Henriques cedeu-lhes algumas herdades a leste de Lisboa, designadamente nas imediações de Vila Franca de Xira, na margem norte do Tejo. Conta-se que, em resposta aos conselheiros que protestaram contra tais benesses aos bárbaros por parte da nova nação, o rei teria dito: "É porque são tão gentis-homens que precisamos dessa gente para nos defender."

Para Bernardo de Claraval, de regresso à Borgonha, a verdadeira luta pela conversão da zona sudoeste da Europa ainda não tinha sido travada e teria de recusar os métodos militares e evitar qualquer espécie de coação. Os monges de Cister, que ele liderava, haviam renunciado à violência, ameaçados de excomunhão. Seus objetivos eram a conversão das suas almas através de um processo gradual de crescente sintonia com a palavra de Cristo. Fora dos muros do mosteiro, não se devia pregar o Evangelho, mas sim vivê-lo. Só assim seria, de fato, possível mostrar que a dimensão do cristianismo era superior à do islã.

Ao norte de Lisboa, Afonso Henriques concedeu a Bernardo, praticamente, a soberania sobre um vasto território, identificado atualmente pelo nome de Costa da Prata, que se estende das colinas calcárias do centro de Portugal até Nazaré, no Atlântico, e de Óbidos até Leiria. Os monges de Cister, vindos da Borgonha para tomar posse das terras, eram livres para fazer suas próprias leis, administrar a justiça, cobrar impostos e criar e gerir empresas. Canonicamente, não dependiam de Gilberto nem dos outros bispos locais, mas diretamente ao papa, através de Bernardo. As terras que lhes tinham sido concedidas estavam praticamente abandonadas, já que, durante o século anterior, haviam funcionado como uma espécie de fronteira em constante mutação entre a cristandade e o islã. A maior parte dos habitantes que não tinham sido capturados, escravizados ou mortos, por um dos lados, tinha fugido ou sido vitimada pela peste.

Com a proibição das ordens religiosas em Portugal, os monges foram finalmente expulsos, em 1834. Ainda ali se encontram atualmente agricultores descendentes dos colonos trazidos pelos monges, nos séculos XII e XIII, e também, ao atravessar-se a região de automóvel, se pode constatar que as zonas mais afastadas das estradas principais permanecem, em grande parte, como foram recriadas pelos cistercienses há 800 anos. Pomares de maçãs, pêssegos, peras e marmelos coabitam com laranjeiras e limoeiros, meloeiros e morangueiros, e, nos campos, multiplicam-se as colmeias. Existem caracóis, codornizes, vários tipos de aves domésticas e faisões domesticados. Há vinhas nas encostas pedregosas e pinhais na planície arenosa costeira.

Os cistercienses, também conhecidos por bernardos, introduziram as mais avançadas técnicas de agronomia e uma enorme variedade de plantas de toda a Europa. Organizaram a extração e a fundição do ferro e, junto à costa, desenvolveram a indústria da construção naval, da pesca, da extração do sal, bem como a salga e a seca do bacalhau. A confecção de compotas e conservas segundo receitas suas ainda hoje é um importante negócio, havendo mesmo uma feira desses produtos, juntamente com presuntos e salsichas caseiras, realizada anualmente em Leiria, por ocasião da festa de são Bernardo. Introduziram ainda a arte do vidro, de tal modo que o cristal Atlantis é, hoje, o produto mais conhecido da região, em nível internacional.

Deram uma nova perspectiva social à vida do dia a dia, proibindo a escravatura nos seus domínios. Nas vinhas, como em outras atividades agrícolas, pagavam salários justos aos trabalhadores, e os monges agiam não como patrões, mas trabalhavam lado a lado, executando as mesmas tarefas. A alfabetização, designadamente o domínio da *língua franca* europeia, o latim, que, até então, constituía um privilégio exclusivo da Igreja, passou a ser lecionado gratuitamente em escolas criadas para tal fim. O abade da ordem participava nos conselhos do rei como uma espécie de assistente social, ainda que, na prática, sua ação fosse mais abrangente. Procurava garantir alimento aos que tinham fome, roupa e abrigo aos mais necessitados, assistência médica aos doentes, instrução aos jovens e apoio aos idosos.

Esse relato teria sido classificado de demagogo por protestantes ingleses, de passagem pela região quando esta estava no auge, entre os séculos XVI e XVIII. Em 1774, o major Dalrymple, brindado com boa mesa e bom vinho pelos monges, escreveu no seu diário: "Estes pastores celestiais possuem tanta riqueza que se comprazem na preguiça e no ócio, o que constitui um empecilho para a sociedade."

Dez anos mais tarde, no entanto, o negociante escocês William Stephens considerava que o insucesso da oficina de tecelagem da cambraia se ficava a dever à generosidade dos monges em relação à população. "Ao distribuir bens supérfluos pelas populações, estão apenas estimulando o ócio. Tal fato torna ineficaz qualquer esforço de gestão, já que contribui para a diminuição de autoridade sobre os trabalhadores."

Os cistercienses escolheram para capital o vale formado pela confluência dos rios Alcoa e Baça, chamando essa nova cidade de Alcobaça. O castelo sobranceiro à colina, mandado erigir por D. Afonso Henriques para proteção dos monges, foi posteriormente destruído por terremotos e caçadores de tesouros. O Mosteiro de Santa Maria de Alcobaça, que além de ser o mosteiro situado mais ao sul entre os 340 que os cistercienses construíram por toda a Europa, a mando de são Bernardo, é um dos cerca de duas dezenas que ainda existem em Portugal. Sua igreja é, talvez, o mais belo exemplo que resta da arquitetura medieval cisterciense, suplantando mesmo qualquer exemplar da Borgonha, incluindo Fontenay (a igreja dos cistercienses, em Claraval, foi transformada em prisão para criminosos loucos).

À semelhança do que acontecia em relação a outras artes, as obras arquitetônicas dos cisterciences tentavam conciliar beleza com simplicidade. Talvez por isso alguns especialistas tenham classificado o estilo de "severo" — um termo que, de fato, não parece muito apropriado quando entramos no Mosteiro de Alcobaça. Bernardo proibiu o uso de vitrais, dourados e estatuária. Encontramos uma longa nave — que creio ser a maior do país — constituída de pilares brancos esguios que se elevam até o teto abobadado, intercalados por feixes de luz que entram através dos vidros transparentes. O padrão e a simetria repetem-se em cada uma das coxias laterais. Mais ou menos a meio da nave encontram-se duas capelas frente a frente, uma com o túmulo de D. Pedro I e a outra com o de sua esposa, D. Inês de Castro. Mulher nobre que integrou a corte portuguesa como dama de companhia, tendo casado com D. Pedro sem o consentimento do pai deste, que, por vingança, ordenou a sua morte. D. Pedro mandou-a embalsamar e, quando ascendeu ao trono, colocou-a a seu lado, obrigando os cortesãos a beijarem-lhe a mão. Aos pés do túmulo de D. Pedro, existe um baixo-relevo evocando seu último dia de vida, no leito de morte, alimentando-se de sopa e recebendo o sacramento da unção dos enfermos. Aos pés de D. Inês, está representado o Juízo Final, com uns, mãos erguidas em júbilo, a subirem uma escadaria de mármore em direção ao céu, e outros descendo penosamente o declive rochoso que conduz ao inferno.

O rei D. Dinis, que ascendeu ao trono em 1279, quando tinha 18 anos, mandou construir o principal claustro ao lado da Igreja. Incluía o projeto a Casa do Capítulo, onde frequentemente se reunia em conselho com o abade e outros membros superiores da ordem, uma câmara real, que, funcionando em certos períodos como residência sua e de sua mulher, D. Isabel, aí recebia os convidados, e ainda uma sala tumular real. Considerado um dos maiores monarcas portugueses de todos os tempos, ligou-se de tal modo aos "irmãos agrônomos" de Alcobaça que os seus cronistas o chamaram o Rei Lavrador. Os que arroteavam a terra ficavam isentos de impostos sobre o produto das colheitas, e aos rendeiros que, pondo em prática o conselho dos monges, conseguiam produzir mais e melhor eram concedidos *freeholds*[1] dentro de dez anos.

Foi um projeto pessoal da rainha D. Isabel desenvolver os pinhais, cuja plantação os monges de Cister tinham iniciado na planície costeira. Os estaleiros, onde os frades construíam navios de madeira, foram também expandidos. Pela primeira vez, desde a era romana, Portugal começava a negociar com o resto da Europa, nomeadamente com Flandres e a Inglaterra, e ainda com terras tão longínquas como a Tessalônica. Construtores navais e trinta capitães da Marinha foram recrutados em Gênova, que, numa transferência de tecnologia e de competências do Mediterrâneo para o Atlântico, viria a transformar o mundo. Manuel Pessagna, natural de Gênova, mudou o nome de família para a denominação portuguesa Pessanha, tornando-se o primeiro almirante da nação, com a missão específica de repelir os piratas e, simultaneamente, assumir a responsabilidade pelo comércio. Prosperou de tal modo que ele e sua família se tornaram os banqueiros de Eduardo II da Inglaterra. Quando o rei não conseguia liquidar o montante da dívida, os agentes de Pessanha a assumiam em troca da cobrança dos direitos aduaneiros ingleses.

No reinado de D. Dinis, Portugal tornou-se um dos primeiros países a inovar nos seguros. Os armadores pagavam taxas à recém-criada Bolsa de Lisboa, que os ressarcia, na eventualidade de um dos seus navios ser assaltado pelos piratas ou afundado numa tempestade. D. Dinis também se notabilizou por ter fundado o ensino superior em Portugal, recrutando para tal professores em Paris. Diz-se que os primeiros estudantes se entregaram de tal modo e tão intensamente aos prazeres citadinos de Lisboa que o rei decidiu transferir a nova universidade para o ambiente mais espartano de Coimbra. Também é referenciado como o pai da literatura portuguesa.

---

[1] Propriedade fundiária normalmente atribuída em regime perpétuo. (N.T.)

Até então, poucos eram os letrados fora da Igreja, e quase tudo o que se escrevia era em latim ou borgonhês (por vezes erradamente chamado provençal). D. Dinis determinou que a língua do povo seria o galaico, tendo procedido a adaptações que a transformaram numa língua distintamente portuguesa. Nela escreveu um grande número de poemas e de trovas.

Talvez a sua proeza menos reconhecida em nível internacional tenha constituído na garantia de continuidade dos templários. Todos os livros que conheço sobre esta misteriosa ordem militar dão como certo que ela foi extinta na sequência das perseguições movidas pelo rei Filipe IV da França e pelo papa Clemente V. Em princípios do século XIV, os cavaleiros templários tinham conseguido na França uma riqueza de tal modo espantosa que eram donos de cerca de um terço da cidade de Paris. A família real francesa era uma das muitas que lhes deviam dinheiro. Apesar de tudo, Filipe IV tentou obter um novo empréstimo para financiar a desejada ocupação militar da Bélgica, o que foi recusado pelo grão-mestre, Jacques de Molay. Na sexta-feira, dia 13 de outubro de 1307, ainda antes do amanhecer, todos os templários, na França, foram detidos por funcionários do rei, que confiscaram, para o tesouro real, toda a riqueza que puderam encontrar. Os monges foram acusados de delitos que iam desde cuspir no crucifixo a idolatria, e "osculação despudorada". Alguns deles foram queimados vivos num descampado a oeste de Paris, tendo a maioria sido condenada a prisão perpétua. O papa Clemente V emitiu uma bula dirigida a todos os monarcas da cristandade, a *Pastorali praeminentiae*, onde se determinava a prisão dos templários nos diferentes países, e o confisco de todos os seus bens, o que, de acordo com os relatos conhecidos, ditou o fim da ordem.

Alguns deles, no entanto, teriam escapado à detenção. Diz-se que uma parte considerável do tesouro guardado em Chipre não foi confiscada. Em Portugal, D. Dinis minimizou a carta do papa. Seu reino, que devia a existência à ordem, precisava agora de seus membros para guardar as fronteiras com a Espanha, ao longo das quais, aliás, tinha mandado construir um conjunto de castelos. Ordenou ao arcebispo de Braga que enviasse uma comissão de inquérito destinada a avaliar as acusações feitas aos templários. Inteiramente ilibados pelo arcebispo, D. Dinis anuiu formalmente às exigências do papa, decretando a abolição da ordem em Portugal e o confisco de todos os seus bens, ao mesmo tempo que anunciava a criação de uma nova ordem, a Ordem de Cristo, cujo grão-mestre e todos os outros membros eram templários. A eles, na sua nova *forma*, ofereceu todos os bens e riquezas que lhes tinha acabado de confiscar. Os templários que tinham escapado às perseguições em outros países vieram se fixar ali. Crê-se, também, que trouxeram consigo o tesouro de Chipre, que alguns ainda hoje tentam encontrar, algures, enterrado.

Os cavaleiros de Cristo estabeleceram sua sede em Tomar, nas margens do rio Nabão, perto da confluência com o rio Tejo. Ainda hoje, seu magnífico mosteiro fortificado domina a cidade. Sua capela é octogonal, uma forma que os templários entendiam que representava a harmonia de Deus com o homem. Eram da opinião de que o Templo de Salomão tinha sido assim construído. Os monges, para acentuar a sua permanente atividade militar, costumavam assistir à missa, na capela, montados a cavalo.

Os cavaleiros atraíram à cidade artesãos para fabricar armas, selas, vestuário, peças de olaria, mobília e utensílios agrícolas. Dividiram em herdades grande parte das terras que lhes foram devolvidas pelo rei, entregando-as a uma nova classe de fidalgos, alguns deles, de acordo com arquivos locais, talvez simpatizantes dos templários vindos da França. Para se beneficiarem dos *freeholds* tinham de continuar a manter-se em forma como oficiais de cavalaria e, simultaneamente, treinariam os lavradores na arte de cavalgar, tanto em relação ao combate como na arte de esgrimir.

D. Dinis morreu em 1325 e sua viúva, Isabel de Aragão, retirou-se para um convento, em Coimbra. Casaram quando ela tinha 12 anos, tendo a rainha sido mãe muito nova. Pouco dado à monogamia, encheu-se de ciúmes doentios por D. Isabel, mandando-a prender durante algum tempo. Libertada, ela mesma criou, em Lisboa, um refúgio para mulheres vítimas dos maridos e um lar para crianças abandonadas. D. Isabel é atualmente considerada um dos santos mais populares do país.

Reza a lenda que, um dia, transportando no avental comida que tinha ido buscar da cozinha real para dar aos pobres, foi interpelada pelo marido, que, gritando, irado, a acusou de roubo. Instada pelo rei a abrir o avental, dele caíram pétalas de rosas.

Grande parte da vida da rainha Isabel foi dedicada à resolução de querelas familiares. Dissuadiu o filho a se sublevar contra o pai, tendo, ainda, em outra ocasião, cavalgado entre os exércitos de pai e filho, desafiando-os a se enfrentar primeiro. Depois de suceder ao pai, o novo rei, Afonso IV, marchou sobre Castela. Ao tomar conhecimento do fato, a mãe abandonou o claustro, galopando a cavalo em direção ao exército português, conseguindo evitar a guerra, prestes a começar. Ao regressar a casa teria sido, ao que parece, vitimada pela peste. Com ela acabaram os grandes dias do domínio da Casa de Borgonha em Portugal.

Estes foram os tempos da praga horrível que, assolando de forma devastadora a Europa, teria vitimado, segundo os cronistas portugueses, uma em cada três pessoas. Alguns dos sobreviventes receberam, sem contar, heranças de vários familiares, transformando-se, no espaço de poucos meses, numa classe de novos-ricos. Mercadores provenientes da Inglaterra, de Flandres e de Gênova abriram lojas em Lisboa para satisfazer seus gostos extravagantes. No interior, os camponeses, tentando se beneficiar da escassez de mão de obra, passaram a exigir melhores salários e condições de trabalho. Muitos daqueles que não conseguiram ver suas exigências satisfeitas mudaram-se para junto dos diferentes portos, onde ganhavam relativamente bem descarregando caixotes com produtos de luxo importados do estrangeiro. Os bispos e o rei D. Fernando I passaram a exigir uma parte importante dos lucros obtidos no negócio. O rei foi inclusive acusado de tentar fixar um preço ao trigo, que, quando da sua revenda por parte da família real, permitia um lucro duas mil vezes superior.

Noivo de uma princesa de Castela, em mais uma daquelas manobras diplomáticas destinadas a promover a paz entre os dois vizinhos, D. Fernando se tomou, entretanto, de amores por Leonor Teles, uma mulher da nobreza portuguesa, com quem, aliás, veio a casar. Um alfaiate de Lisboa, Fernão Vasques, que liderou uma marcha de protesto até o palácio real, foi decapitado.

D. Fernando morreu aos 38 anos, tendo a viúva, D. Leonor, assumido a regência do reino em nome da sua filha, cujo pai muitos diziam ser o conde João Fernandes Andeiro, embaixador de John Gaunt junto à corte portuguesa. Os cronistas da corte o citam como amante da rainha, dizendo-se que, na prática, era ele quem realmente governava o país.

O rei D. João I de Castela mandou acrescentar as armas portuguesas ao seu pendão e com o seu exército tomou de assalto o bastião montanhoso da Guarda. A Ordem Militar de Avis, formada em Portugal sob os auspícios de são Bernardo, foi encarregado de defender as fronteiras ao sul. O comandante desses monges guerreiros era D. João, filho ilegítimo de D. Pedro e meio-irmão do falecido D. Fernando. Quando tomou conhecimento da conquista de Guarda por parte dos castelhanos, deu meia-volta e regressou a Lisboa.

Chegando ao palácio, informou D. Leonor e o conde de Andeiro de que os efetivos do Exército posto à sua disposição eram em número desesperadamente reduzido para o cumprimento da missão. D. João e o conde de Andeiro saíram da câmara da rainha e foram para outra sala continuar a discussão.

Ao ver os dois através da janela, os membros do séquito de D. João pensaram que os dois apenas conversavam. Só que, quando viram D. João sacar do punhal e desferir um golpe na cabeça do conde, irromperam porta adentro e trespassaram Andeiro com as espadas.

A rainha fugiu rio acima para as herdades reais de Alenquer e daí seguiu até Santarém, onde, raptada pelo rei, foi levada para Castela, tendo aí passado o resto da vida cativa no interior de um convento. Pessoas percorreram as ruas de Lisboa, dizendo que D. João, Mestre de Avis, estava detido no palácio, correndo perigo de vida. Então, uma enorme multidão ocupou as ruas e, quando viram D. João sair do palácio ileso, aclamaram-no rei. Vivia-se um ambiente hostil em relação aos estrangeiros, de tal modo que foi a muito custo que D. João conseguiu dissuadi-los de saquear o bairro judeu. O bispo de Lisboa, que era castelhano, foi lançado à rua do alto de um campanário.

A Europa atravessava toda ela um período de grande convulsão social. Mas enquanto, na Inglaterra, Wat Tyler e seus comparsas eram cruelmente esmagados, à semelhança, aliás, do que aconteceu na França ou na Itália, em Portugal foi o povo que saiu vencedor. A nobreza antiga, que tinha apoiado a rainha D. Leonor ou os castelhanos, caiu em desgraça, juntamente com a Igreja pró-Avinhão. A nova aristocracia era composta pelos mercadores e artífices das corporações de Lisboa. Foi convocada uma reunião das cortes para Coimbra, em que os plebeus gozavam de um estatuto superior ao dos aristocratas e bispos. Foi lida uma carta do papa, em Roma, recusando a legitimação ou até mesmo o apoio a qualquer pretendente ao trono que não fosse o Mestre de Avis. Independentemente das dúvidas sobre a veracidade da carta, o certo é que D. João foi proclamado rei.

Escreveu a propósito o cronista real, Fernão Lopes:
"Acaba de nascer um novo mundo. Filhos de homens de tão baixa condição que não cumpre dizer, por seu bom servi-

ço e trabalho neste tempo, foram feitos cavaleiros. Outros se apegaram às velhas fidalguias de que já não havia memória, de modo que seus descendentes hoje em dia se intitulam de nobres e são tratados como tal. Muitos daqueles que o Mestre de Avis tinha tornado grandes prosperaram tanto que se faziam acompanhar de vinte ou trinta escoltas a cavalo. Nas guerras subsequentes, eram seguidos por subordinados da antiga aristocracia."

Entretanto, os castelhanos avançavam. O rei D. João I fixou residência em Santarém. A infantaria castelhana marchou sobre Lisboa e construiu um acampamento fortificado. A eles se juntaram outras tropas reais que, transportadas em navios da Biscaia, iniciaram o cerco, por terra e mar. Seus acampamentos foram acometidos pela peste, vitimando 200 soldados por dia. Após dez dias os sobreviventes se retiraram, vestidos de negro, transportando os companheiros mortos em caixões toscos atados aos costados das mulas.

Chegou, entretanto, a Lisboa informação confidencial de que o rei D. João de Castela estava reagrupando as forças para lançar um novo ataque, dessa vez de maior envergadura. Os portugueses, que não deviam ir além dos dois milhões, atingidos também fortemente pela peste, precisavam de homens válidos em número suficiente para repelir o inimigo.

Para isso, D. João, Mestre de Avis, enviou, em 1385, à corte de Ricardo II da Inglaterra, Thomas Daniel — um comerciante inglês de tecidos, natural de Lisboa —, e o judeu português Lourenço Martins. Só que os plantagenetas[2] debatiam-se, então, com graves problemas militares. A arte de navegar dos ingleses, que tinham sido isolados do resto do mundo pelas marinhas da França e de Aragão, era tão arcaica como os pesa-

---

[2] Ramo da Casa de Anjou que reinou na Inglaterra entre 1154 e 1485, e que deve o seu nome ao conde de Anjou, Godofredo V, o Plantageneta, cujo filho, Henrique II, se tornou rei da Inglaterra, em 1154. Foram eliminados pelos Tudor em 1485, na sequência da Guerra das Duas Rosas, entre os ramos colaterais dos Lencastres e York. (N.T.)

dos e bojudos navios dos plantagenetas. Uma esquadra de galés portuguesas, ágeis, velozes e manobráveis, cada uma com 160 remadores e um pelotão de arqueiros e fundibulários, foi enviada para socorrer os ingleses (Martins permaneceu na Inglaterra, onde fundou um banco que permaneceu até os anos 1960, época em que foi comprado pelo Barclays).

Em contrapartida, o rei permitiu que os portugueses recrutassem mercenários na Inglaterra. No momento em que os primeiros soldados ingleses chegavam a Portugal, o rei de Castela fazia deslocar suas tropas para Ciudad Rodrigo, no intuito de lançar um ataque à cidade portuguesa de Viseu, então considerada ponto estratégico. Encontraram as tropas portuguesas em Trancoso, que pela primeira vez utilizaram um estilo de combate à inglesa. Em vez de cavalgar em direção aos castelhanos, desmontavam e cavavam trincheiras, juntamente com outras linhas de defesa. Quando os castelhanos, já exaustos, pareciam incapazes de abrir qualquer brecha, os arqueiros ergueram-se inesperadamente e, lançando sobre eles uma saraivada de setas, forçavam-nos a debandar.

D. João de Castela reuniu de novo as forças e marchou em direção a Lisboa. Em Soure, a sede originária dos templários, o célebre comandante-chefe Nuno Álvares Pereira foi ao encontro de D. João e desafiou-o formalmente para uma batalha. Esta ocorreu em Aljubarrota, perto do local onde atualmente se encontra o Mosteiro da Batalha, aí erigido em comemoração da vitória portuguesa. A jogada inicial de Nuno Álvares foi juntar os soldados numa serrania pedregosa e íngreme, barrando a estrada em direção a Lisboa. Os castelhanos ladearam-na, através de um grande desvio, aproximando-se dos exércitos português e inglês pela retaguarda. Nuno Álvares mandou construir fortificações às pressas e dispôs as tropas em forma de cunha. Na tarde do dia 14 de agosto de 1385, os castelhanos se aproximaram. Estavam esgotados pelo longo dia de marcha e eram comandados por jovens fidalgos que, sem experiência militar, acreditavam ser a superioridade numérica suficiente para expulsar rapidamente portugueses e ingleses. Lançaram a cavalaria a galope em direção à armadilha montada pelos portugueses, os quais, juntamente com os ingleses, se ergueram por detrás dos arbustos existentes de ambos os lados e os atacaram com setas e pedras. Do vértice da cunha, avançaram outras tropas, desferindo golpes de espada e de machado sobre o exército castelhano. O porta-estandarte castelhano caiu e seus companheiros começaram a debandar. Ao fugir com seus homens, o rei de Castela abandonou o pavilhão, que o Mestre de Avis mandou desmontar, passando ele próprio a utilizá-lo em grandes cerimônias oficiais. O tríptico do altar da capela de campanha do rei encontra-se atualmente na Igreja da Vinha, em Braga. Os enormes tachos utilizados pelos castelhanos para cozinhar podem ser vistos ainda hoje nos claustros do Mosteiro de Alcobaça. Na própria localidade de Aljubarrota existe um monumento dedicado à viúva de um padeiro, mulher a quem se atribui a morte de nove castelhanos em fuga, com uma pá de ferro, habitualmente usada para tirar o pão do forno. Em menos de três horas, a batalha foi ganha, tendo assegurado para Portugal quase dois séculos de paz com seu vizinho.

Em Londres, na Star Chamber,[3] em Westminster, foi negociado e assinado um tratado entre D. João, Mestre de Avis, e o rei Ricardo II. Pelo menos os ingleses consideram-no o tratado mundial que perdura há mais tempo. Essencialmente, a Inglaterra comprometeu-se a ir em defesa de Portugal, assegurando, em contrapartida, privilégios comerciais no porto de Lisboa.

Num acordo paralelo, Portugal garantiu seu apoio à pretensão ao trono de Castela por parte do duque de Lencastre, João de Gante, tio do rei inglês. Foi acordado, também, o casamento entre Filipa, filha mais velha do duque, e o Mestre de

---

[3] Antigo tribunal, abolido em 1640, que ficou conhecido pelas suas decisões arbitrárias, sobretudo em crimes contra os interesses da Coroa. (N.T.)

Avis, na época, pelo menos teoricamente, um monge, já que o papa ainda não o tinha libertado dos seus votos.

Os domínios do ducado de Lencastre eram os maiores do país. Em Londres, no Palácio Savoy, João de Gante dava receções de suntuosidade régia. Em questões de Estado, o ducado era tão importante que tinha direito a um lugar permanente no conselho do rei. Ainda que seus domínios tenham há muito desaparecido, aquele ducado continua, hoje, a ter direito a um lugar — o de ministro de Estado — no Conselho de Ministros. Para financiar a expedição, João de Gante contou, além da sua riqueza pessoal, com a quantia de três mil libras, aprovada pelo Parlamento.

O rei Ricardo II foi despedir-se dele e da duquesa em Plimouth, depois de tê-los presenteado com uma coroa real para usar logo que Castela lhes pertencesse — o que, efetivamente, não veio a acontecer.

O exército do duque conquistou facilmente Santiago de Compostela, tendo aí instalado a sua corte. O Mestre de Avis dirigiu-se para as margens do rio Minho e, tendo montado o pavilhão real portátil de Castela, saudou seu futuro sogro. Tropas portuguesas juntaram-se às inglesas para, sob o comando do duque, tentar conquistar Castela. Encontraram pouca resistência. O exército viria, no entanto, a ser vencido pelo intenso calor da planície espanhola, pela dificuldade em obter mantimentos, pela ausência de apoio por parte das populações locais e, finalmente, pela peste. João de Gante retirou-se para a costa e, com a sua corte e o que restou do exército, mudou-se para Baiona.

D. Filipa casou com D. João, no Porto. Após a missa nupcial, os noivos dirigiram-se ao Paço Episcopal montados em dois cavalos brancos e ali, no quarto principal, Filipa foi despida pelas damas de companhia e colocada na cama. Seu marido foi trazido por um grupo de cavaleiros, bebeu-se vinho do cálice nupcial e, despido o rei, foi também ele posto na cama.

Depois que o bispo, acompanhado do seu séquito, rezou pelo casal, todos se retiraram. D. Filipa tinha então 26 anos. Os cronistas portugueses acusam-na de ter trazido para a corte um estilo de moralidade pouco condizente com a tradição local. Um deles escreveu mesmo que nada disto o surpreendia, a língua inglesa era a única que tinha, no seu vocabulário, uma palavra para *cant*.[4] Nunca, antes do Mestre de Avis, um rei português tinha reconhecido os filhos bastardos. A rainha fazia questão de que a monogamia fosse praticada por toda a corte, de tal modo que qualquer membro, homem ou mulher, encontrado em situação comprometedora recebia ordem por escrito para casar imediatamente. Só a rainha emitiu mais de cem. Diz-se que, quando descobriu o marido acariciando uma dama de companhia no Palácio de Verão, em Sintra, o alertou para o fato. Quando o apanhou, pela segunda vez, mandou queimar vivo um dos pajens do rei, no pátio do palácio. Ao longo de 16 anos, concebeu nove vezes, tendo sobrevivido seis dos seus filhos. O primogênito, D. Duarte, sucedeu ao pai no trono, em 1433. O segundo, D. Pedro, frequentou as cortes e universidades europeias, trazendo consigo para Portugal um grande volume de conhecimentos, incluindo o primeiro manual de anatomia veneziano e um exemplar das *Viagens de Marco Polo*. O terceiro filho, D. Henrique, foi feito grão-mestre da Ordem de Cristo.

Sua mãe tentou incutir-lhe a ambição de concretizar um destino português: conquistar o Marrocos, expulsar os mouros e integrar aquele território africano na nação portuguesa. Quando ele e seus companheiros se preparavam para a invasão de Ceuta, a rainha morria, vítima da peste. Segundo o cronista, chamou D. Henrique para a cabeceira da cama, beijou respeitosamente sua espada e mandou-o jurar "que lavaria as mãos no sangue dos infiéis". Depois faleceu.

---
[4] Forma de hipocrisia, que consiste em declarações, sobretudo sobre questões morais e religiosas, que não são sinceras. (N.T.)

Capítulo VII
Infante D. Henrique, o mal-aventurado

Um surpreendente best-seller no panorama editorial londrino foi a publicação, em 1868, da biografia de um obscuro príncipe português, falecido mais de 400 anos antes. *A vida de D. Henrique, o Navegador*, da autoria de Richard Major, foi a terceira obra sobre o príncipe a ser publicada fora do Porto, sua cidade natal.

Richard Major, que o apelidou de "sábio de Sagres", evoca a figura de um nobre do Renascimento, alto, belo, disciplinado, decidido, muito erudito e arrojado. Através dele, o leitor pode ver o infante examinando atentamente mapas e plantas de navios no interior da grande Escola de Navegação que fundou em Sagres, a rochosa e ventosa extremidade do sudeste da Europa; interrogando e debatendo questões com os sábios de que se havia rodeado — algumas das mais brilhantes mentes europeias — ou, diante das ameias, contemplando o Atlântico por um telescópio, a sonhar com a aventura.

O leitor acompanha ainda o príncipe, quando ele, destemidamente, enfrenta o mar, navegando até a orla da terra, para tirar a espantosa conclusão de que, afinal, o mundo era redondo.

Já que a fama do infante se alastrou, desde então, por todo o mundo, resta à nova geração de historiadores portugueses recolocar a questão a propósito da imagem criada à sua volta. Não tem, de fato, constituído uma prática regular a desmistificação de heróis do passado, ou seja, a clarificação real do feito e a sua atribuição às pessoas que realmente o concretizaram. Que o mundo era redondo já era do conhecimento da gente erudita da Europa Setentrional, pelo menos desde o tempo dos árabes. Por volta do século X, seu diâmetro foi calculado com uma precisão inferior a vinte quilômetros. Dos rochedos da costa portuguesa, olhando para o mar, pode-se facilmente ver a curvatura da Terra.

O infante D. Henrique era o terceiro dos cinco filhos do rei D. João I e da rainha D. Filipa. Relatos, na época, deixados por membros da corte, classificam-no como o menos culto de todos. Enquanto D. Duarte tinha um conhecimento profundo dos assuntos de Estado e D. Pedro frequentava as cortes e universidades europeias, onde adquiriu uma enorme biblioteca sobre os conhecimentos mais atuais, D. Henrique mostrava, antes, uma preferência, ainda que equilibrada, pela caça e pelos esportes praticados pelos jovens fidalgos do seu tempo.

É discutível, no entanto, que algumas das características que lhe são atribuídas sejam totalmente verdadeiras. Além do relato que nos foi deixado por seu cronista oficial, a *Grande enciclopédia luso-brasileira* não registra, em sua bibliografia, qualquer livro escrito sobre ele em português até dois anos antes da obra de Richard Major, editada no Porto, cidade-sede do comércio inglês do vinho que tem o seu nome.

Embora gozasse de boa saúde até a idade, então relativamente avançada, de 66 anos, só saiu de Portugal duas vezes e, mesmo assim, para uma distância não mais além da costa norte do Marrocos. Na segunda viagem àquele país, como penhor da sua boa-fé, deixou o irmão mais novo, D. Fernando, refém das mãos do califa de Tânger. Porque a promessa foi, posteriormente, quebrada pelo infante D. Henrique, o jovem

D. Fernando morreu no cativeiro, em Fez, tendo seu corpo sido suspenso pelos tornozelos, nos muros da cidade.

Durante sua vida, o infante D. Henrique foi responsável por menos de um terço das viagens que, com patrocínio real, partiram de Portugal. Nenhuma delas chegou mais longe do que a Serra Leoa, mal atingindo, pois, metade da costa da África Ocidental. Apesar de o rei D. Duarte, seu irmão mais velho, lhe ter concedido um foral com o objetivo de desenvolver Sagres, tudo no entanto se resumiu à construção de uns modestos edifícios que *Sir* Francis Blake fez explodir quando, de regresso ao seu país, ali fez escala, depois de em Cádis ter "chamuscado a barba do rei da Espanha". Embora D. Henrique tenha contratado um pequeno grupo de cartógrafos e astrólogos catalães, juntamente com alguns estudiosos judeus, não há notícias de, na época, ter havido uma escola de navegação, ou coisa do gênero, tanto em Sagres como em qualquer outro lugar. O infante vivia na Raposeira, uma pequena aldeia algarvia, situada perto de Lagos.

Apesar de tudo, D. Henrique tem um papel de destaque na história moderna. Foi ele o primeiro a promover o comércio de escravos oriundos da África Negra.

Em meados do século XIX, procedeu-se a uma grande reavaliação da história, com a nova era a exigir novos heróis do passado. Nos Estados Unidos, os historiadores passaram a se referir a Cristóvão Colombo como o grande descobridor da América, quando, na realidade, ele morreu caído em desgraça, acusado de patifarias e de traficâncias. Mais, no entanto, do que relatar a verdade, pelo menos como era conhecida, tudo isso era feito com a intenção de desvalorizar o papel desempenhado pelos então detestados ingleses.

Na época em que Richard Major escreveu o livro, o trabalho de escravo já não era uma atividade socialmente aceita. O autor dedicou um capítulo inteiro na tentativa de desligar o infante D. Henrique desse comércio. Por que, pois, fazer dele um herói? A resposta tem a ver com o fato de a Grã-Bretanha estar em vias de submeter, nas suas próprias terras, os povos da África e da Ásia, anteriormente sob domínio português. Eram obrigados a trabalhar, aos milhões, no cultivo e na transformação de alimentos e outros produtos a um preço inferior ao conseguido pelos agricultores do sudeste dos Estados Unidos, que eram proprietários de escravos. Levantaram-se questões, sobretudo na Europa continental, sobre a moralidade dessa subjugação.

A importância da obra de Major era funcionar como meio de propaganda da causa do imperialismo britânico, descrevendo o infante D. Henrique como o principal descobridor português dessas terras e desses povos, em vez dos verdadeiros descobridores. É que o infante era filho de mãe inglesa, tinha tido uma preceptora inglesa (irlandesa, para ser mais preciso), falava fluentemente o inglês e fora armado cavaleiro da Ordem da Jarreteira por seu primo, o rei Henrique IV. Em suma, se o infante não era inteiramente inglês, era certamente o que de mais parecido se conseguia arranjar. De acordo com os britânicos, o seu gênio fora herdado do lado materno, já que suas características eram tipicamente inglesas e nada tinham a ver com a Europa continental.

O cargo mais importante ocupado por D. Henrique foi o de grão-mestre da Ordem de Cristo, o novo nome dado aos templários, cujos cavaleiros tinham tido como principal função proteger Portugal contra os espanhóis. Financiavam-se através da pilhagem conseguida além-fronteiras, em território espanhol, ou exigindo aos portugueses um pagamento em troca da proteção das suas localidades. A assinatura de um tratado entre os dois reinos trouxe, com a paz, a perspectiva de ruína financeira dos cavaleiros de Cristo. Como escreveu um historiador português: "A paz era o banquete de que ninguém queria participar." Em 1413, um prior da Ordem dos Hospitalários regressou de uma viagem da Sicília, onde tinha ido negociar um casamento real de pouca importância. No regresso, ficou durante algum tempo em Ceuta, um importante burgo de comércio muçulmano, situado ao sul do estreito de Gibraltar. Enquanto aguardava um barco para prosseguir viagem, teve tempo para conhecer a cidade e os campos em volta. Ceuta era maldefendida porque estava envolvida numa guerra civil com os seus vizinhos. Mais de vinte mil mercadores ali viviam, dedicados ao comércio de especiarias, tecidos, tapetes orientais raros, pedras preciosas importadas do Japão e ouro do sul do Saara.

Não só Portugal, mas toda a Europa, estava dominado pela fome do ouro. O conhecimento das técnicas de exploração mineira, que, desenvolvidas pelos romanos, haviam contribuído para o seu enriquecimento durante a colonização da Ibéria, tinha se perdido com o caos que se seguiu à queda do império. As técnicas de engenharia, sobretudo a extração de água e a introdução de ar em poços de minas profundos por meio de bombagem, apenas foram reinventadas em finais do século XIX. O ouro era o produto que os mercadores árabes, incluindo os de Ceuta, exigiam aos europeus em troca das especiarias orientais. Com o hábito de comer carne, disseminado então por toda a Europa, aumentou enormemente a procura de condimentos asiáticos utilizados na sua confecção. À medida que o ouro se ia deslocando para leste, os tesouros nacionais começaram a confrontar-se com um enorme depauperamento das suas reservas. A desvalorização das moedas, entretanto levada a efeito, pouco mais conseguiu do que criar uma crise de confiança nas diferentes divisas, prejudicando o comércio, tanto interno como externo.

Azurara, o cronista oficial de D. Henrique, relatou como, um dia, em cima de uma mesa, numa sala do palácio real de Sintra, com a ajuda de dois sacos de areia, dois alqueires de feijões, uma tigela de papa de aveia e um rolo de fita, o prior dos cavaleiros hospitalários moldou uma maquete de Ceuta e seus arredores.

Foram precisos quase dois anos para organizar as tropas destinadas ao assalto e pilhagem, o que não surpreende, se tivermos em conta que, ao partirem, ascendiam a 19 mil soldados e 1.700 marinheiros. A construção dos navios, num total de 240, tinha sido uma tarefa gigantesca. Para além dos de transportes de tropas, contavam-se ainda 59 galés de guerra, dotadas de três fileiras de remadores, e mais de sessenta barcos de carga vazios. Aos portugueses, juntaram-se alguns cavaleiros da Normandia e da Alemanha. O conde inglês de Arundel, casado com a meia-irmã ilegítima de D. Henrique, enviou besteiros.

O assalto foi uma iniciativa privada. Embora o pai do infante, D. João I, e o irmão mais velho, D. Duarte, tivessem partido com D. Henrique, o Estado português não assumiu oficialmente qualquer papel. As cortes não tinham sido consultadas nem se pediu delas qualquer financiamento. O empreendimento foi totalmente financiado pela Ordem de Cristo, objetivando o próprio enriquecimento. Nem as velas, nem as flâmulas ostentavam a bandeira portuguesa, mas apenas a cruz dos templários, símbolo da ordem. O papa mandou uma mensagem de louvor e incitamento. Para a Igreja, tudo o que causasse danos aos muçulmanos agradava ao Deus dos cristãos.

No preciso momento em que a frota se preparava para zarpar de Lisboa, a rainha D. Filipa morreu. Apesar de classificado por seu cronista como o mais devoto dos filhos, D. Henrique considerou que não havia tempo para manifestações de pesar. Aliás, segundo ele, a rainha teria dito expressamente, ao exalar o último suspiro, que o seu maior desejo era que a morte não atrasasse o empreendimento.

Após ter enfrentado duas tempestades ao longo da viagem, a frota ancorou ao largo de Ceuta, no início da noite. Pouco antes de amanhecer, D. Henrique lançou um assalto maciço sobre a cidade. Rapidamente arrombaram a porta principal, sem encontrar qualquer oposição. O califa e os seus conselheiros, ao tomarem conhecimento da dimensão das forças invasoras ainda antes de elas chegarem, concluíram que qualquer tentativa de defesa seria inútil, conduziria simplesmente à perda insensata de vidas civis, e, nesse caso, o melhor seria retirarem-se. D. Henrique e alguns cavaleiros encaminharam-se para a cidadela, onde encontraram, abrigado, um grupo de comerciantes genoveses que lhes entregou a carta de rendição do califa.

Um capelão militar consagrou a grande mesquita, transformando-a em igreja. Numa cerimônia realizada perante um altar improvisado, o rei conferiu ao filho o ducado de Viseu. As tropas precipitaram-se em direção à terra e irromperam pela cidade, dando início à pilhagem. Ainda que, na caça desenfreada aos lingotes e moedas de ouro, os soldados tenham rasgado sacos de especiarias e pimentões e destruído cerâmicas raras, foram, no entanto, bem-recompensados pelos tesouros encontrados. Os oficiais eram menos egoístas nesta caça aos bens. Um deles mandou desmantelar e enviar para o país os pilares de mármore trabalhado de um templo cartaginês. Esses pilares encontram-se, hoje, no pórtico principal da Universidade de Évora.

Após o regresso dos cavaleiros e seus homens a Portugal, com os barcos carregados, a cidade de Ceuta, completamente saqueada, foi então por eles entregue à Coroa portuguesa. Isolada das terras à sua volta, praticamente já não tinha mais qualquer utilidade, a não ser como porto de trânsito no ponto de encontro entre o Mediterrâneo e o Atlântico. Em 1425, já o príncipe regente, D. Pedro, se queixava perante as cortes, dizendo que Ceuta apenas servia para devorar pessoas, armas e dinheiro. Os primos ingleses da família real portuguesa aconselharam abandoná-la. Talvez por receio de saírem desprestigiados caso o fizessem, os portugueses a aguentaram por mais 200 e tantos anos.

Em 1437, D. Henrique decidiu organizar outro assalto idêntico ao de Ceuta, só que, dessa vez, a Tânger. Os cavaleiros e as famílias reais do resto da Europa recusaram-se a aderir, designadamente, e de modo formal, a Inglaterra, Flandres e Alemanha. Até em Portugal o entusiasmo popular pelo empreendimento não era grande. D. Henrique calculou que seriam precisos 14 mil homens. Os soldados de infantaria foram recrutados nas prisões, sendo concedida uma anistia àqueles que se oferecessem. Só foi possível reunir três mil homens, mil dos quais eram besteiros mercenários e dois mil cavaleiros com as suas montarias, escudeiros e lacaios. O infante decidiu que a expedição devia partir o mais breve possível. O então governador de Ceuta, o conde de Viana, aconselhou D. Henrique a não avançar por causa dos riscos que podia correr. Mesmo assim, D. Henrique partiu. Foi a 23 de agosto de 1437, um dia de calor abrasador.

Desembarcou as tropas perto de Tetuão e marchou em direção a Tânger. Quando se encontravam à vista dos muros da cidade, aperceberam-se de que as escadas que tinham trazido eram demasiado pequenas. O infante ordenou, então, que se montasse um acampamento fortificado, enquanto ponderava que medida tomar. O local escolhido não tinha poços, nem ribeiros, nem a possibilidade de, em segurança, serem abastecidos ou se retirarem em direção à costa. Pela frente encontravam-se quarenta mil efetivos de cavalaria e sessenta mil de infantaria. Poucos dias depois, os sitiantes deram conta de que tinham passado a sitiados, cercados por um grande contingente de guerreiros berberes, chamados das montanhas pelo califa. Só a sorte evitou que o infante D. Henrique não fosse morto ou capturado, quando, no decorrer de uma escaramuça, mataram seu cavalo.

Esgotados os mantimentos, começaram a matar e a comer os cavalos, cozinhando-os em fogueiras feitas de madeira e da palha das albardas. As provisões de água chegaram ao fim.

"Muitos morreram com lama entre os lábios, tentando sorver um pouco de água", escreveu o cronista oficial.

Em meados de outubro, D. Henrique negociou uma trégua, que não durou muito tempo. Para poder regressar aos navios atracados, os portugueses teriam de abandonar tudo, incluindo cavalos e armamento. De fora ficava apenas uma muda de roupa por homem. Os portugueses teriam ainda de devolver Ceuta aos mouros, ficando D. Fernando, irmão mais novo de D. Henrique, como refém até a restituição da cidade. Como testemunho da sua boa-fé, o califa entregou, em troca, um dos seus filhos a D. Henrique.

A caminho da costa, o exército, esfarrapado e desarmado, foi atacado por salteadores. Embora ele e os seus homens tenham escapado, o infante considerou o fato uma violação das condições acordadas, recusando-se, por isso, a devolver Ceuta. Além de rejeitarem sistematicamente a hipótese do seu regresso, sempre que uma missão diplomática se deslocava a Tânger para negociar a libertação agravavam-se as condições de encarceramento de D. Fernando. Enquanto a primeira delegação o encontrou alojado como uma espécie de hóspede do califa, da segunda vez, ele estava já reduzido à condição de servo, trabalhando no jardim e limpando as selas.

A corte reuniu-se em Évora, no mês de junho de 1438. Em vez de esperar por ele, D. Duarte deslocou-se até a aldeia da Portela, ao sul, para protestar com D. Henrique. De acordo com o cronista real, D. Henrique propôs que se organizasse um exército composto por 24 mil efetivos para ir salvar D. Fernando. O rei D. Duarte regressou a Évora, desesperado, e morreu antes do final do ano. Tinha 49 anos.

No Marrocos, D. Fernando foi agrilhoado numa masmorra, ao lado das latrinas dos eunucos. Não se sabe se ainda estava vivo quando foi pendurado pelos tornozelos no muro da cidade, para ser devorado pelos abutres.

O infante D. Henrique nunca mais voltou à corte real. Enquanto grão-mestre da Ordem de Cristo, era, por inerência, governador do Algarve, onde passou o resto da sua vida.

Embora o Algarve tivesse sido há muito conquistado dos mouros, não fazia parte de Portugal. Aliás, viria a permanecer separado e abandonado até o século XX, de tal modo que, agravado pela existência de um conjunto montanhoso entre os dois reinos, as comunicações entre os dois lados eram feitas por estafetas. No tempo do infante, a sua escassa população era majoritariamente constituída por feirantes, pescadores e artesãos. Praticamente não havia camponeses. A maior parte tinha fugido para o norte da África, à procura de um emprego, quando as terras lhes foram confiscadas pelos templários. Atravessado por vários rios, o Algarve era uma das regiões mais férteis da Europa Setentrional. Foi, por exemplo, o único lugar da Europa onde a laranjeira importada do sul da China deitou raízes e floresceu. O problema do infante era a falta de trabalhadores para cultivar as terras. Era inútil tentar recrutar mão de obra em Portugal propriamente dito, que, na época, também se encontrava subpovoado. Além de que, sendo a agricultura considerada uma profissão menor, muita terra foi ficando abandonada.

Era do conhecimento do infante e do seu conselho que, no mundo árabe, além-mar, existia um comércio florescente de escravos negros, raptados ou comprados ao sul do Saara. Como iria ele conseguir um número suficiente de escravos para cultivar o solo algarvio? Embora vários já o tivessem tentado, o fato é que, até então, nenhum europeu tinha ido à África Negra e regressado. A mais recente tentativa datava de mais de um século, quando alguns genoveses, levados pela aventura, acabaram por desaparecer. O obstáculo era o temível cabo Bojador, que se projeta da costa da África Ocidental, 1.500 quilômetros ao sul de Tânger. Lá os barcos eram despedaçados pelas correntes, que os atiravam de encontro às rochas. Só que, como terá dito o infante D. Henrique, "não há perigo tão grande capaz de superar a esperança do lucro".

Durante a vida adulta de D. Henrique verificaram-se, como até então nunca havia acontecido, rápidos e notáveis avanços na construção de navios. A invasão de Ceuta tinha sido feita com galés equipadas com velas que eram içadas quando os ventos estavam favoráveis. Passados vinte anos, a caravela fora desenvolvida sob o patrocínio da Ordem de Cristo. Só que oito anos depois já era considerada obsoleta, sendo substituída pelo galeão, muito maior e mais sofisticado. A caravela, no entanto, foi o meio pelo qual se quebrou, pela primeira vez, o isolamento existente entre a Europa e o resto do mundo. As suas enormes potencialidades comerciais fizeram com que, desde o início, a Ordem de Cristo tenha protegido esta nova tecnologia da espionagem estrangeira. Um enorme sigilo rodeou a sua construção. E foi assim que se criou a lenda de que Sagres era o centro dessa atividade, quando, de fato, o mais provável é que o verdadeiro centro tenha sido em Castro Marim, no rio Guadiana. O principal arquivo do projeto e o seu modo de construção encontram-se entre os objetos que, roubados pelos franceses quando das invasões napoleônicas, ainda não foram devolvidos a Portugal. Mapas primitivos da costa atlântica, roubados ou obtidos de forma dolosa por agentes franceses no Algarve, foram descobertos há não muitos anos nos arquivos departamentais da Gironda.

Essas novas naus eram mais esguias e ligeiras do que as galés, pesando cerca de cinquenta toneladas. Em vez dos 12 remadores, necessários à manobra do navio, havia um único leme à ré. Velas triangulares à popa e à ré conseguiam propulsionar o navio para a frente, permitindo que ele velejasse à bolina, contra o vento. Conseguia atingir uma velocidade de dez nós por hora.

A substituição dos remos pelas velas reduziu o número de tripulantes em, pelo menos, três quartos, ou seja, de oitenta para vinte. Tal fato permitiu também diminuir enormemente o volume de água, alimentos (carne e peixe secos, lentilhas, azeitonas, alho, queijo, amêndoas, passas, biscoitos e mel) e outros mantimentos considerados necessários, tendo assim aumentado o tempo que o navio podia permanecer no mar sem necessidade de reabastecimento.

Essas inovações foram acompanhadas de avanços impressionantes nos instrumentos e nas técnicas de navegação: desde a bússola aos portulanos e ao astrolábio. Este último já existia há muito tempo, tendo provavelmente sido trazido para a Ibéria pelos árabes. Era até então, no entanto, considerado uma espécie de brinquedo científico muito apreciado pelos monges, rabinos e astrólogos. Adaptado à prática, o astrolábio permitia ao navegador saber, não apenas a latitude em que se encontrava a partir da estrela polar, mas também a hora, de acordo com a altura do Sol.

Liberto, assim, da necessidade de seguir a orla costeira, Gil Eanes tornou-se, em 1435, o primeiro europeu a dobrar o cabo Bojador, tendo desembarcado um pouco mais ao Sul, num litoral deserto. Aí encontrou uma planta, até então desconhecida, colocou-a num barril e trouxe-a para Portugal, onde a batizou com o nome de rosa de Santa Maria.

No ano seguinte, Eanes, juntamente com outro comandante, Afonso Gonçalves Baldaia, dobrou de novo o Bojador, tendo prosseguido mais para o Sul. Desembarcaram numa baía, onde encontraram, na praia, pegadas de pessoas e de camelos.

O primeiro encontro, de que se tem conhecimento, entre europeus e africanos ocorreu na África, no ano seguinte, em 1437. Não foi, no entanto, amigável. Baldaia tinha partido de Lagos, no Algarve, com a missão específica de capturar pelo menos um africano e trazê-lo vivo. Chegando de novo à foz do rio Senegal, desembarcou dois jovens aristocratas, de 17 anos, montados a cavalo. Haviam sido selecionados por causa da sua mestria como caçadores. Depois de cavalgarem para o interior durante horas, depararam-se com um grupo de vinte pessoas, que, pressentindo as intenções hostis dos jovens, retiraram-se para trás de umas rochas, de onde, com lanças e pedras, os obrigaram a retroceder.

De regresso ao barco, onde relataram o sucedido, Baldaia, acompanhado de um grupo maior de caçadores, remou rio acima até o local, que, entretanto, se encontrava deserto e sem qualquer sinal de vida humana. Descendo um pouco mais a costa, encontrou, abandonadas, umas redes de pesca feitas de fibra de palmeira, juntamente com alguns utensílios, que de modo algum compensavam o custo da expedição, o qual havia sido financiado pela Ordem de Cristo. Ao deparar-se com uma grande quantidade de focas, mandou a tripulação matar e esfolar o maior número delas para que, com as peles, se pudesse compensar o custo da viagem.

Em 1441, Nuno Tristão patiu de Lagos, levando a bordo um intérprete árabe. Ao chegarem à foz do rio Senegal, descobriram que outro comandante português, Antão Gonçalves, já se encontrava ali, com o objetivo de colecionar peles de foca. Ao ver um tuaregue e uma mulher negra observando-os, na costa, mandou-os prender, detendo-os a bordo. Foram, no entanto, libertados porque o intérprete não conseguiu entendê-los.

Protegido da noite, que estava um pouco fria, Tristão chefiou, ele próprio, um grupo de caçadores em direção ao interior. De madrugada, chegaram a um acampamento tuaregue e atacaram-no. Mataram quatro tuaregues e capturaram dez, incluindo o líder, que falava fluentemente o árabe. Chamava-se Adahu. Ironicamente, tratava-se de um comerciante de escravos. Tristão libertou seis dos homens e, enquanto ele próprio prosseguia viagem para o sul, Antão Gonçalves conduziu Adahu e três dos seus companheiros até o Algarve.

Em Lagos, o infante D. Henrique recebeu Adahu e seus homens com a cortesia formal que se deveria prestar a um cavaleiro e seus escudeiros. Foram-lhes fornecidas roupas europeias e instalações condignas. Porque constituíam naturalmente uma grande curiosidade, o infante D. Henrique, juntamente com outros cavaleiros, passou longas horas interrogando Adahu com o auxílio de intérpretes. O que mais o interessava era saber coisas sobre o país verde e luxuriante que ficava para além do sul do Saara, a terra dos negros.

Adahu acabou conseguindo negociar com o infante a sua libertação e a dos seus companheiros. O preço acordado foi de quatro escravos negros por cada um dos tuaregues. Afonso Baldaia levou-os de volta, de barco, até o Senegal, onde os tuaregues mal puseram o pé em terra e imediatamente desapareceram. Passados oito dias, um mouro, montado num camelo branco, chegou à costa, trazendo consigo dez escravos negros para entregar a Baldaia. Compensou o que faltava do acordo com um escudo de couro, alguns ovos de avestruz e ouro em pó. Rapidamente a prática da captura e resgate se espalhou por toda a costa. Para quê ter o trabalho e a despesa de levar um cativo até a Europa, para o negociar, quando ele podia ser vendido ali e pelo mesmo montante. Pouco depois, um grupo de portugueses assaltou, em cabo Não, o entreposto árabe de escravos, capturando 18 mercadores mouros, pelos quais conseguiram um resgate de 51 escravos negros guineenses e um leão. Este foi o primeiro leão africano a chegar nas terras da Europa. O infante D. Henrique mandou metê-lo num barco e enviou-o como presente para o seu preceptor de infância, que vivia em Galway, na Irlanda.

Tristão, navegando mais para o Sul, atingiu a ilha de Arguim, em 1443. Postados na ponte de comando, ele e os seus oficiais avistaram o que pareciam ser duas grandes aves negras que, chapinhando na água com as suas enormes asas, se deslocavam a grande velocidade em sua direção. À medida que se aproximavam, foram constatando que, afinal, se tratava de duas pirogas impelidas por negros utilizando os braços e as pernas como remos. Obedecendo às suas ordens, a tripulação de Tristão abordou as pirogas e capturou 14 homens. Os restantes procuraram refúgio na ilha, onde mais 15 foram capturados.

Naquele ano, o infante D. Henrique, enquanto grão-mestre da Ordem de Cristo, solicitou ao papa, que acedeu, a concessão do monopólio do comércio que se estendia do cabo Bojador até as Índias. Reservando para si uma quota de 20% de todos os proventos, o infante cedeu este monopólio a Lançarote de Freitas, chefe da alfândega de Lagos, e a um grupo de comerciantes locais.

Alguns meses mais tarde, Bartolomeu Dias aportou em Cabo Verde, "país de negros", com uma frota de seis caravelas, que regressou a Lagos carregada com 235 escravos.

D. Henrique, montado a cavalo, ali se encontrava para os receber e para reclamar pessoalmente a quinta parte a que tinha direito. Relata o seu cronista, Azurara: "Antes do alvorecer do dia 8 de agosto de 1444, por causa do calor, os marinheiros desembarcaram os prisioneiros e conduziram-nos até um descampado fora da cidade. Alguns deles tinham uma pele relativamente clara, mais clara do que a dos mulatos. Se uns eram bem-apessoados e harmoniosos, outros tinham feições e figuras tão medonhas que pareciam chegados do inferno. Mas quem, dentre nós, seria tão insensível que não se deixaria dominar pela compaixão? Estavam cabisbaixos, com os rostos cobertos de lágrimas. Alguns deles olharam para o céu, aparentemente em oração dirigida a quem quer que fosse o seu deus. Vi alguns esbofetearem-se e, depois, estatelarem-se no chão.

Lamentavam-se e, embora não entendêssemos as suas palavras, manifestavam claramente a sua mágoa.

A sua angústia atingiu o auge quando chegou o momento da distribuição. Para que ela fosse equitativa, foi preciso separar pais de filhos, maridos de mulheres, e irmãos. Era impossível fazer a partilha sem lhes causar uma dor extrema. Os pais e os filhos, alinhados em lados opostos, rompiam fileiras e precipitavam-se em direção uns aos outros. As mães apertavam as crianças nos braços e atiravam-se ao chão para os cobrirem com os seus corpos, na tentativa de impedir que fossem separados."

Tinha se reunido uma grande multidão para ver, o que tornou a separação ainda mais difícil. O infante D. Henrique foi o primeiro a receber a sua quota-parte de 46 escravos, que, imediatamente, entregou a membros da sua comitiva. Para ele, a recompensa estava na concretização de um dos seus mais caros desejos: a satisfação de contribuir para a salvação cristã das almas desses selvagens, que, não fora ele, teriam se perdido para sempre de Deus…

"Provaram ser muito menos obstinados do que os mouros em relação à religião, tendo de imediato aceitado o cristianismo."

Segundo Azurara, cada transação dava lugar a uma nova divisão de escravos, "duplicando-lhes o desespero: um pai permanecia em Lagos, enquanto a mãe era levada para Lisboa e o filho para outro lado".

Na costa da África Ocidental, o medo inicial em torno do comércio de escravos foi reforçado pela crença local de que os europeus, sendo canibais, estavam importando carregamentos de negros para o Algarve a fim de serem mortos e comidos. A reputação dos portugueses era bem-conhecida. Em 1446, passados apenas dois anos sobre a primeira distribuição de escravos em Lagos, Nuno Tristão atingiu pela primeira vez a foz do Gâmbia, subindo depois o rio acompanhado de um grupo de caçadores distribuídos por dois barcos. Cerca de oitenta guerreiros, em 12 canoas, caíram-lhes em cima, atacando-os com setas envenenadas. Tristão e a maior parte dos seus homens morreram em menos de uma hora e quase todos os que conseguiram regressar ao barco viriam a sucumbir no espaço de dois dias. Os únicos sobreviventes foram um marinheiro ferido, dois grumetes e um rapaz africano, recentemente capturado. Juntos, navegaram para o Norte, numa viagem tormentosa que durou mais de sessenta dias. Foram encontrados, casualmente, Tristão e os seus homens por piratas galegos, ao longo da costa portuguesa, em Sines, e levados para terra.

Tristão e os seus homens não foram, evidentemente, as únicas vítimas daquela época pioneira do comércio com a África Ocidental. Entre outros, encontrava-se um nobre dinamarquês, conhecido dos portugueses pelo nome de Eberhardt, que adquiriu uma passagem de barco de Lagos para Cabo Verde. Fazia-se acompanhar de uma tenda inventada por ele e que, segundo dizia, podia abrigar trinta homens, sendo, no entanto, suficientemente leve para ser transportada por um só. O seu plano era trocá-la por um elefante. Os portugueses deixaram-no e à sua tenda em terra. Em meio a estes e outros episódios, multiplicaram-se as lendas sobre a escravatura branca no interior da África.

Os chefes costeiros verificaram que a captura de negros no interior, e a sua posterior venda aos europeus, constituía um comércio novo e extremamente lucrativo. Já por volta de 1447, havia tal abundância de escravos a preços tão reduzidos que pelo menos um capitão, levando a bordo um número de escravos superior aos mantimentos de que dispunha para fazerem a viagem até Lagos, decidiu atirar alguns ao mar. Ao mesmo tempo, o monopólio papal era ferozmente protegido. Um espanhol, que foi pego negociando cavalos andaluzes em troca de escravos (o preço corrente era de um cavalo por 16 homens), teve os ossos quebrados, por ordem do rei português, e o seu corpo, ao que parece ainda vivo, lançado numa fornalha.

Antes da morte do infante D. Henrique, em 1460, cerca de mil escravos eram anualmente desembarcados em Lagos, vindo a constituir a maioria da população do Algarve e cerca de 10% da de Lisboa. Eram adquiridos de forma pacífica através de um contrato de fornecimento com o rei africano Badomel, da costa do Senegal. O lucro por viagem era, em média, da ordem dos 600 a 700%, não diminuindo com o decréscimo da sua procura em Portugal, já que rapidamente se assistiu a um aumento das suas exportações para os reinos do norte da Espanha e vários países do norte da Europa.

A escravatura não deixava de ter os seus críticos, entre os quais se incluíam alguns familiares do próprio infante. Escreveu Azurara, o cronista de D. Henrique: "São tratados com grande bondade e não se fazem distinções entre eles e os servos portugueses que nasceram livres. Aos jovens, ensinam uma profissão. Aqueles que revelam capacidade para explorar uma propriedade são libertos e casados com mulheres portuguesas. Os amos dão-lhes um bom dote, para ajudar sua independência. As viúvas que albergam escravas educam-nas como se fossem suas filhas, contemplando-as nos seus testamentos, de modo que possam casar bem. São olhadas como mulheres absolutamente livres. Nunca tive conhecimento de que qualquer um destes cativos tivesse sido posto a ferros, nem soube de nenhum que não tenha sido tratado com grande bondade. Sou frequentemente convidado por donos de escravos para o batismo ou casamento de um deles, havendo tanta cerimônia quanto festejo, como se se tratasse de um membro da família."

Havia uma verdade apenas parcial nesta afirmação de Azurara, consequência, talvez, da absorção desses imigrantes involuntários africanos pela população nascida em liberdade, através de casamentos mistos e concessões de terras. Hoje em dia, no Alentejo (a província situada imediatamente ao norte do Algarve), existem duas aldeias — São Romão e Rio de Moinhos —, perto de Alcácer do Sal, que continuam, em grande parte, povoadas por arrozeiros negros. Seus antepassados escravos trouxeram com eles uma imunidade genética à malária, doença que, ainda nos anos 1950, era endêmica nos arrozais de Alcácer. À medida que os brancos portugueses morriam ou abandonavam a região, os negros adquiriam as suas propriedades e prosperavam cada vez mais.

Estes casos eram a exceção e não a regra. Em 1555, pouco depois do centenário do início do tráfico de escravos por portugueses, o padre Fernando Oliveira publicou um panfleto, classificando a escravatura como uma tirania. Era injusto, por outro lado, culpar os reis da costa africana por capturarem e venderem escravos, já que sem compradores europeus não haveria tráfico nem, consequentemente, raptos em massa. Condenou ainda, com particular veemência, a defesa iniciada por Azurara, em nome do infante D. Henrique, com o argumento de que a escravização conduzia à conversão ao cristianismo e à salvação das suas almas. "Inventamos um comércio vil e cruel", escreveu o padre.

A escravatura só foi declarada ilegal em Portugal e os escravos libertos em 1773. Ocorreu um ano antes da Inglaterra e 39 anos antes dos Estados Unidos. Todo o comércio de escravos realizado pelos portugueses só foi, no entanto, proibido em 1836. Tal como aconteceu em outras partes do mundo, também em alguns territórios ultramarinos portugueses a escravatura, frequentemente definida por outros nomes, como, por exemplo, "trabalho de aprendizagem", permaneceu por muito mais tempo.

Os escravos não eram, no entanto, as únicas mercadorias trazidas da África Ocidental. Num entreposto comercial fortificado no que é hoje a Mauritânia, explorado por um sindicato de mercadores portugueses, havia um grande comércio de produtos, como goma-arábica, algodão, marfim e papagaios, além de uma enorme variedade de plantas utilizadas na medicina, em cosméticos, ou para amaciar e temperar a carne. Ainda que as especiarias não fossem tão requintadas nem tão apreciadas como as do Oriente que chegavam à Europa através de Veneza, havia, no entanto, produtos, como pimentões, que, várias vezes mais baratos, se tornaram uma importante reexportação do Algarve para o norte da Europa. No início do século XVI, havia comerciantes portugueses de especiarias morando permanentemente em Bruges e em Southampton.

E como é que todas essas mercadorias eram pagas? A Europa, como já dito, era vítima de uma fome global, que os portugueses tentavam suavizar, à medida que se aventuravam mais para o sul e o leste. Os reis da costa africana, por seu lado, procuravam vestuário, cobertores, contas de coral-vermelho, objetos de prata e, sobretudo, trigo, que, pelo século XVI, o Algarve e Portugal importavam em enormes quantidades com o objetivo de o reexportarem para a África Ocidental. A ilha da Madeira, situada a cerca de 1.200 quilômetros a sudeste de Lagos, foi descoberta por volta de 1420. Encontrava-se despovoada, mas, devido aos ventos favoráveis, era um porto de escala ideal para os barcos que rumavam de e para a África Ocidental. Foi assim chamada por se encontrar densamente coberta de floresta, que, acidental ou intencionalmente, se incendiou e ardeu ao longo de dois anos. Assim, ricamente fertilizada, a terra foi dividida entre os adeptos da Ordem de Cristo, que, utilizando a mão de obra de escravos negros africanos, aí cultivaram trigo em abundância, destinado à exportação para a África em troca de mais escravos.

Tendo possibilitado a muitos outros que enriquecessem, o infante D. Henrique morreu como viveu, ou seja, obediente aos votos de castidade e pobreza. Não tinha dinheiro próprio para deixar nem herdeiro direto. No seu testamento, doou o cargo e os poderes a ele inerentes ao seu sobrinho D. Fernando. Este arrendou o monopólio do comércio da África Ocidental a Fernão Gomes por 200 mil réis por ano, o que equivalia aproximadamente ao lucro de uma viagem. Foi-lhe ainda concedido o direito de alargar a área da concessão em cem léguas anuais.

Capítulo VIII
D. João II e a grande aventura

O reinado de D. João II durou apenas 14 anos, até a sua morte aos 46, em 1495 — historiadores contemporâneos portugueses dizem que ele foi envenenado. Tratou-se de um dos mais notáveis reinados da história da Europa. Rezava o epitáfio que lhe foi dedicado pelo conde de Ficalho: "Poderá não ter sido um grande homem, mas foi certamente um grande rei." Nos nossos tempos, o historiador Oliveira Marques considerou dever-se "a ele, e não ao infante D. Henrique, a elaboração de um plano global dos descobrimentos, bem como a criação dos meios necessários à sua execução".

Tratava-se de um plano de enorme ambição e inspirada execução, que viria a transformar o Mediterrâneo, centro do poder do mundo civilizado desde os tempos do antigo Egito, numa zona decrépita, e fazer de Lisboa a nova capital da riqueza e da abastança do mundo moderno. Portugal, a ponta sudoeste da Europa, tinha, então, uma população inferior a um milhão e meio de habitantes — um oitavo da Itália, menos de um quarto da Espanha e quase metade da Inglaterra. Para a concretização dessa enorme aventura, os portugueses não contavam com qualquer apoio logístico fora do país, além do financeiro dos Medicis e de outros banqueiros florentinos. Passada uma geração, em 1531, o rei da Inglaterra escrevia ao doge de Veneza, pedindo desculpa por seus galeões já não mais fazerem escala naquela cidade para comprarem especiarias, mas rumarem, antes, em direção a Lisboa. De qualquer modo, os venezianos já não tinham especiarias nos seus armazéns para vender. Seus mercadores tinham regressado da expedição anual de compras a Alexandria de mãos vazias. Os senadores de Veneza viraram-se uns contra os outros, recriminando-se, no preciso momento em que a cidade começava a se afundar, literal e financeiramente. Em Florença, os Medicis avaliavam os lucros advindos deste deslocamento do poder e da riqueza para uma pequena nação atlântica, classificando-a como "o triunfo do moderno sobre o antigo".

Um grupo de nobres portugueses, de visita à Itália, mandou ferrar os seus cavalos a ouro, prendendo as ferraduras aos cascos com um único prego, de forma que, quando elas caíssem, pudessem se deleitar com o espetáculo dado pelos italianos correndo, aos montes, para as apanhar. Lisboa tinha se tornado a cidade mais faustosa da Europa. Os visitantes chegavam lá vindos da Inglaterra e de outros países, igualmente atrasados, para contemplar a sua opulência, bem como o enorme desenvolvimento no campo das artes, ciências, na grande ópera, medicina, arquitetura e joalheria.

Foi D. João II quem fundou o Conselho dos Sábios, que, constituído por eclesiásticos, rabinos, matemáticos e cosmógrafos eminentes, veio mais tarde a ser erradamente estabelecido em Sagres e indevidamente apelidado de Escola de Sagres. As suas deliberações tiveram lugar sobretudo em Santarém e, por vezes, no castelo dos templários, em Tomar. Foi D. João II quem negociou o aprovisionamento de imensas quantidades de ouro provenientes da África Ocidental, posteriormente utilizado para financiamento das viagens de Bartolomeu Dias, Vasco da Gama e outros. Foi ele, de fato, e não Cristóvão Colombo, ou o infante D. Henrique, quem promoveu um dos mais importantes acontecimentos da história da humanidade: acabar, para o bem ou para o mal, com o isolamento da Europa face às outras civilizações.

A herança de D. João II, quando chegou ao trono, não poderia ter sido pior. Afonso V, seu pai, envolvido num conflito ruinoso com Castela, tinha ido à França para pedir auxílio militar ao rei Luís XI. Perante a recusa do monarca francês, D. Afonso disfarçou-se de peregrino e procurou refúgio num mosteiro da Bretanha, onde foi encontrado e enviado de regresso a Portugal. Requereu às cortes que o deixassem abdicar, mas morreu antes da realização da audiência. Deixou ao filho, D. João, um Estado completamente arruinado em termos financeiros. A moeda não valia nada. Além de endividado com a Igreja, a quem tinha pedido emprestadas enormes somas de dinheiro, o Estado vendera ainda, a um consórcio de judeus, os direitos de cobrança de impostos.

A aristocracia preparava-se para dar um golpe de Estado. O duque de Bragança, primo de D. João, que tinha reunido um exército privado composto por três mil cavaleiros e dez mil soldados de infantaria, foi aliciado pelo rei, que, a pretexto de pretender negociar com ele uma trégua, o mandou prender e decapitar. Convocou também o duque de Viseu, seu cunhado, para uma reunião. Quando a porta se fechou atrás dele, o rei matou-o com uma punhalada e "sem muitas palavras", como escreveu o cronista. Os sobreviventes da velha nobreza borgonhesa, constituída quando da fundação da nação portuguesa, tiveram de enfrentar enormes carências. Seus direitos foram seriamente restringidos. Em particular, a administração da justiça passou a constituir um monopólio real. Os bens, que lhes tinham sido concedidos por reis anteriores, foram confiscados por D. João. A devolução de alguns dos arrendamentos vitalícios foi feita a muitos poucos e em troca de juramentos de fidelidade realizados de joelhos. No seio da corte e nas instituições do Estado em geral, as posições e a influência de que estas famílias tinham desfrutado ao longo dos séculos foram definitivamente destruídas.

D. João e seus conselheiros procederam, então, a um recrutamento, na população, de homens de qualidade, a quem, além de entrevistas, foram ainda examinados seus antecedentes e suas credenciais. Os que passaram nos testes foram colocados na "Lista do Rei", a partir da qual foram preenchidos os cargos da administração e da magistratura, entre outros. Surgiu, então, um regime completamente novo, centralizado e ágil, com o Conselho dos Sábios assumindo papel importante. Foi assim, pois, que começou a tradição, continuada até os nossos dias, de acadêmicos e intelectuais desempenharem papéis-chave na governança de Portugal.

Para muitos historiadores estrangeiros, o papel histórico do rei D. João II teria sido limitado à função de protagonista menor na epopeia de Cristóvão Colombo. Foi ele quem primeiro recusou a proposta de Colombo, visando à descoberta de uma rota ocidental da Europa para as Índias. A decisão, que é considerada quase universalmente como um enorme disparate, significou o prescindir de uma das maiores oportunidades já oferecidas a um governante. A verdade, no entanto, é outra. Feitos, ainda frequentemente atribuídos a Colombo, incluem, designadamente, a descoberta de que o mundo era redondo, e de se aperceber da existência do continente americano. Que o mundo é redondo já se sabia há séculos. Pescadores portugueses e galegos pescavam bacalhau ao largo da costa do Canadá há gerações, além de terem enriquecido sua alimentação com a exploração agrícola de produtos completamente desconhecidos que Colombo nunca chegou a ver. De fato, o que ele fez foi aportar a umas ilhas, as quais chamou de Índia Ocidental, dois anos depois de os portugueses terem descoberto o caminho para a verdadeira Índia, que, como há muito supunham, se situava a Leste. O pior de tudo para os espanhóis, patrocinadores da expedição, foi a jactância de

Colombo em relação a essas descobertas menores, que, tendo chegado ao conhecimento de D. João e do seu Conselho de Sábios, fizeram com que estes tenham negociado com os espanhóis um tratado em que ficavam com o monopólio de metade da América do Sul — hoje, Brasil —, toda a África e a Ásia. Cristóvão Colombo morreu em desgraça e foi enterrado numa pequena sepultura. Os portugueses tornaram-se o povo mais rico da Europa.

De acordo com a tradição popular dos habitantes dos países do norte da Europa, os primeiros descobridores do mundo, situado para além do continente europeu, eram homens que acreditavam cegamente no fato de poderem precipitar-se da orla de uma terra plana, bem como na existência de grandes monstros que, erguendo-se das profundezas dos mares, destruiriam as caravelas e engoliriam as tripulações. Este era, pois, o reflexo da situação de ignorância sobre o resto do mundo, no tempo de D. João II, em relação ao qual, no entanto, os portugueses tinham conseguido progressos importantes. Tudo foi feito em grande segredo, de tal modo que, em dado momento, as cortes portuguesas propuseram que todos os estrangeiros fossem expulsos de Lisboa, com receio de que, conhecedores dos fatos, difundissem isso nos seus países. A proposta foi rejeitada pelo rei, que, em alternativa, encomendou uma campanha de desinformação destinada a enganar o resto da Europa.

Os norte-europeus tinham uma visão arraigada nas fantasias da ficção científica dos eruditos medievais, em que havia terras povoadas por homens sem rosto ou pescoço, com olhos enfiados nos ombros e bocas nos abdômenes. Havia mulheres apenas com um olho e homens com um pé, mas que conseguiam movimentar-se com mais agilidade do que os seres humanos com duas pernas. Existia ainda gente com duas cabeças, alguns dos quais, porque não tinham boca, se alimentavam através do cheiro das plantas. Havia pessoas que eram peixes e bebiam água do mar. Perto do Ganges, as pessoas eram cobras e viviam durante 400 anos. Os portugueses exploravam sua fama de marinheiros, valorizando esses mitos junto aos povos do norte da Europa. Havia serpentes gigantes que se dissolviam no contato com a água. Dizia-se que as tripulações dos navios flamengos que tinham naufragado, na sequência da aventura que constituía a costa ocidental da África, foram cozinhadas vivas em potes e servidas como refeições às gentes locais. Ora, o fato é que nada disso correspondia à realidade. Os africanos é que tinham um medo horroroso dos europeus, convencidos de que estes eram canibais. Aliás, esta é uma imagem que sobreviveu por mais de 500 anos, tanto nos quadrinhos como na imaginação popular dos povos do norte.

Segundo a biografia assinada pelo seu filho Fernando, Cristóvão Colombo era um navegador genovês, membro da tripulação de um barco que afundou ao largo do cabo de São Vicente, tinha ele vinte anos. Ele e a tripulação foram salvos e tratados por habitantes de Lagos. Dali, partiu para Lisboa, onde seu irmão mais novo, Bartolomeu, trabalhava como cartógrafo. Ajudou-o durante algum tempo e, depois, alistou-se para integrar a tripulação de navios que viajavam para Bristol, Galway, Islândia, e para a "terra do bacalhau, cem léguas mais além".

De regresso a Lisboa, serviu de agente de um mercador genovês, mas o negócio não teve êxito e ficou endividado. Era essa a situação em que vivia quando foi pedir a D. João II que lhe financiasse a viagem transatlântica. Mostrou ao rei cálculos, segundo os quais essa seria indubitavelmente a rota mais curta para o Japão e para o resto das Índias. O rei não acreditou nele. "Sua Majestade viu que Cristóvão Colombo não passava de um convencido, que exagerava nas suas proezas e que tinha mais veleidades do que certezas", registrou, a propósito, o seu cronista.

Mesmo assim, o rei mandou-o ao Conselho de Sábios, para ter uma segunda opinião. Eles conheciam bem os cálculos que

Colombo tinha apresentado. Sua fonte era a carta de um sábio florentino, Paolo Toscanelli, endereçada, alguns anos antes, ao cônego Estêvão Martins, da Sé de Lisboa. Os especialistas portugueses já tinham rejeitado os números apresentados por Toscanelli e que Colombo se limitou a repetir ao rei e ao Conselho de Sábios, ou seja, que "as Antilhas se situavam a três mil milhas a oeste de Lisboa, o Japão a 3.500 milhas a oeste e a China a cinco mil milhas". Ao considerar que a largura de um grau de latitude era de 84 quilômetros, contrariando assim a opinião de matemáticos portugueses que a definiam como 111 quilômetros, Toscanelli situou erradamente a costa ocidental das Índias (hoje conhecida por Ásia) a 180 graus. Ora, o cálculo dos portugueses apontava para os 229 graus. Além disso, os navegadores portugueses, ao terem percorrido o Atlântico numa distância bastante superior a 1.500 milhas, souberam em primeira mão que o Japão não se situava ali. O consenso entre os historiadores modernos é de que os navegadores portugueses já tinham descoberto, e já comerciavam, com o território que passou a ser conhecido por Brasil, embora mantivessem o fato em segredo. O transbordo das mercadorias era feito em longínquos entrepostos comerciais, na costa ocidental da África, de onde se dizia que os carregamentos eram originários.

Mais de dois anos antes de Colombo iniciar a sua viagem, Bartolomeu Dias já tinha descoberto a rota do Oriente, dobrando o cabo da Boa Esperança. O menos conhecido espião Pêro da Covilhã tinha ido à Índia, via Oriente Médio, de onde regressou com mapas árabes e indianos que mostravam a rota entre a África Setentrional e a Índia.

Colombo deixou Lisboa, e as suas dívidas, e foi para a Inglaterra. Ali, de novo, seu plano foi considerado fantasioso. Quando por fim zarpou, com financiamento real espanhol, chegou apenas às Caraíbas, que, segundo os cálculos de Toscanelli, era o mar da China. Chamou à ilha onde desembarcou

Anguilha, após o quê, regressou à Europa para se vangloriar dos seus feitos. Infelizmente para a Espanha, não retornou diretamente para lá mas fez escala em Lisboa. Dirigiu-se ao palácio real e, imaginando tratar-se de uma doce vingança, lamentou o fato de Sua Majestade ter recusado um patrimônio que podia ter sido seu, mas que agora era da rainha de Castela e do rei de Aragão. Censurou o rei por tê-lo minimizado e não ter acreditado nele.

D. João lembrou-lhe que, sob a proteção do tratado celebrado com os espanhóis, referente à divisão do resto do mundo, a descoberta de Colombo se encontrava dentro da esfera de Portugal e, por conseguinte, lhe pertencia.

No momento em que Colombo chegou à Espanha, os Reis Católicos já tinham recebido uma carta do rei D. João, ameaçando enviar navios para Anguilha, a menos que, entretanto, houvesse outras propostas. Os espanhóis avançaram de imediato para a mesa de negociações, que se realizaram na pequena cidade espanhola de Tordesilhas, localizada numa montanha próxima da fronteira portuguesa. O mediador foi o papa Bórgia, Alexandre VI, que, depois de ouvir os pleitos apresentados por cada um dos lados, nomeou um legado para o representar em Tordesilhas. A fronteira acordada ficou localizada a 370 léguas a oeste das ilhas de Cabo Verde. As terras reclamadas por um dos lados, que se encontrassem na área pertencente ao outro, teriam de ser entregues. Cada uma das partes teria de informar a outra das descobertas dos seus navegadores. Aliás, a posição exata da linha haveria de ser contestada por mais dois séculos. O que mais impressiona em tudo isso é que a linha dividia a América do Sul ao meio, cabendo a Portugal a parte que, de longe, se situava mais próxima da Europa. Oficialmente, pois, a América do Sul ainda não tinha sido descoberta. Parece claro que os espanhóis não tinham dela qualquer conhecimento. É difícil tirar outra conclusão senão a de que os portugueses, ao esconderem sua descoberta, terão conseguido uma das maiores jogadas diplomáticas da história. Uma vez assinado o tratado, a costa ocidental da América do Sul foi oficialmente "descoberta" por Pedro Álvares Cabral.

Na época da assinatura do tratado, já D. João II conseguira um grande feito — quase milagroso: a moeda portuguesa, que não tinha qualquer valor quando ele ascendera ao trono, era agora a mais forte da Europa. A Igreja e o banco dos Medicis haviam sido totalmente ressarcidos da dívida, readquirindo o Estado o direito de cobrar impostos. Pela primeira vez desde o início das explorações portuguesas, duas gerações antes, o Estado era suficientemente rico para poder financiar as expedições, em vez de ser obrigado a vender os direitos de exploração a aventureiros privados.

D. João tinha conseguido tudo isso através da remessa de grandes quantidades de ouro provenientes do território que é hoje Gana, na África Ocidental. Para tanto, havia criado um estilo radicalmente diferente de tratamento com os chefes tribais africanos. Pertencia já ao passado o tipo de comportamento típico dos corsários, dos piratas, que consistia no rapto e no pedido de resgate de crianças de famílias reais, ou seja, o comércio feito de ameaças. Em vez disso, membros da nova nobreza foram enviados como embaixadores, que, envergando uniformes de gala e munidos de cartas régias, prometiam respeito e dirigiam saudações amigas. Ao contrário do mito popular, esses homens, incluindo Vasco da Gama, não eram navegadores. Os próprios navios estavam a cargo de comandantes e pilotos da marinha.

D. João enviou Diogo de Azambuja para negociar com os chefes ganeses. Que o embaixador era um homem de paz teria ficado claro no próprio fato de ser diminuído físico. Viajantes anteriores tinham finalmente encontrado a origem do ouro que ia parar nas mãos dos árabes do norte da África. As areias aluviais, na região onde hoje se situa Acra, continham enormes quantidades daquele metal precioso. Peneirar o ouro em pó era uma tarefa fácil e econômica. Além disso, mais ouro foi trazido do interior para a costa pela grande tribo ashanti, radicada ao norte.

Diogo apresentou suas credenciais. Os chefes, envergando togas, empunhando bastões enfeitados com ouro e fazendo-se acompanhar dos filhos e subchefes, reuniram-se em conselho, sentados em bancos dourados, para ouvir e analisar a proposta de D. João, que pretendia implantar um entreposto comercial e conseguir para os portugueses o monopólio do comércio daquele metal. Os chefes ficaram impressionados com a cortesia e discrição dos portugueses, atitudes que contrastavam bastante com a generalidade dos europeus nos poucos contatos anteriormente realizados. Consideraram aceitáveis as propostas, tendo sido, então, assinado um acordo.

D. João II enviou uma frota constituída por nove caravelas e dois barcos bojudos, que transportavam um castelo de pedra pré-fabricado, um armazém e uma capela. Construídos em Portugal, foram depois desmantelados, tendo sido cada bloco numerado e inscrito numa planta. Com esta carga original, viajaram cem pedreiros e carpinteiros, que recrutaram mão de obra local para ajudá-los a reconstruir os edifícios. Com o tempo, Acra passou a ser um município português — a primeira cidade europeia fora da Europa. Seu principal monumento, chamado Castelo de São Jorge, ainda hoje constitui um marco de referência.

Acra era conhecida dos portugueses como São Jorge da Mina. O ouro era enviado dali para Lisboa pelo menos uma vez por mês. Na praça do Comércio, na zona ribeirinha junto ao Tejo, D. João mandou construir, ao lado do seu palácio, a Casa da Mina para armazenar o ouro. Além de receber pessoalmente cada carregamento, o rei assinava e selava as guias de remessa. De vez em quando, surtos de pirataria da parte de navios franceses e flamengos atacavam as caravelas que transportavam o ouro para Lisboa. Pelo menos uma vez, um dos barcos piratas, levando a bordo um piloto português rebelde, para os guiar até a rota principal, apossou-se de dois mil dobrões de ouro. Em determinado momento, o governador de São Jorge da Mina informou Lisboa de que havia cerca de cinquenta embarcações piratas flamengas, francesas e inglesas rondando o porto. Apesar disso, por volta de 1500 a quantidade de ouro anualmente recebida somava mais de 400 quilogramas. Se um português que trabalhasse em São Jorge da Mina fosse pego fazendo contrabando de ouro, sofria penas duríssimas. Todavia, cada um tinha direito a gastar parte do salário — sendo o montante regulado de acordo com o posto ocupado, militar ou civil — na compra de ouro nos mercados africanos. Sua legalidade era certificada mediante o pagamento de um emolumento junto da repartição de Finanças de São Jorge da Mina. Podiam, posteriormente, enviar o ouro para a Casa da Mina, onde era adquirido pelo tesouro. Muitos deles amealharam fortunas consideráveis.

O ouro arrecadado nos cofres reais destinava-se a ser aplicado na concretização do denominado Grande Plano, que, pelo sigilo que o rodeava e pela destruição de muitos dos arquivos oficiais no incêndio que se seguiu ao terremoto de Lisboa, impede que se conheça com precisão quando foi concebido. Sabe-se, no entanto, que era um plano grandioso e ousado. No resto da Europa, a principal fonte de riqueza era o comércio das especiarias vindas do Oriente. Embora Gênova tivesse algum papel neste comércio, ele era, no entanto, dominado pelos venezianos, que, à custa dos lucros, tinham construído sua magnífica capital e criado um império que se estendia da Dalmácia, até a costa do mar Negro. Embora apadrinhassem menos as artes visuais do que Florença, contribuíram, no entanto, generosamente para o desenvolvimento das ciências naturais. Destacaram-se, sobretudo, na anatomia e medicina. Um jovem médico português foi enviado, pelo rei, para Veneza, com o objetivo de ali frequentar aulas de anatomia, tendo regressado a Lisboa com um exemplar do primeiro manual europeu dedicado à matéria. Há quem considere provável que o primeiro texto de anatomia conhecido na Inglaterra tenha sido uma cópia desse exemplar, adquirido em Lisboa por médicos ingleses de passagem pela cidade.

O que veio a contribuir para a grande divergência dos venezianos foi sua aversão à ciência árabe, o que se compreende do ponto de vista emocional. Enquanto, em Alexandria, os árabes eram os intermediários no comércio de especiarias, constituindo, nesse caso, o elo essencial entre o Oriente e a Europa, enquanto povo, era o seu inimigo figadal.

Foi na cultura árabe que muitos dos grandes cientistas judeus da época alicerçaram seu saber secular. Embora os árabes os tivessem hostilizado, eles consideravam, no entanto, que não se tratava de aprender com o inimigo. Em tempos mais felizes, os judeus tinham prestado uma excelente colaboração, idêntica à dos muçulmanos. Embora o árabe fosse a língua utilizada, o corpo de conhecimentos pertencia tanto aos judeus como ao islã. Esporádicos motins antijudaicos ocorridos na Espanha deram a D. João a excelente oportunidade de ali recrutar destacados intelectuais judeus para o seu Conselho de Sábios. Por decreto real, foi dado aos judeus um belo espaço numa colina de Lisboa, onde viria a ser construída uma sinagoga. Com a mesma finalidade, foi-lhes oferecido também um terreno pelos cavaleiros da Ordem de Cristo, nas imediações do seu quartel-general, em Tomar. Como D. João era o grão-mestre da ordem, foi sob a sua insígnia dos cavaleiros de Cristo, a cruz dos templários, que os barcos portugueses das descobertas se fizeram ao mar.

Na ordem de precedência para as cerimônias formais da corte, foi dado ao rabino-chefe a dignidade hierárquica idêntica à do cardeal. O tesoureiro real era judeu, assim como o médico do rei, Mestre Rodrigo — um notável erudito, cujos conhecimentos iam muito além da medicina. A eles se juntou

José Visinio, o eminente matemático da grande Universidade de Salamanca, que, tendo presidido ao exame feito a Cristóvão Colombo, o rejeitou, classificando-o de charlatão.

Os árabes, por sua vez, tinham baseado seu conhecimento secular na sabedoria dos gregos antigos. Como já foi dito, as obras de todos os grandes filósofos gregos foram traduzidas para o árabe, muito antes de os europeus ocidentais terem conhecimento delas através do latim. Como a língua grega era quase desconhecida no Ocidente, muitas delas surgiram a princípio em retraduções do árabe. Este tesouro de saberes foi muito enriquecido pela secular experiência judaica e, depois, pelos conhecimentos adquiridos pelos portugueses.

Talvez a colaboração mais importante tenha constituído na defesa da existência de um oceano — o Índico — entre a costa oriental da África e as costas ocidentais da Ásia. Até então, mesmo após as viagens de Marco Polo, pensava-se que o rio Nilo tinha um segundo estuário, na costa atlântica da África Ocidental, e que, para leste, a África integrava uma área continental ininterrupta, que terminava no mar da China.

O rei e seus sábios decidiram enviar um espião por terra, até Aden, o local onde Marco Polo e seus companheiros retrocederam com medo de terem de embarcar num navio árabe para poderem prosseguir viagem. A missão do espião não pode ser a de retroceder, mas continuar. Se as conjecturas dos sábios estavam corretas, ele alcançaria a Índia. O homem escolhido para esta missão foi Pêro da Covilhã.

Capítulo IX
Pêro da Covilhã, o mestre espião

Conhecemos Pêro da Covilhã, o mestre espião português do século XV, através do relato feito pelo capelão real, o padre Francisco Reis. A razão que o levou a escrever esse relato é que, embora Pêro da Covilhã tenha enviado para Portugal informações pormenorizadas consideradas essenciais no negócio das especiarias orientais por parte dos portugueses, o fato é que ele não regressou a Portugal. Então, o rei D. João II enviou o padre Francisco com a missão de o encontrar, o que ele, como se verá, conseguiu.

O fato de Pêro da Covilhã não ter apelido — Covilhã, sua terra natal, é uma cidade situada nas terras altas do país — pode indiciar que ele era um plebeu. Seu caso constitui um exemplo marcante de como a corte escolhia seus colaboradores, mais pelo critério de competência do que da nobreza. Esta não era, no entanto, a situação que ele havia conhecido nos primeiros anos da fase adulta. Ao constatar que todas as oportunidades lhe tinham sido recusadas no seu próprio país, foi para Sevilha com o objetivo de integrar a Casa de D. Afonso, duque de Medina Sidônia, governante da Andaluzia. Além do andaluz, aprendeu também o castelhano e, mais importante para a sua carreira, o árabe — embora os árabes já não dominassem a região, muitos deles aí tinham ficado, fiéis à sua língua e religião.

Não se sabe ao certo como seu nome terá chegado ao conhecimento da corte portuguesa, mas sim que se tornou seu membro depois de ter vivido sete anos em Sevilha. Devido, em grande parte, ao fato de falar fluentemente árabe, foi por duas vezes enviado como embaixador para o norte da África. Da primeira vez foi a Tlencin, na época, o centro de produção de tapetes finíssimos, que os mercadores de Fez compravam para os enviar em caravanas de camelos, através do deserto, até a África Ocidental, onde eram trocados por escravos. No reinado de D. João II, os portugueses tinham praticamente perdido interesse no comércio de escravos. Anos de oposição, por parte de certos setores da Igreja, haviam deixado marcas fortes na consciência de alguns mercadores, enquanto outros consideravam o comércio do ouro bem mais lucrativo. Para os comerciantes da África Ocidental, os tapetes de Tlencin continuavam a ser o produto preferido para a troca, quer se tratasse de escravos ou de ouro. A missão de Pêro da Covilhã era persuadir o emir, Abu Tabé Muhammad, a conceder a Portugal o monopólio do comércio dos tapetes, uma missão bastante difícil, já que, formalmente, estava em guerra com Portugal. Pêro trouxe-lhe uma carta de paz enviada pelo rei e, no espaço de algumas semanas, o acordo foi firmado.

A segunda missão foi junto ao rei Mulachik, de Fez. Como já foi relatado, o infante D. Henrique, o Navegador, na sua segunda e última viagem ao exterior, tinha deixado como refém, em Tânger, seu irmão mais novo, D. Fernando. Na opinião dos norte-africanos, o infante violara os termos do acordo. O corpo de D. Fernando tinha sido visto pela última vez pendurado de cabeça para baixo nas muralhas de Fez. A recuperação dos seus restos mortais tornara-se uma causa importante para o orgulho nacional português. Foi pouco apropriado, no entanto, o modo como Pêro da Covilhã abordou este desafio pretensamente diplomático. Raptou sete mulheres e alguns filhos de Mulachick, que trocou, depois, pelos ossos de D. Fernando.

No regresso a Portugal, levou a cabo uma tarefa que lhe havia sido confiada pelo duque de Beja, a compra de cavalos árabes.

A esta altura, Pêro já aperfeiçoara seu árabe falado, mais precisamente o dialeto utilizado no noroeste africano, a ponto de ser facilmente considerado um deles. Também se tinha familiarizado, no decurso das suas viagens ao norte da África, com o modo de viver dos árabes e dos berberes.

Tinha 40 anos e fora já promovido a cavaleiro da Guarda Real. De acordo com o relato do padre Francisco, foi chamado a Santarém, pelo rei D. João II, para tentar encontrar "as fontes da canela e de outras especiarias do Oriente, bem como a rota utilizada para fazê-las chegar a Veneza". Numa mansão privada, em Santarém, foi-lhe dado, em grande sigilo, pelos membros do Conselho dos Sábios, um curso intensivo de cosmografia, geografia e outras matérias afins. Tudo isso se passou na provincial cidade de Santarém, e não em Lisboa, para evitar a presença de estrangeiros.

A 17 de maio de 1487 — cinco anos antes de Colombo partir de Cádis para o oeste —, Pêro da Covilhã pôs-se a caminho, a pé, saindo de Santarém em direção ao Leste, à procura da Índia. Na última audiência, o rei deu-lhe 400 cruzados e uma carta de crédito "para todos os territórios do mundo", garantida por Bartolomeu Maschioni, gerente da filial em Lisboa do banco dos Medicis, sediado em Florença.

Em Valência, Pêro comprou uma passagem com destino a Barcelona, de onde embarcou para Nápoles, tendo sido recebido por elementos da filial dos Medicis, que lhe arranjaram uma passagem para a ilha de Rodes, o ponto mais oriental da cristandade. Sete anos antes, os portugueses tinham construído um mosteiro fortificado na ilha. Os monges guerreiros aguardavam-no, com roupas iguais às utilizadas pelos mercadores do Magrebe e um barco carregado de mel.

O papa Júlio tinha avisado Portugal, em tom enérgico, para não enviar uma delegação comercial ao Egito, com o argumento de que aquele território se encontrava na esfera de influência de Veneza. Pêro, então disfarçado, zarpou de Rodes e atravessou o mar até Alexandria, o principal porto de carregamento de especiarias e outros produtos orientais com destino a Veneza. Na cidade, lutando contra uma epidemia, havia muita gente doente com febre. Antes de ter chance de comercializar o mel que levava, Pêro foi vítima da epidemia, tendo sido dado como morto. Segundo a lei local, em caso de morte de alguém que estivesse de visita à cidade, o emir de Alexandria tinha o direito de ficar com todos os haveres que essa pessoa tivesse. Quando recuperou, o emir já tinha vendido o mel. No entanto, indenizou Pêro com uma quantia em dinheiro, que, mais tarde, ele utilizou para comprar novas mercadorias e um lugar numa caravana de camelos para o Cairo.

O florescente bazar do Cairo já tinha sido encerrado há muito para os europeus, mas Pêro encontrou ali mercadores de muitas outras nacionalidades e raças. Passou, facilmente, por comerciante do Magrebe, tendo obtido informações sem levantar qualquer espécie de suspeita. Foi lá, já depois de iniciada a viagem, que pela primeira vez se encontrou com comerciantes indianos de especiarias, que, tendo subido a costa indiana, até o Iêmen, dali tinham prosseguido, mar Vermelho acima, em direção ao Egito. Ao saber que um grupo de mercadores provenientes de Fez se dirigia para o Iêmen, juntou-se a eles. Partiram na primavera de 1488, quatro anos antes de Colombo iniciar sua viagem.

Cinco dias depois, a caravana de camelos chegou à cidade de Suez. Daí, viajou de barco até a Tor, onde aportou uma semana mais tarde. Verificou que se tratava de uma localidade miserável, situada em redor de um mosteiro maronita de armênios e gregos, isolados há muitas gerações dos seus irmãos cristãos pelas guerras religiosas do Oriente Médio.

Era também o principal porto de escala para mercadorias provindas do Oriente e de mercadorias europeias com destino àquelas terras. Os produtos eram embarcados em *dhows*, com cerca de 20 a 30 toneladas, cujos costados eram seguros por cordas, sem pregos. Não tinham convés e a carga ficava protegida do sol por folhas de palmeira. Cada barco estava equipado com escasso massame e um único mastro, com uma vela latina. Navegavam muito carregados, de tal modo que a água ficava a poucos centímetros do topo das amuradas. Foi ao ver essas embarcações que Marco Polo e seus companheiros retrocederam, afastando-se das margens do mar Arábico, apavorados com a ideia de terem de embarcar numa delas. Pêro adquiriu uma passagem.

O *dhow* navegou para o Leste, com destino a Cananor, na costa ocidental da Índia. Pêro encontrou um grande porto, com um enorme movimento de barcos provenientes de Aden, na Pérsia, e de vários outros e distantes pontos da Ásia. O mercado da cidade tinha uma copiosa abundância de gengibre e especiarias. De acordo com o que lhe foi dito pela população local, Cananor não passava de uma pequena cidade comercial quando comparada com as grandes metrópoles de Calicute, na costa, mais ao sul.

Pêro chegou a Calicute no Natal de 1488. A cidade não possuía porto natural e os navios que ali faziam escala, quer fossem *dhows* do tipo em que Pêro viajara, ou os grandes juncos chineses, tinham de ser arrastados para a praia. Calicute era a capital do reino do samorim. No meio do primitivismo e da miséria, Pêro foi surpreendido por uma opulência deslumbrante. Com os dedos das mãos e dos pés recheados de rubis e as orelhas incrustadas de joias, o rei era levado em procissão através das ruas numa padiola revestida de ouro, rodeado pelos cortesãos brâmanes, muitíssimo perfumados e montados em elefantes resplandecentes com pedras semipreciosas. O rei permitiu aos muçulmanos que, no seu enclave, fossem praticamente autônomos, regendo-se pela lei islâmica, sob a jurisdição dos seus próprios juízes. Havia também mercadores de cerca de uma dezena de outros países, incluindo o Ceilão, Coromandel, Birmânia, Malaca, Sumatra, Bengala e Bornéu.

No mercado encontrava-se um espantoso aparato de artigos, quase todos, no entanto, muito caros. A pimenta, tão cobiçada pelos paladares europeus, era cultivada localmente. Grande parte do que ali estava era transportada em barcos de mercadores estrangeiros. Pêro viu cânfora, goma-laca, noz-moscada, tamarindo e canela, além de vastas quantidades de porcelana chinesa, diamantes, safiras, rubis e pérolas.

Para adquirir os produtos e transportá-los em seguida para a Europa, os mercadores do Oriente Médio, que serviam de intermediários entre o Oriente e o Ocidente, faziam deslocar os *dhows*, nos meses de agosto e setembro, para aproveitarem os ventos das monções, regressando em fevereiro. Vinham carregados com as mercadorias que os orientais apreciavam. De acordo com Pêro, havia copra, mercúrio, terra-de-siena queimada e outros pigmentos, coral-vermelho, açafrão, água de rosas, painéis de madeira pintada, facas, prata e ouro.

A Goa, para a qual Pêro agora se encaminhava, faltava o encanto de Calicute, mas tinha mais atrativos para os portugueses, caso pretendessem instalar um entreposto comercial na Índia. O resto da costa era povoado por hindus e governado por reis brâmanes. Goa era uma ilha, e já na época uma colônia estrangeira, nas mãos de muçulmanos. Para uma nação cristã europeia, enfrentar os hindus não teria sido impossível do ponto de vista militar, era certo que provocaria inimizades e impediria o comércio. Por outro lado, derrubar os usurpadores estrangeiros muçulmanos poderia muito bem constituir um prelúdio feliz para a instauração de boas relações com os hindus.

Pêro atravessou, então, o oceano Índico em direção à costa leste da África. Era, talvez, o início da mais importante de todas as tarefas. Ao contrário do consenso então generalizado, em Santarém, o rei D. João II e seu Conselho de Sábios tinham concluído que a África estava rodeada por mar. Consequentemente, teria de haver um ponto mais setentrional, com possibilidade de ser contornado. Da sua descoberta tinham encarregado o grande comandante Bartolomeu Dias. A tarefa não menos heroica de Pêro da Covilhã era descobrir a rota que ia da África Setentrional até a fonte das especiarias do Oriente. Ajudado pela monção de verão, navegou via Melinde e Mombaça, descendo até o canal de Moçambique e regressando em seguida. Chegou ao Cairo antes do final de 1489. Tinha com ele cartas marítimas, mapas terrestres e medições feitas com astrolábio, que entregou ao mensageiro do rei, o rabino Abraão, vindas de Beja, cidade situada no sul de Portugal. O rabino tinha sido escolhido para essa tarefa porque, além de ser um reconhecido cartógrafo e cosmógrafo, também ele podia facilmente passar por árabe. Recolheu informações pormenorizadas de Pêro, tendo regressado a Portugal em 1490, dois anos antes de Colombo largar de Cádis, em busca da Índia.

Bartolomeu Dias, que tal como Pêro era um homem do povo, tinha largado de Lisboa no comando de três caravelas em 1487. Alcançou Elizabeth Bay, na África Setentrional, a 26 de dezembro. Dez dias depois, levantou-se uma enorme tempestade, arrastando os barcos portugueses para o Sul durante vários dias. Quando amainou, Bartolomeu Dias navegou para o Leste, com a esperança de atingir de novo a costa africana. Como não surgiu, no entanto, qualquer orla costeira, mudou de rumo em direção ao Norte. Após alguns dias, apareceu-lhe a costa africana do lado oeste. Bartolomeu Dias e seus homens contornaram o denominado cabo das Tormentas, sem nunca, no entanto, o terem visto, e desembarcaram numa baía dita dos Vaqueiros. Apesar de o navegador português ter consigo intérpretes vindos do Congo, não conseguiu comunicar-se com eles. Os vaqueiros retiraram-se e voltaram armados de lanças para atacá-los. Os portugueses prosseguiram viagem em direção a um território que, mais tarde, ficou conhecido pelo nome de Rio do Infante. Lá, a tripulação informou-o de que já não aguentava mais. Bartolomeu Dias decidiu, então, fazer uma votação entre os oficiais, que concordaram unanimemente com a tripulação. Regressaram a Portugal, onde chegaram pouco antes de o rabino Abraão ter voltado do Cairo. Os roteiros de Bartolomeu Dias, do Atlântico para o Índico, "casavam" quase perfeitamente com a rota de Pêro da Covilhã do sudeste da África até as Índias.

Pêro da Covilhã não regressou a Portugal. No Cairo, o rabino Abraão tinha-o incumbido de uma nova missão confiada pelo rei: ir à procura do lendário Preste João. Na imaginação popular europeia, durante, talvez, uns dois séculos, o Preste João parecia-se com um dos grandes imperadores do universo exterior presentes na ficção científica atual. À medida que as forças muçulmanas assolaram a Europa Oriental, chegando, como vimos, a estar, em certo momento, a cerca de oito quilômetros de Paris, crescia a esperança de que o imperador cristão, Preste João, lançasse pela retaguarda um ataque contra os muçulmanos. Sem qualquer feito digno de registro, foi transformado em mito, quase endeusado. Um mapa, com a descrição do seu suposto reino, tinha sido publicado em Viena, no ano de 1185, referenciando-o como o Grande Senhor de Todas as Índias. Era o rei de dezenas de reis. Seu palácio, de cristal, tinha os assoalhos de mosaicos de pedras preciosas e o telhado era sustentado por pilares de ouro. No pátio, havia uma fonte de juventude eterna. Preste João sentava-se num trono de ouro, rodeado por leões, tigres, lobos, grifos e unicórnios. Tinha serpentes, cuja cor mudava de branco para preto quando cuspiam fogo, e elefantes que se transformavam em golfinhos ao tocarem na água.

O que mais interessava os europeus era o que se dizia ser a sua força militar: dez mil soldados de cavalaria e cem mil de infantaria, cada um empunhando a cruz em uma das mãos e, na outra, a espada. Na opinião de pelo menos um historiador, este culto servia a um propósito altamente eficaz, já que, sem ele, a cristandade poderia ter sido facilmente absorvida pelo islamismo. Foi isto que salvou os europeus do desespero e da capitulação, dando-lhes tempo para reagruparem suas forças e, depois, reconquistarem as nações.

Em 1439, uma delegação portuguesa dirigiu-se a Florença para participar da conferência ecumênica convocada pelo papa Eugênio IV. Quando do seu regresso a Lisboa, o rei foi informado do seu encontro com um grupo de abissínios de raça negra, que, segundo eles, eram governados por um rei-sacerdote, João, o Presbítero. Um mês depois de Pêro da Covilhã ter partido de Lisboa, o rei recebeu um relatório do seu embaixador em Roma, segundo o qual um grupo de sacerdotes abissínios, que tinha ali erguido um mosteiro, havia confirmado a um diplomata português que era governado por um rei-sacerdote cristão, mas que se chamaria Lucas Marco. Pensava-se que o seu reino se situava na nascente do Nilo. Antes de Bartolomeu ter partido de Lisboa para a sua viagem histórica, em que dobrou o cabo da Boa Esperança, o rei D. João mandou-o levar também um casal negro congolês, um homem e uma mulher que tinham sido adotados pela corte portuguesa. Seguindo as instruções do rei, Bartolomeu Dias largara-os em terra, provavelmente no território que é hoje o Zaire, com o objetivo de viajarem para o interior e tentarem localizar a nascente do rio. Regressaram à costa vários anos mais tarde, onde foram recolhidos por um barco português que por ali passava. Não haviam encontrado ninguém que alguma vez tivesse ouvido falar no rio Nilo.

Em 1515, Pêro da Covilhã ainda não voltara do seu périplo em busca do Preste João. Os exploradores portugueses já tinham, a esta altura, subido a costa da África Oriental, onde foram informados, pela população local, da localização aproximada do reino cristão. O padre Francisco desembarcou num porto situado na ponta setentrional do mar Vermelho. Com ele trazia uma carta de cumprimentos do rei D. Manuel para o rei abissínio, assim como presentes, incluindo crucifixos, tapeçarias retratando cenas bíblicas, um punhal incrustado de joias e um órgão de igreja, portátil.

O padre Francisco caminhou pela montanha ao longo de quatro meses. O embaixador que, a mando do rei, o acompanhava desde Portugal, já tinha morrido de febre. O mesmo veio a acontecer ao seu guia etíope. Não havia caminhos por onde seguir, somente leitos de rio secos. O campo estava cheio de predadores selvagens: leões, leopardos e lobos. Encontrou um grupo de monges itinerantes que aceitaram indicar-lhe o caminho. Após cerca de duas semanas de viagem, chegaram ao mosteiro e recusaram-se a levá-lo até a capital. Teria de esperar pela chegada do bispo, disseram-lhe os monges. "Com que frequência costuma vir aqui?", perguntou. "Há muitos anos que não vem", responderam. O padre Francisco pôs-se a caminho sozinho, comprando a comida que ia encontrando pelas aldeias. De acordo com seu próprio relato, as refeições consistiam em farinha de cevada crua misturada com água e regada com licor de mel bebido em chifres de boi. Acrescentou ainda que as populações utilizavam excremento de vaca para dar mais sabor à sopa e comiam tetas de vaca mastigadas, como se fossem maçãs. Ladrões roubaram-lhe toda a bagagem, incluindo as espadas. Enfrentou violentas tempestades e foi vítima de apedrejamento em algumas aldeias.

Quando finalmente chegou à capital, o rei mandou alojá-lo numa tenda e serviu-lhe comida, recusando-se, no entanto, a recebê-lo. Passados dois meses, foi acordado durante a noite para ir à presença do rei. Ainda antes de chegar ao portão real, encontrou outros mensageiros dizendo-lhe que Sua Majestade tinha mudado de ideia. A paciência do padre Francisco acabou, no entanto, por ser recompensada. Após mais uma longa espera, disseram-lhe que Pêro da Covilhã vivia ali por perto, e que podia visitá-lo.

Encontrou Pêro da Covilhã numa grande mansão rural, proprietário de vastas terras que se estendiam por milhares de hectares. Tinha um número de mulheres sem conta, cavaleiros e escudeiros abissínios ao seu serviço, magníficos cavalos e uma matilha de cães para caçar. Foi nesse cenário de opulência pastoral que Pêro da Covilhã recebeu o sacerdote, o primeiro português que encontrava com mais de 15 anos, provavelmente. Aproveitou a oportunidade para se confessar e receber a absolvição, já que, segundo ele, qualquer confissão feita a um padre local chegava rapidamente ao conhecimento de todos os vizinhos. O padre Francisco, notavelmente livre de qualquer preconceito, sugeriu, no entanto, que era chegado o momento de Pêro da Covilhã regressar a Lisboa e retomar a relação com a sua mulher legítima. Pêro respondeu que gostaria de o fazer, mas que, infelizmente, se encontrava em prisão domiciliar, proibido de regressar.

O padre Francisco elogiou o fato de, pelo menos, ele ensinar português à sua nova família e regressou a Lisboa de mãos vazias.

Tem-se muitas vezes a ideia de que a aventura portuguesa na África Oriental terminou desse modo. Não é o caso. A desilusão provocada pela realidade do rei-sacerdote foi compensada pela descoberta de vastíssimas quantidades de ouro na África Oriental. Os portugueses mantiveram em segredo do resto da Europa a existência das minas do rei Salomão, tendo lucrado grandemente com elas.

Capítulo X
Vasco da Gama e o senhor dos oceanos

Milhões de pessoas, incluindo algumas que nunca ouviram falar de Portugal ou que o julgam fazendo parte da Espanha, conhecem os feitos de Vasco da Gama: como este grande navegador zarpou de Lisboa, na sua caravela, em direção ao desconhecido, tendo descoberto por acaso a Índia. Essa visão tradicional da sua proeza é, no entanto, tão verdadeira como dizer, por exemplo, que os Estados Unidos lançaram uma nave ao espaço, e que, de repente, a tripulação percebeu que pousava na Lua.

Vasco da Gama não era marinheiro e possuía escassos conhecimentos da arte de navegar. Como vimos, a Índia e sua localização já tinham sido descobertas por Pêro da Covilhã. Vasco da Gama foi ali levado pelo comandante Pêro de Alenquer, que o havia anteriormente guiado no contorno do cabo da Boa Esperança. Longe de ser uma aventura, raras terão sido, de fato, as viagens, anteriores ou posteriores, tão meticulosamente planejadas e preparadas como esta. Vasco da Gama viajou para o Oriente como primeiro embaixador de Portugal junto à corte do samorim, o Senhor dos Oceanos, em Calicute. Poucos europeus tinham anteriormente se aventurado a ir à Ásia e nenhum deles foi encarregado de negociar o primeiro tratado entre um monarca ocidental e um oriental.

Vasco da Gama viria a sofrer muitos reveses e contratempos. Também raramente se esqueceu de que não era explorador, mas diplomata. Sua verdadeira façanha era mais corajosa, e mais notável, do que vulgarmente lhe é atribuído — lançou os primeiros alicerces do que o professor Charles Boxer, historiador inglês que estudou as aventuras dos portugueses além-mar, classificou como "o império marítimo". No século que se seguiu à sua maior epopeia, os portugueses — cujo número não ia além do milhão e meio — vieram a ser a potência dominante sobre uma vasta região que se estendia do Brasil ao Japão. O português chegou a substituir o árabe como *língua franca*. Os navios portugueses não só tinham praticamente o monopólio do comércio entre a Ásia e a Europa, mas constituíam de longe a maior frota mercante e de guerra do oceano Índico e do mar da China. Houve portugueses entre os conselheiros do imperador da China. Construíram fortes no Bahrein, na Pérsia, na fronteira noroeste do Paquistão, no Japão, e em mais duas dezenas de outros lugares. Durante um longo período, chegaram mesmo a monopolizar o comércio entre a China e o Japão. Em terra, não tinham qualquer ambição colonial, mas construíram uma série de cidades portuguesas, desde Recife, na América do Sul, até Mombaça, na África Oriental; de Goa, na Índia, e Malaca, na Malásia, até Macau, no estuário do rio das Pérolas, ou o porto de Nagasaki, no Japão.

A Grã-Bretanha tornou-se um poder colonial na Índia graças à oferta de Bombaim como dote de Portugal ao rei Carlos II. Em 1949, um ano após a independência da Índia, o historiador indiano, professor K.M. Pannikar, publicou seu magistral obituário dedicado ao imperialismo europeu na Ásia, entre 1498 e 1945, em que classificou esse período de quatro séculos e meio não como a era do *Raj* (domínio) britânico, como muitos defendem, mas, antes, a era de Vasco da Gama, na qual a presença britânica não foi mais do que um mero episódio, que culminou com a vitória americana no Japão, por ocasião da batalha travada pela supremacia naval no Pacífico.

O grande rei D. João II morreu em 1495. Seu único filho legítimo tinha morrido quatro anos antes, ao cair de um cavalo. Segundo as leis da sucessão, o trono passou para o seu primo, D. Manuel, com 26 anos e que, até então, fora bastante marginalizado. Um dos primeiros atos de D. Manuel como rei foi repor nas boas graças da corte a família Bragança, juntamente com vários outros nobres que se tinham oposto ao seu antecessor. Apoiados por uma maioria nas cortes, instaram-no a abandonar as aventuras além-mar: "Sua Majestade deveria contentar-se com o que tem", disseram.

Tem sido frequentemente dito que, entre o regresso de Bartolomeu Dias, em 1490, e a saída de Vasco da Gama em 1497, os portugueses não efetuaram nenhuma viagem de exploração. É certo que não existe qualquer registro oficial de que tal tenha acontecido, mas as provas circunstanciais em contrário são notórias. O historiador português Armando Cortesão descobriu o livro de encomendas de uma padaria, então existente perto dos estaleiros de Lisboa, onde se registra, ao longo desses sete anos de pretensa inatividade, o fornecimento de biscoitos de bordo para mais de uma centena de viagens.

Essas viagens destinavam-se, em parte, a explorar ainda mais e a definir melhor a rota da Europa para a Índia. Que o fizeram, pelo menos até Sofala, está implícito no diário de bordo de Ahmed ibn Madjiid, um piloto árabe da costa oriental da África. Escreve ele: "Em Sofala, os barcos europeus esbarraram nos ventos de monção. As vagas atiraram-nos contra as rochas afiadas. Os marinheiros mergulharam nas ondas e os navios afundaram-se. Em 1495, chegaram lá navios europeus, após uma viagem que durou dois anos, e cujo destino era obviamente a Índia." Iriam também experimentar e pôr à prova concepções de navio radicalmente diferentes, a fim de produzir uma nova geração de embarcações capazes de transportar cargas muito mais pesadas e atingir velocidades mais elevadas. Este projeto foi dirigido por Bartolomeu Dias. Os avanços por ele arquitetados foram de tal ordem que tornaram a caravela, modelo com que tinha dobrado o cabo, praticamente obsoleta. Ele configurava o antecessor imediato do galeão, o "barco redondo", que era muito maior, com capacidade para 500 a 600 toneladas. Tinha três mastros: dois com velas redondas, para dar mais velocidade, e uma vela latina, para ajudar a navegação. A ponte de comando havia sido deslocada mais para a frente, para atrás da proa. No convés superior, na parte traseira, foi montada a arma secreta que Portugal tinha acabado de inventar: os canhões de carregar pela culatra, de tiro rápido, que podiam disparar morteiros numa trajetória quase horizontal. Isso demonstrou ser uma arma dissuasora impressionante e eficaz. Poucos se atreviam a enfrentar em batalha a marinha portuguesa após terem visto umas salvas disparadas com grande precisão, sibilando sobre o mar.

O rei D. Manuel tinha herdado, juntamente com o trono, o grande plano de D. João II, e igual determinação em levá-lo a cabo. Foi capaz de fazer frente à velha aristocracia e às cortes, já que a viagem não era financiada pelos impostos, mas a partir dos rendimentos régios provenientes diretamente das minas de ouro de Gana.

A extraordinária missão de chegar ao Senhor dos Oceanos tinha sido inicialmente confiada, pelo rei, a Estêvão da Gama, mas este morreu antes de os preparativos estarem concluídos. O rei pediu a Paulo, o filho mais velho de Estêvão, que assumisse a tarefa. Paulo se eximiu por motivos de saúde, acrescentando ainda que, embora estivesse disponível para viajar com a expedição, o cargo de embaixador e o comando deviam ser entregues a seu irmão mais novo, Vasco, aliás, segundo ele, o mais apto dos dois. Paulo viria a morrer mais tarde, quase no final da viagem, apesar das tentativas desesperadas do irmão para o salvar.

Os Gamas integravam o grupo que José Hermano Saraiva denominou de "a pequena nobreza burocrática", criada por D. João II. Vasco nasceu em 1468, filho de um governador de província. Tinha revelado grande poder de decisão como oficial no Algarve, no porto de Lagos, onde apreendeu todas as embarcações francesas como represália por o governo daquele país não ter impedido a pirataria dos seus marinheiros contra os barcos portugueses. Era um dos homens europeus mais poderosos quando morreu, em 1524, como vice-rei da Índia.

Em Lisboa, Vasco foi provido de dois barcos "redondos", o *São Gabriel*, em que navegou, e o *São Rafael*, a bordo do qual ia seu irmão. Havia também uma caravela, para ser utilizada em missões de reconhecimento e fazer sondagens, assim como um grande barco de carga, carregado de mercadorias — têxteis, chapéus de seda, pegas de ferro e de bronze, pregos, contas de coral, pequenos sinos e outras bugigangas — que esperavam trocar por especiarias e pedras preciosas. Os barcos transportavam alimentos de emergência e rações de água, que segundo se calculava, chegariam para a tripulação sobreviver, caso fosse necessário, durante dois ou três anos.

A tripulação era constituída por um total de 170 homens, 56 dos quais regressariam com vida. Além de oficiais e marinheiros, incluía carpinteiros, para a manutenção e reparação dos navios durante a viagem, capelães, músicos, um intérprete árabe e um grupo de condenados em liberdade condicional. Estes últimos eram jovens aristocratas que tinham sido condenados a penas de prisão por crimes, geralmente de conduta violenta. Como era, na época, prática consagrada nas expedições portuguesas, eles aceitavam, como condição da sua libertação antecipada, arriscarem a vida, sendo, por isso mesmo, os primeiros a aportarem em qualquer país desconhecido. Ia também a bordo o cronista da expedição, Álvaro Velho, cuja tarefa consistia em escrever um roteiro, no qual foram registrados todos os dados referentes à astronomia e à navegação, para serem utilizados por futuros pilotos, além de constituir um documento de caráter valiosíssimo para todos nós, já que se trata de um relato vivo dos acontecimentos ocorridos, tanto a bordo como em terra.

Vasco partiu de Belém, das docas situadas na zona ocidental de Lisboa, na manhã de 8 de julho de 1497. Tinha jantado na noite anterior com D. Manuel, no mosteiro existente no local onde fica hoje o Mosteiro dos Jerónimos, e onde ele próprio se encontra sepultado. Tinha passado grande parte da noite na capela, com seus colegas oficiais. Transparece do roteiro de Álvaro Velho, desde o início, que esta aventura não foi feita ao acaso, mas que seguiu uma rota e um calendário predeterminados. Passada uma semana, alcançaram as Canárias dentro do tempo previsto. Viraram para o Sul, em Lanzarote, tendo aportado, a 27 de julho, no arquipélago de Cabo Verde, onde se reabasteceram de alimentos frescos. Chegados à latitude da Serra Leoa, apanharam, tal como esperavam, o vento de solstício, tendo sido empurrados para o Ocidente, traçando um arco até o cabo de Santo Agostinho, na costa que viria mais tarde a chamar-se Brasil. Em 22 de agosto, já navegavam ao sabor dos ventos do sul, seguidos durante parte do caminho por aves provenientes do continente sul-americano. Historiadores portugueses contemporâneos consideram que Vasco da Gama foi particularmente feliz e que seus pilotos iam muito bem industriados. Os navegadores portugueses tinham anteriormente seguido a costa sul-americana até onde se situa, hoje, a Argentina, a fim de apanharem os ventos que os levassem até o sul da África e os ajudassem a contornar a costa.

Atingiram a ilha de Moçambique no dia 29 de março de 1498, tendo sido esta a sua primeira experiência com o comércio e cultura árabes, que dominavam as costas do oceano Índico. Foi também o primeiro grande teste em relação aos dotes diplomáticos de Vasco da Gama. No porto, escreveu Álvaro, havia quatro barcos de "mouros brancos" (turcos e persas) que transportavam ouro, prata, pregos, pimenta, gengibre, pérolas, safiras e rubis em grande quantidade.

Os habitantes da cidade, anotou ainda, tinham uma tez castanho-encarniçada, e corpos bem-proporcionados. Vestiam-se bem, com túnicas de algodão listrado e turbantes debruados em brocado. A maior parte tinha sido convertida ao islamismo e o árabe era uma língua ampla e fluentemente falada. Dois dos condenados em liberdade condicional foram enviados a terra para se informar, caso não fossem atacados ou repelidos, da existência de cristãos na ilha. Tendo sido amavelmente recebidos, e até com alguma curiosidade, foi-lhes dito que a colônia de cristãos mais próxima se encontrava bem acima da costa da África Oriental, em Mombaça.

Através do seu intérprete, Vasco pediu uma audiência ao sultão, que lhe foi concedida. Recebeu-o de forma calorosa no seu palácio. Vasco da Gama presenteou o monarca com duas capas bordadas, com capuz, e trinta miticais de ouro. Em troca, o sultão pôs dois pilotos experientes à sua disposição para conduzir os portugueses até Mombaça.

No domingo, os portugueses deixaram os navios e foram nos barcos a remo até uma pequena ilha desabitada perto do porto, onde o capelão celebrou missa campal. No caminho de regresso aos navios foram subitamente atacados por homens bem-armados, que vinham numa dezena de barcos. Já a bordo do *São Gabriel*, o piloto moçambicano explicou que os portugueses tinham sido recebidos daquela maneira devido a um grande mal-entendido. A ninguém, em Moçambique, ocorrera a ideia de que os portugueses eram europeus pela simples razão de que os europeus nunca, até então, tinham sido vistos ali. Foram confundidos com norte-asiáticos, devido à cor da pele. O pedido de informação sobre a existência de cristãos tinha deixado expressa a ideia de que eram de religião hindu e que procuravam outros adoradores do deus Krishna. Foi com terror que o sultão e seus conselheiros os viram erguer um crucifixo e realizar uma cerimônia religiosa muito diferente de qualquer rito hindu. A constatação do fato foi, à sua maneira, tão aterradora como o seria, hoje em dia, uma invasão de extraterrestres. Por isso, o sultão ordenou que os matassem.

Sob a ameaça de serem torturados e lançados ao mar, os dois pilotos conduziram os portugueses até Mombaça sãos e salvos. Chegaram no Domingo de Ramos e lançaram âncora à entrada do porto. O governante enviou-lhes como presente um barco com três carneiros, laranjas e limões. Os portugueses tinham muita falta de carne fresca. Os novos barcos, bem mais amplos, permitiam que os marinheiros não tivessem de subsistir à custa de carne de vaca salgada e de porco em conserva. Levavam a bordo cabritos, galinhas e outros animais vivos, que iam matando de acordo com as necessidades. Nos portos de escala, reforçavam as provisões alimentares, ao mesmo tempo que se reabasteciam de água fresca. A fruta fresca era, então, devorada com voracidade. Muitos membros da tripulação estavam, na época, doentes com escorbuto e, tanto quanto era possível saber-se, as populações às margens do oceano Índico consideravam que o remédio consistia na ingestão de frutas cítricas. Embora os portugueses tivessem começado a se recuperar passados poucos dias, Álvaro preferiu, antes, atribuir o fato às propriedades curativas do ar.

Dois condenados em liberdade condicional foram enviados à terra, levando com eles fios de corais e uma mensagem, em árabe, de saudação e paz, assinada por Vasco da Gama. Os dois homens foram recebidos por uma enorme multidão, que os conduziu ao palácio. O xeque brindou-os de forma generosa e proveu-os de guias para conduzi-los à casa dos mercadores "cristãos", onde foi mostrada uma imagem de Krishna, que nitidamente não representava nem Cristo nem Nossa Senhora. Após um momento de perplexidade concluíram ser uma representação do Espírito Santo.

Ambos regressaram à frota portuguesa. Mesmo à saída do porto, os dois pilotos moçambicanos provocaram deliberadamente uma colisão lateral entre a nau *São Gabriel* e a nau *São Rafael*, aproveitaram-se da confusão que se seguiu para saltarem na água e escaparem, a nado. Vasco da Gama considerou que era chegada a hora de partir.

Em alto-mar, sem piloto, os portugueses avistaram dois *dhows* de bom tamanho, carregados de mercadorias e pessoas, e foram em sua perseguição. Um escapou, mas conseguiram apanhar o outro. Capturaram uma boa quantidade de alimentos frescos, um casal árabe idoso e aparentemente aristocrata, que viajava como passageiros, 14 tripulantes e um piloto. Utilizando um misto de ameaça e lisonja, conseguiram saber, através do velho nobre, que o monarca de Melinde, cidade situada costa acima, era um grande inimigo do sultão de Mombaça. Já que o inimigo do vosso inimigo, vosso amigo é, o piloto feito cativo conduziu-os até Melinde, que alcançaram depois de dois dias. Vasco da Gama mandou ancorar os navios à entrada do porto e colocar o velho aristocrata árabe num banco de areia, de onde foi mais tarde recolhido, numa canoa, pela população local.

Passadas algumas horas, era evidente que ele tinha passado a mensagem de saudação e paz de Vasco da Gama e havia falado em tom elogioso dos seus captores portugueses, porque o monarca lhes enviou seis carneiros, cestos com frutas e especiarias. Vasco da Gama libertou os prisioneiros. O monarca desceu à praia, acompanhado de uma orquestra para saudar os visitantes. Vasco, que não se deixava levar pelo sentimentalismo, fez refém um dos ministros do rei, que o foi cumprimentar a bordo, exigindo, como condição para a sua libertação, que arrumassem um piloto que conhecesse o caminho para a Índia.

O piloto era um guzerate de Bombaim. Os portugueses dirigiram-se a ele, na sua língua, chamando-lhe "Malemo Knaka", que significa navegador astrônomo. Ele guiou-os através de tempestades e atravessou o oceano Índico, fazendo com que chegassem a Calicute, a salvo, no dia 20 de maio de 1498.

Vasco da Gama enviou a terra dois dos condenados que estavam em liberdade condicional, João Nunes e Gaspar Correia. A primeira conversa conhecida entre europeus e indianos ocorreu entre eles e dois habitantes locais que falavam genovês.

— Que diabos estão fazendo aqui?
— Viemos à procura de cristãos e de especiarias.
— Foram enviados pelo rei de Castela, da França ou pelo doge de Veneza?
— Fomos enviados pelo rei de Portugal. Ele não permite que outros reis enviem gente para cá.
— Deus vos abençoe por terem vindo aqui.

O samorim, o Senhor dos Oceanos, estava no seu palácio de campo. Os dois portugueses iam informando as entidades oficiais da chegada do embaixador do rei de Portugal, que pretendia uma audiência com o samorim, para apresentar as suas credenciais. O samorim ficou tão movido pela curiosidade que regressou ao seu palácio em Calicute. Enviou um grupo de cortesãos e um palanque para a costa. Vasco da Gama saudou-os com uma salva de canhões e uma fanfarra de trombetas. "Foi acolhido com mais honras", escreveu Álvaro, "do que um rei é recebido na Espanha". Depois, montado num palanque, escoltado pelo irmão do governador de Calicute e por uma grande banda de músicos hindus, e acompanhado por um séquito de 13 portugueses, foi transportado através das ruas apinhadas de gente que lhes davam as boas-vindas. Foram levados, primeiro, a um enorme edifício que pensaram ser uma igreja, até verem, no seu interior, os falos altaneiros e as imagens de deuses e deusas, alguns deles, como anotou Álvaro, "com quatro ou cinco braços". No entanto, por respeito, ajoelharam-se para rezar — ainda que, como resmungou um oficial — "não a estes demônios, mas ao verdadeiro Deus".

Durante mais de meio dia, caminharam através de multidões que se estendiam ao longo do percurso. As pessoas do local convidavam os portugueses para comerem em suas casas, ao mesmo tempo que lhes pediam que se hospedassem em suas casas. Chegaram finalmente ao palácio, tendo sido encaminhados, através de enormes portas e por uma sucessão de pátios, até a entrada para o quarto pátio, onde o guru do samorim se abeirou de Vasco da Gama e o abraçou calorosamente.

O Senhor dos Oceanos sentou-se sob um dossel de púrpura. Seu único vestuário consistia de um *dhoti* de algodão branco e um gorro bordado. À volta da cintura envergava dois cintos de ouro incrustados de rubis. Os braços, dos cotovelos para baixo, estavam cobertos de pulseiras de ouro enfeitadas com joias, e os dedos ornados de anéis de esmeraldas e diamantes. Os brincos eram de rubis e pérolas gigantes. A seu lado estava uma tigela de ouro com nozes de bétele e, na mão direita, segurava um pequeno escarrador de ouro. Vasco da Gama saudou-o à maneira hindu, com as mãos erguidas e as palmas juntas, "como", escreveu Álvaro, "um cristão reza as suas orações". O Senhor dos Oceanos pediu aos portugueses que se sentassem num banco comprido, de frente para ele, e mandou os servos trazerem-lhes fruta.

Segundo a etiqueta da corte indiana, Vasco da Gama foi convidado a explicar aos cortesãos ali presentes ao que vinha, já que seria considerado presunção da sua parte dirigir-se diretamente ao monarca. De modo firme e ousado, Vasco da Gama disse-lhe que tinha ido à procura de cristãos e para comprar especiarias. O monarca deu formalmente as boas-vindas ao seu reino, tendo mandado pilotos guiar seus barcos para um ancoradouro mais seguro, ao norte da cidade.

No dia seguinte, Vasco da Gama mandou num barco a remo os presentes para o Senhor dos Oceanos, constituídos por 12 rolos de algodão listrado, quatro fios de corais, uma caixa de açúcar e dois barris de azeite e mel. Ao inspecioná-los, o governador de Calicute considerou-os "ridículos". "O mais pobre mercador árabe", acrescentou, "oferece a Sua Majestade mais do que isto. Não se encontra aqui nada digno de um rei. Têm de lhe dar ouro".

Vasco da Gama improvisou, dizendo que aqueles não eram os presentes do rei de Portugal, mas tão somente os seus presentes pessoais, pelo que o ouro viria a seguir.

O governador recusou-se a deixar Vasco da Gama regressar ao navio. Vasco da Gama exigiu outra audiência ao Senhor dos Oceanos, que a concedeu, tendo, no entanto, proferido uma série de insultos tão graves que seu intérprete achou por bem não traduzir.

Disseram a Vasco da Gama ser escandaloso que ele não tivesse trazido nada que fosse apropriado para um membro da realeza. Com notável sangue-frio, Vasco da Gama respondeu que tinha com ele mercadorias para negociar: trigo, vinho, ferro e cobre fundido. O Senhor dos Oceanos ficou mais calmo. Mandou dar a Vasco da Gama um cavalo que o pudesse levar de volta ao seu ancoradouro. Por ser indigno de embaixador do rei de Portugal, Vasco da Gama recusou-se a montá-lo, exigindo que lhe dessem um palanque.

Os mercadores árabes de Calicute tinham-se apercebido, desde logo, da ameaça que a chegada dos europeus representava para o seu monopólio. Aproveitaram, portanto, ao máximo, o desprestígio que Vasco da Gama acabara de sofrer, fazendo troça das mercadorias, à medida que estas eram trazidas para terra. Havia poucos clientes. Os hindus continuaram, no entanto, a receber os portugueses entusiasticamente. Subiram a bordo dos seus barcos, trazendo com eles os filhos. Os portugueses brindaram-nos com uma recepção suntuosa, tendo os festejos prosseguido noite afora.

Os portugueses transferiram suas mercadorias para o centro de Calicute, onde os árabes conseguiram, em boa parte, impedi-los de comerciar. Um residente local, um tunisino que os portugueses conheciam pelo nome de Monçaide, foi a bordo avisar Vasco da Gama que os mercadores árabes tinham praticamente convencido o Senhor dos Oceanos de que os portugueses eram piratas e ladrões, que estavam apenas aguardando uma oportunidade para saquear e pilhar Calicute. Os mercadores ofereceram ao Senhor dos Oceanos uma enorme quantidade de dinheiro se ele mandasse capturar e decapitar Vasco da Gama e seu séquito. Os portugueses, que já se encontravam em terra, foram impedidos de regressar aos navios e de removerem seus bens. Vasco da Gama aguardou o momento propício, até que notou, num grupo de cerca de duas dezenas de indianos que tinham ido a bordo almoçar com os portugueses, seis homens que se vestiam e comportavam como senhores da alta nobreza. Fê-los prisioneiros e negociou-os com o agente do Senhor dos Oceanos, em troca da libertação dos portugueses cativos.

Vasco da Gama mandou dizer que tinha ficado muito indignado por lhe terem chamado de ladrão e pirata, estando prestes a largar, para não mais voltar. O Senhor dos Oceanos convocou um dos seus oficiais e entregou-lhe uma carta endereçada ao rei de Portugal. Nela dizia que tinha tido muito prazer em receber o nobre embaixador de Sua Majestade e que gostaria de negociar com os portugueses. Se o rei enviasse ouro, ele forneceria especiarias e joias.

Os portugueses zarparam pouco depois, tendo considerada cumprida sua missão. A viagem de regresso a Portugal foi dominada pela tragédia. Mais de cem membros da tripulação, isto é, mais de dois terços, morreram, vítimas sobretudo da febre ou do escorbuto. Devido à falta de tripulação, foram obrigados a abandonar dois dos quatro navios, tendo-os encalhado na praia e incendiado, depois, para impedirem que os árabes pudessem estudar sua concepção e construção. Quando o primeiro navio chegou a Lisboa, com a notícia da possibilidade de um tratado, o rei D. Manuel ordenou que tocassem os sinos das igrejas por todo o país, e que outra frota, muito maior, fosse preparada, tão rapidamente quanto possível, para regressar a Calicute e fazer com que o acordo entrasse em vigor. Escreveu uma carta oficial ao arcebispo de Lisboa, informando que os barcos tinham trazido "todo tipo de especiarias — como canela, cravos-da-índia, pimenta, gengibre, noz-moscada, bálsamo, âmbar, almíscar, pérolas, rubis e todos os outros gêneros de pedras preciosas". Calculou-se, então, que o carregamento trazido por Vasco da Gama, embora pequeno, tinha um valor de mercado sessenta vezes superior ao custo da viagem.

Vasco da Gama só regressou a Lisboa algumas semanas depois. Como seu irmão mais velho, Paulo, tinha apanhado a febre, Vasco levou-o para os Açores, na esperança de que o ar puro das ilhas o ajudasse a restabelecer-se. Infelizmente isso não aconteceu.

Anos mais tarde, Vasco foi nomeado vice-rei da Índia. Foi-lhe dada de presente sua vila natal, Sines, uma pensão anual de trinta mil réis em ouro, para ele e para os seus herdeiros, o equivalente a 200 cruzados de especiarias por viagem, o direito a viajar gratuitamente em navios da frota real e de cobrar taxas de aluguel de ancoradouros ao longo da costa indiana. Foi-lhe concedido o título de conde da Vidigueira. Sua irmã e seu irmão mais novo foram também feitos nobres, sendo-lhes atribuídas pensões. Vasco da Gama morreu na Índia, em 1524.

Capítulo XI
Para além da Índia

Seis meses após o regresso de **Vasco da Gama a Lisboa, Pedro Álvares Cabral** largou da capital portuguesa no comando de uma frota de 13 navios, com 1.200 homens e mantimentos suficientes para 18 meses. A tripulação era constituída por marinheiros, soldados, artesãos e criminosos em liberdade condicional, além de herbanários, barbeiros-cirurgiões, médicos, nove sacerdotes e um mestre em cosmografia. A caminho da Índia, Cabral fez uma paragem na costa do Brasil — o relato oficial é de que os ventos o atiraram para fora da rota e que, tendo descoberto aquele país por acaso, o reclamou para Portugal. Atingido por uma violenta tempestade, ao largo do cabo da Boa Esperança, perdeu quase metade da frota, tanto em navios como em homens, incluindo o grande comandante Bartolomeu Dias.

Chegou a Calicute em setembro de 1500. Foi recebido em audiência pelo Senhor dos Oceanos. Levava presentes com alguma qualidade, tais como prata, tigelas e clavas embutidas em ouro, tapetes de seda e tapeçarias finas. Ao saber que um navio tinha acabado de chegar do Sri Lanka, com um carregamento de cinco elefantes, o Senhor dos Oceanos pediu a Cabral que o capturasse.

Os portugueses assim fizeram, tendo recebido imediatamente autorização para começar a fazer comércio. No entanto, foram de novo acossados e impedidos pelos mercadores muçulmanos. Cabral revidou, capturando um dos seus navios. Os muçulmanos que se encontravam em terra atacaram o entreposto comercial português, matando cinquenta homens, incluindo três sacerdotes. Fizeram, ainda, vários prisioneiros e apreenderam toda a mercadoria dos portugueses.

Como represália, Álvares Cabral ordenou a captura dos barcos árabes que estavam no porto, tendo sido chacinados todos os tripulantes que não conseguiram escapar. Os portugueses colocaram a bordo dos seus próprios navios a mercadoria que pertencia aos árabes. Bombardearam a cidade com os canhões, destruíram muitos dos seus edifícios e, depois, navegaram para o Sul, em direção a Coxim. Foram aí bem recebidos pelo governante hindu, que acolheu com agrado a oportunidade de desviar o comércio dos muçulmanos da cidade de Calicute.

As expedições que se seguiram, de Portugal para a Índia, tiveram um crescente caráter militar. No percurso para Coxim, onde iam comerciar, tornou-se rotina parar em Calicute, a fim de bombardear a cidade e incendiar os navios que se encontravam no porto.

Francisco de Almeida chegou a Coxim em 1502, sendo o primeiro europeu a quem foi dado o título de vice-rei da Índia. Ficou sabendo que a cidade tinha sido atacada por navios provenientes de Calicute e que o soberano hindu e a guarnição portuguesa tinham se refugiado numa ilha. O monarca concordou em ser vassalo do rei de Portugal, em troca de proteção, tendo-lhe sido oferecida uma coroa de ouro.

Coxim foi de novo atacada. Desta vez, aos navios de Calicute tinham se reunido barcos de guerra provenientes da Turquia e do Egito, pagos pelos venezianos. Numa das mais disputadas e decisivas batalhas navais da história, os portugueses saíram vencedores, e nunca mais, pelo menos de modo comparável, foram desafiados no oceano Índico. Perceberam, no entanto, que, se quisessem tirar o comércio das especiarias dos árabes e dos venezianos, precisariam de uma base mais segura. Goa, uma vasta ilha separada do continente por um rio, estava ocupada e era governada por comerciantes de cavalos árabes. Um dos líderes da maioria hindu abordou os portugueses, pedindo-lhes ajuda para os expulsar. Afonso de Albuquerque era a esta altura o comandante português do oceano Índico. Timoja, o emissário hindu de Goa, prometeu-lhe que, se atacasse a sua ilha, o povo hindu se sublevaria contra os árabes e ajudaria a expulsá-los. Albuquerque integrou Timoja na frota portuguesa. Navegaram até a foz do rio, onde procederam a uma fuzilaria de canhões. Os mercenários turcos que guardavam a cidade saltaram para os cavalos e fugiram através da passagem que ligava a ilha ao continente. Vindo de lá, chegou pouco depois o monarca muçulmano com uma força que os portugueses calcularam em mais de cinquenta mil efetivos. No meio da noite, durante uma tempestade, capturaram o forte que os portugueses tinham construído às pressas e voltaram a instalar-se na cidade.

Albuquerque não podia atacar nem se retirar, já que, devido à falta de vento, sua frota ficou imobilizada durante três meses. Os ventos voltaram e trouxeram consigo novos barcos de guerra vindos de Lisboa. Bombardearam o forte e, depois, tomaram a cidade de assalto. Centenas de soldados muçulmanos conseguiram escapar às espadas dos portugueses, vindo, no entanto, a afogar-se quando, tentando fugir para o continente, atravessaram a nado o rio, que tinha um caudal muito forte. Os muçulmanos lançaram novo ataque sobre Goa, na ausência de Afonso de Albuquerque, que, ao regressar com sua frota, bombardeou suas posições até eles se renderem, oito dias depois. Instalou Timoja como governador hindu de Goa. Enviou oficiais aos soberanos hindus das regiões vizinhas, expressando seu respeito e o respeito do rei de Portugal pela sua religião e costumes. Assegurando-lhes, simultaneamente, a amizade de Portugal.

Em Goa, onde os portugueses viriam a permanecer até 1961, Afonso de Albuquerque criou a primeira cidade europeia na Ásia, tendo mandado reconstruir a cidadela, que ele próprio havia destruído com balas de canhão, fixando aí sua residência. De acordo com um relato contemporâneo, levantava-se todos os dias de madrugada, para ouvir missa, e todas as noites recebia, pelo menos, 400 capitães e outros oficiais para jantar. Antes da refeição, 24 elefantes eram conduzidos à sua presença para lhe prestar homenagem. O banquete era iluminado por archotes e acompanhado ao som de trombetas e tambores. Aos domingos, a nobreza hindu reunia-se na praça em frente à cidadela para ser saudada por ele. Bandas militares portuguesas tocavam e donzelas hindus dançavam.

Passava grande parte dos dias a cavalo, visitando os diferentes projetos de construção. Fazia-se acompanhar de quatro amanuenses, que, munidos de papel, canetas e tinteiros, registravam suas ordens e elaboravam os relatórios para Lisboa. Tinha construído e equipado uma casa da moeda destinada a produzir moedas portuguesas a partir de ouro comprado localmente. Foi montado um estaleiro capaz de construir embarcações até 900 toneladas, feitas de teca local, então considerado o melhor de todos os materiais para a construção naval. Um pouco mais obscura foi, no entanto, a construção da primeira fábrica de munições da Ásia, para que Goa pudesse vir a ser autossuficiente em relação a Portugal.

De Portugal, chegou, entretanto, um novo estilo de missionários, os membros da Sociedade de Jesus, chefiados por um dos seus fundadores, são Francisco Xavier. Estudaram e adotaram as línguas e os costumes indianos, passaram a usar roupas indianas e a comer comida indiana. Um deles, frei João de Brito, implantou seu próprio *ashram* na cidade santa de Madurai, onde um teólogo católico discutia, em pé de igualdade, questões espirituais com padres hindus. Este notável ecumenismo terminou com o seu assassínio, perpetrado por fundamentalistas fanáticos. É em sua memória que os atuais jesuítas indianos — que ainda constituem uma força considerável no ensino — usam faixas vermelhas, e o local do assassínio é um santuário venerado por hindus e cristãos.

Em Goa, os jesuítas construíram escolas secundárias, tendo, inclusive, proporcionado ensino até o nível universitário. O anúncio dos preparativos para o novo ano acadêmico de 1584 foi publicado em 16 línguas asiáticas. Foram os jesuítas que introduziram a tipografia na Ásia. Além de ensinarem, patrocinaram ainda a investigação, de grande interesse para a Europa — criaram, principalmente, um jardim de plantas medicinais e, através de uma experimentação rigorosa e persistente, conseguiram identificar e registrar as plantas indianas que tinham poderes curativos e em que doenças se deviam aplicar. A tradução das suas investigações, a partir do português para outras línguas europeias, constituiu uma pedra basilar da farmacologia moderna.

Afonso de Albuquerque perdoou os criminosos que estavam em liberdade condicional, encorajando-os, a eles e a outros, a estabelecerem-se em Goa numa ampla variedade de ofícios e na constituição de pequenas empresas. Foram criadas, entre outras, padarias, sapatarias, bares, carpintarias e serralherias. Algumas das prostitutas lisboetas mais corajosas tinham entrado clandestinamente a bordo de navios, disfarçadas de homens, para irem tentar uma quota-parte da nova riqueza de Goa. Quando da segunda viagem, Vasco da Gama descobriu a existência de uma meia dúzia delas a bordo do seu navio-almirante e mandou-as açoitar, para indignação e protesto geral dos seus oficiais. Albuquerque, em Goa, incentivou os homens portugueses a casarem e a viverem com mulheres indianas. Algumas delas, porque já eram escravas pertencentes a portugueses, a nova condição social a que ascendiam pouca utilidade prática lhes trazia. Servia, no entanto, para os direitos civis e outros para os seus filhos, enquanto cidadãos portugueses. A exploração abusiva das mulheres indianas não era, de modo algum, no entanto, uma prática universal.

O Evangelho, tal como era pregado pelos jesuítas portugueses, proclamava a igualdade de todos os homens perante Deus, sublinhando o interesse de Jesus pela causa dos pobres e marginalizados. Era, sem surpresa, extremamente convincente para os membros das castas inferiores da Índia. Quaisquer que fossem os defeitos dos maridos portugueses e as suas atitudes em relação às mulheres, a opressão era, pelo menos, nitidamente inferior à que tinham sofrido nas mãos dos seus compatriotas hindus. Embora as mulheres indianas se convertessem ao cristianismo quando se casavam, se as suas famílias não o tivessem já feito, são Francisco Xavier notou que muitos homens portugueses em Goa já se tinham entregue, com entusiasmo, ao costume local da poligamia, possuindo seus próprios haréns, alguns deles grandes.

Hoje, Portugal continua a reconhecer aos descendentes dos colonos portugueses o direito de cidadania, incluindo o de residir no país. É por isso que um número crescente de goeses vai lá radicar-se, levando com eles novos talentos, competência e dinâmica.

Conseguir a obtenção de especiarias, medicamentos e pedras preciosas era, no sentido mais literal do termo, apenas meio caminho andado. Restava ainda aos portugueses o desafio de destruir o poder árabe no oceano Índico e, deste modo, fazer gorar as rotas comerciais com Veneza. Embora Afonso de Albuquerque nunca tenha concretizado suas ambições declaradas — desviar o rio Nilo do Egito e capturar o túmulo do profeta Maomé, em Meca —, os portugueses, fora isso, entregaram-se a essa tarefa com um estado de espírito bem diferente do registrado em relação aos hindus, onde, não poucas vezes, a força se traduziu em ferocidade.

Francisco de Almeida, o primeiro vice-rei, partiu de Lisboa com uma frota de 22 navios. Cerca de 1.500 dos 2.500 homens a bordo eram soldados fortemente armados e bem protegidos por armaduras. Muitos dos outros tinham a tarefa de operar os canhões de carregar pela culatra. Encaminharam-se para o entreposto comercial árabe de Kilwa, na costa oriental da África, e metralharam a cidade, durante horas. Seguidamente, dirigiram-se à terra e abriram caminho através das ruas estreitas. Embora muitos ficassem feridos, os portugueses conquistaram a cidade sem perda de vidas. O emir fugiu, com muitos dos seus defensores. Os portugueses permaneceram e construíram um forte a partir dos escombros das casas e de outros edifícios que tinham destruído no bombardeio. A velocidade com que trabalharam foi espantosa. Concluíram a estrutura em 16 dias, tendo os oficiais colaborado ativamente no trabalho manual. Instalaram uma tropa de infantaria no forte e nomearam governador um africano local. Deixaram dois barcos para patrulhar a entrada do porto e afastar os árabes que tentassem aproximar-se.

O resto da frota subiu a costa, dirigindo-se para Mombaça, uma cidade árabe muito maior. Lá foram alvejados por canhões que os locais tinham recuperado dos destroços de um navio português abandonado na costa. Os portugueses responderam com um bombardeio impressionante de balas de canhão e archotes acesos, que destruíram a cidade. Quando chegaram à terra, sofreram trinta baixas, a maior parte provocada por setas envenenadas. Segundo o diário de um dos oficiais portugueses, mais teriam, no entanto, morrido se não fosse um habitante local ter-lhes fornecido um antídoto que eles aplicaram nos ferimentos. As tropas portuguesas que sobreviveram saquearam e pilharam as ruínas da cidade, fazendo cativas um grande número de mulheres. Francisco de Almeida proibiu-os, no entanto, de carregarem os despojos nos barcos, além de ordenar que libertassem todos os cativos, exceto algumas crianças, que achou suficientemente jovens para poderem ser convertidas à Única e Verdadeira Fé, tornando-se, assim, cristãos convictos. Alguns deles foram enviados para Lisboa, a fim de receberem formação, tendo sido bem-recebidos e fazendo bons casamentos.

Do outro lado do Índico, o Senhor dos Oceanos, após anos de sucessivos bombardeios de Calicute pelos portugueses, pediu a paz. Os mercadores muçulmanos que ali tinham ficado foram embora, radicando-se, juntamente com outros, em Malaca, mais ao sul. Impossibilitados de subirem as costas da África Oriental ou da Índia Ocidental, que eram controladas pelos portugueses, formaram comboios de navios nas ilhas Maldivas e, em seguida, deslocaram-se tão depressa quanto possível para o Norte, em direção ao mar Vermelho, rezando para que não encontrassem pelo caminho navios de guerra portugueses. Tristão da Cunha foi, entretanto, enviado de Lisboa, com uma grande frota, para Socotorá, à entrada do mar Vermelho, onde os portugueses construíram um forte que dominava os estreitos.

Os comandantes árabes, por outro lado, conduziram seus barcos para o porto de Ormuz, no sul da Pérsia. De lá poderiam enviar as especiarias e outros produtos em caravanas de camelos até a costa oriental do mar Negro, de onde seriam levadas em barcos turcos para Istambul e vendidas aos venezianos. Afonso de Albuquerque perseguiu-os até Ormuz, no início de 1514. Sua frota chegou à entrada do porto na hora do almoço, mas só agiram ao escurecer, surpreendendo os habitantes com fanfarras de trombetas e rajadas de canhão que iluminaram o céu. Enviou uma mensagem ao monarca, exigindo-lhe que reconhecesse a soberania portuguesa sobre a cidade, pagando tributo. Como o monarca não respondeu, os portugueses incendiaram todos os navios árabes e persas que se encontravam no porto. O monarca mandou, entretanto, entregar uma grande quantidade de ouro no navio-almirante de Afonso de Albuquerque. Nos dias que se seguiram, Albuquerque ordenou a seus homens que começassem a construir um forte à entrada do porto. Estava-se no auge do verão. Os homens protestaram pelo fato de terem de trabalhar com um calor intenso. Mandou açoitar alguns para servir de exemplo a outros. Só que as tripulações completas de dois barcos desertaram e, desaparecendo para além do horizonte, ficaram fora do alcance de qualquer perseguição. Albuquerque abandonou temporariamente o seu projeto e regressou à Índia. No caminho, além de saquear Aden, destruiu e pilhou algumas cidades da costa de Omã. Regressou mais tarde a Ormuz, acompanhado de uma equipe de operários, com o objetivo de construir um forte e, desse modo, impedir a rota comercial para Istambul.

Albuquerque prosseguiu para o Sul, até Malaca, o último bastião dos mercadores árabes na Ásia. Quando a frota portuguesa chegou ao porto, tal era a reputação de Albuquerque que as tripulações de muitos dos navios mercantes ali ancorados fugiram para terra, aterrorizadas. O sultão de Malaca mandou-lhe entregar uma carta, em árabe, propondo negociações de paz ao invés de guerra. Muitos dos habitantes da cidade eram hindus e já era de seu conhecimento, na Índia, que os portugueses eram seus aliados e protetores. Um deles estava a bordo e avisou Afonso de Albuquerque de que o plano do sultão era prolongar as negociações com os portugueses até a chegada das monções. Depois, quando os navios portugueses estavam se debatendo com a tempestade, atacava-os e afundava-os. "O sultão não pensa senão em traição", disse-lhe um hindu. Nessa noite, Albuquerque enviou suas canhoneiras para terra para dar início ao bombardeio da cidade. Protegidos pelo fogo, os soldados foram à terra em pequenas embarcações e, deslocando-se ao longo do porto, incendiaram os telhados dos edifícios, feitos de folha de palmeira.

Na noite seguinte, a frota aproximou-se mais da terra e lançou um bombardeio ainda maior. "Podia-se ouvir, na escuridão, a cidade toda em alvoroço e os gritos de pessoas a fugirem com os filhos sem saberem para onde ir", escreveu um dos oficiais de Albuquerque. Ao alvorecer, as tropas portuguesas entraram na cidade, encontrando pouca resistência, até que foram interceptados por um grupo de nobres malaios numa praça em frente à mesquita. Logo, no entanto, os portugueses os puseram em fuga. Ao entrarem na principal avenida da cidade, foram subitamente confrontados pelo sultão e pelo príncipe herdeiro, acompanhados de dez cortesãos, montados em elefantes de guerra, que, urrando, carregaram sobre os portugueses. Estes, no entanto, devido à experiência da Índia, sabiam que um elefante, por mais temível que seja, é facilmente repelido por uma lança arremessada a um dos pontos sensíveis — a barriga, uma orelha ou um olho. Assim feridos, os elefantes deram meia-volta e fugiram, espezinhando muitos malaios pelo caminho. Os portugueses foram guiados através da cidade pelos hindus, que tinham na sua posse uma enorme quantidade de bandeiras portuguesas oferecidas pelos mercadores muçulmanos. Afixadas nas portas, davam-lhes imunidade contra a pilhagem da cidade que os portugueses levaram a cabo, de forma entusiástica, durante o dia seguinte. Quando chegou a noite, Albuquerque mandou soar as trombetas, para anunciar o fim da pilhagem. Já, então, os portugueses tinham conseguido muitas vezes mais do que aquilo que seus navios podiam transportar. Nas ruas, encontravam-se jarros empilhados de almíscar e cânfora, finas porcelanas chinesas e caixas de sândalo entalhado. Grande parte desses produtos foi vendida aos hindus, aos chineses e a outros mercadores não muçulmanos, a quem os portugueses tinham concedido imunidade. Os preços eram naturalmente baixos. Todavia, as quantidades eram tão grandes que, tanto quanto foi possível calcular, cada membro da tripulação teria conseguido amealhar, em média, entre cinco mil a seis mil-réis em ouro e cada oficial entre trinta mil a quarenta mil-réis.

Quando chegou o tempo da principal força portuguesa regressar à Índia, Afonso de Albuquerque mandou carregar o navio-almirante, Flor do Mar, com o seu magnífico espólio e produtos para o rei D. Manuel I. Os bens destinados ao monarca incluíam duas réplicas, em tamanho real, de elefantes bebês, feitas de prata maciça e embutidas com joias, quatro estátuas de leões de ouro, cheias de perfumes raros, e o trono de Malaca incrustado de joias.

A frota largou através do estreito, com o navio de Afonso de Albuquerque tão carregado que mal se mantinha na superfície da água. Quando chegou às águas costeiras de Sumatra, após menos de meio dia de viagem, foi assolado por uma pequena borrasca e afundou. Albuquerque e sua tripulação lançaram-se às jangadas salva-vidas, de onde foram recolhidos e levados para bordo de outros navios. Em 1992, a casa de leilões de arte Sotheby's, contratada para avaliar o tesouro afundado a preços atuais, calculou esse valor em 2,5 bilhões de dólares. Não surpreende, assim, que tenha havido tanto interesse em localizar os destroços do navio através do rastreio de satélite, tampouco o feroz litígio internacional em relação à sua posse legítima, em que Portugal não participa, mas que decorre principalmente entre a moderna Malásia, da qual Malaca é uma capital de província, e a Indonésia, na qual se integra Sumatra.

Afonso de Albuquerque deixou em Malaca um grande forte, recém-construído, uma guarnição, vários barcos de guerra e um governador civil. A captura da cidade-Estado constitui mais do que uma mera derrota para os muçulmanos, já que Malaca era a porta de entrada no Extremo Oriente: para as ilhas Molucas ou ilhas das Especiarias, para a China e para o Japão. Os embaixadores portugueses eram enviados para a Birmânia e para a Tailândia, com o objetivo de estabelecerem relações diplomáticas e comerciais. Existe um crescente consenso entre historiadores australianos, que acreditam terem sido portugueses saindo de Malaca os primeiros europeus a aportarem naquele país. Certamente que, ainda hoje, se encontram no Sri Lanka, em Formosa, em Bengala, assim como em Macau e em Malaca, os orgulhosos descendentes das autoridades e dos mercadores portugueses.

Foi em Malaca que duas das figuras mais díspares da ascensão do poderio português na Ásia se encontraram e uniram seus destinos. O relato escrito por Fernão Mendes Pinto, um aventureiro transformado em mercador, das suas extraordinárias façanhas no Oriente foi publicado, pela primeira vez, no início do século XVII, quase simultaneamente com o *Dom Quixote*, de Cervantes. Os dois livros tiveram igual êxito. No decurso de poucos anos, o de Mendes Pinto, *Peregrinação*, foi traduzido do português para seis línguas europeias, tendo recebido sete edições em espanhol, duas em alemão e holandês e três em inglês e francês.

Segundo seu próprio relato, Mendes Pinto foi feito prisioneiro, ao largo da costa da Etiópia, pela tripulação de uma galé turca, que o levou para o porto mais próximo, no sul da Arábia, onde o venderam a um muçulmano grego num leilão de escravos. Cruelmente tratado, ameaçou suicidar-se. Seu proprietário revendeu-o a um mercador judeu, o qual, por sua vez, devolveu-o aos seus compatriotas portugueses, em Ormuz, em troca de resgate. Ali, Mendes Pinto foi obrigado, à força, a alistar-se na marinha. Combateu numa série de batalhas navais contra os turcos e fugiu para Malaca, onde lhe foi dado o posto de embaixador de Portugal nos reinos da Samatra e na península malaia. Na Malásia, encontrou-se com outros portugueses. Juntos decidiram tornar-se piratas e puseram-se a atacar navios mouros no golfo de Tonquim.

Mendes Pinto navegou mais adiante, chegando ao mar da China, até a Coreia. Depois, tendo naufragado ao largo da costa da China, foi preso, acusado de vagabundagem e condenado a um ano de trabalhos forçados, ajudando na construção da

Muralha da China. Antes de ter completado a pena, no entanto, uma horda de tártaros invadiu a China e capturou-o. Mendes Pinto ensinou-lhes como tomar de assalto um forte feito de pedra, e por recompensa foi libertado.

Entre outras afirmações feitas sobre si próprio, Mendes Pinto reclama o fato de ter sido o primeiro europeu a chegar ao Japão. Por esta e outras razões, foi considerado em Portugal, durante séculos, um mentiroso divertido, uma figura quixotesca, uma espécie de barão de Münchhausen. Pensou-se, durante muito tempo, que a sua maior extravagância consistiu no fato de ter sido companheiro e conselheiro íntimo de são Francisco Xavier, um dos membros fundadores dos jesuítas.

Independentemente do eventual exagero, os japoneses sempre consideraram como plausível o essencial desse relato. Fernão Mendes Pinto é, hoje em dia, um herói popular, sobre quem se escreveram livros, peças de teatro e poemas épicos, e se fizeram filmes. Um parque temático dedicado a ele, e a outros visitantes portugueses anteriores, foi inaugurado recentemente no local onde desembarcou. Julga-se ter sido ele o primeiro a levar do "outro extremo do mundo" as primeiras armas de fogo chegadas ao Japão. Rebecca Catz, professora de história moderna da Universidade da Califórnia, em Los Angeles, levou a cabo um reexame minucioso do relato de Mendes Pinto, onde considerou que muitos dos acontecimentos relatados por ele e que eram considerados fantasiosos, designadamente, ter sido nomeado general mercenário e comandado o exército do rei da Birmânia, correspondem a realidades históricas. Além disso, esses fatos foram desconhecidos na Europa até muito tempo depois da sua morte. Assim sendo, é difícil entender como eles poderiam ter chegado ao seu conhecimento sem lá ter estado. As datas, no relato, correspondem exatamente às dos registros orientais recentemente descobertos. Os que troçaram dele devido ao relato feito de uma corte tão suntuosa que parecia papal, terão perdido a razão desde que, há relativamente pouco tempo, se constatou que tal descrição se assemelhava grandemente à corte do dalai-lama, em Lhassa.

Mendes Pinto mencionava que embarcou em um junco chinês, em Guangdong, na esperança de regressar a Malaca. Uma violenta tempestade arrastou o barco, levando-o para o sudoeste do Japão, onde desembarcou e teve de caçar animais selvagens para se alimentar. Os habitantes locais ficaram espantados, ao verem que, quando ele erguia um bastão até o ombro e um clarão saía da outra extremidade, acompanhado de forte estrondo, quase sempre um pássaro caía do céu, morto. O governador local recebeu-o e Mendes Pinto ofereceu-lhe seu mosquete.[1] Através desta oferta, o primeiro europeu a desembarcar no Japão apresentava a arma de fogo às populações locais. Como o país se encontrava em guerra civil, a nova tecnologia foi considerada muito bem-vinda.

Segundo seus próprios relatos, confirmados por relatos japoneses, Mendes Pinto fez uma segunda visita ao Japão. Quando se aprestava para partir, um jovem, perseguido por um grupo de homens mais velhos, precipitou-se nos seus braços. Mendes Pinto empurrou-o para bordo e levou-o para Malaca. Chamava-se Anjiro e, durante a viagem, explicou a Mendes Pinto que fora obrigado a fugir por causa dos muitos delitos cometidos. Mendes Pinto aproveitou para falar ao jovem do sacramento católico da confissão e da respectiva absolvição. Quando desembarcaram em Malaca, Mendes Pinto conduziu Anjiro até são Francisco Xavier.

Este tinha se mudado de Goa para Malaca, onde constatou que os portugueses que ali viviam levavam uma vida tão pouco cristã como a que tinha encontrado no território anterior. Seus pecados incluíam a aceitação de subornos, por parte das autoridades, e a manutenção de haréns pelos mer-

---

[1] Arma de fogo, semelhante à espingarda, porém mais pesada. (N.T.)

cadores. São Francisco ouviu Anjiro em confissão, concedeu-lhe o perdão e batizou-o, e Anjiro ensinou-lhe os elementos essenciais da língua japonesa e os costumes locais. São Francisco escreveu, então, uma carta para Lisboa, dirigida ao rei: "Sua Majestade envia para aqui determinações que ninguém cumpre. Sei bem o que aqui se passa. Não tenho esperança de que o cristianismo se consiga impor aqui. Já gastei demasiado tempo e não quero gastar mais. Vou para o Japão. Ali encontrarei pagãos com mentes abertas a novas ideias sobre Deus e a humanidade."

O próprio Mendes Pinto tinha tido, entretanto, uma experiência mística, o que o levou a ingressar na Sociedade de Jesus, como irmão leigo. Ofereceu aos jesuítas a maior parte da riqueza que tinha adquirido através da venda de armas e de outras mercadorias aos japoneses. No barco de Mendes Pinto, são Francisco, juntamente com outros padres jesuítas e Anjiro, viajou até Kagashima. Foram muito bem-recebidos pelo governador, que ficou fascinado com os relatos sobre o "outro lado do mundo" de onde provinham. Na corte do governador, são Francisco debateu publicamente teologia com monges budistas. Escreveu um catecismo da doutrina cristã que, adaptado à mentalidade japonesa, teve grande aceitação.

Após dois anos de estada no Japão, são Francisco adoeceu. Mendes Pinto levou-o no seu barco, mas, ao largo da costa, o seu estado de saúde agravou-se. Era ilegal os europeus desembarcarem. Numa pequena ilha, oitenta quilômetros ao sul do rio das Pérolas, os portugueses tinham secretamente instalado um entreposto comercial rudimentar, para negociarem com contrabandistas cantoneses. Na ocasião em que são Francisco foi levado para lá, encontrava-se tão doente que já não conseguia andar. Um dos comerciantes portugueses levou-o para a sua cabana, onde ele viria a falecer, cerca de três semanas depois, no princípio de dezembro. Tinha 46 anos. Seu corpo, ao que parece, embalsamado com técnicas japonesas desconhecidas dos europeus, que atribuíram a sua preservação a um milagre divino, foi levado para Goa, a fim de ser contemplado pelo público, na catedral de São Paulo. Seus restos mortais não descansaram, no entanto, em paz. Passados dois anos, numa atitude de devoção, D. Isabel de Castro arrancou-lhe um dos dedos do pé a dentada. Em 1615, a pedido do então vigário-geral da Sociedade de Jesus, o braço direito de são Francisco foi decepado um pouco abaixo do cotovelo e enviado de barco para Roma. Seu esqueleto ainda pode, hoje em dia, ser visto numa vitrine, na Igreja Jesuíta de Gesù. A parte superior do braço e a omoplata foram cortadas, em 1619, e enviados para Nagasaki, no Japão. Em 1859, durante uma exposição especial, caiu um bocado de outro dedo do pé, que o governador de Goa enviou aos seus familiares.

Mendes Pinto regressou a Portugal, tendo ido viver próximo ao rio Tejo, na margem oposta a Lisboa. Tornou-se presidente da Misericórdia local, que era então, tal como agora, a principal instituição de caridade do país. Foi aí que escreveu seu livro.

Em 1582, existiam 45 jesuítas europeus vivendo no Japão, tendo sido ordenados padres trinta japoneses. Nesse mesmo ano, informaram Roma de que havia 150 mil convertidos. Jovens estudantes japoneses foram para universidades jesuítas, em Goa e Macau, onde demonstraram gosto e aptidão impressionantes para a música barroca europeia. No Japão, onde existia um comércio florescente, mercadores portugueses radicaram-se ali em tão grande quantidade que fundaram e construíram a cidade de Nagasaki. Uma de suas contribuições mais importantes foi apresentar o mosquiteiro aos japoneses, que o passaram a usar com entusiasmo e efeitos comprovadamente benéficos. Criaram as primeiras fábricas de armas de fogo no Japão, para onde levaram o trabalho de fundição da Europa, as especiarias da Índia e a seda da China. Enriqueceram a língua japonesa com novos termos. Assim, por exemplo, obrigado, em português, tornou-se *origato*, e o pão, que até então era desconhecido dos japoneses, ficou conhecido como *pan*. Os portugueses introduziram o método de cozinhar peixe em *tempura*, continuando este a ser o fast-food preferido no Japão. Mostraram aos japoneses como se constrói em pedra, o que evitou danos mais graves, ainda que horríveis, quando do lançamento da bomba atómica sobre Nagasaki, em 1945.

Os japoneses estavam proibidos de fazer comércio na China. Só que a procura da seda tecida chinesa era tão grande e o potencial de comércio tão evidente que os mandarins não hesitaram em estabelecer contratos comerciais com os portugueses, no princípio do século XVI. Concederam-lhes, aliás, o arrendamento perpétuo da ilha de Macau, que, situada no estuário do rio das Pérolas, estava ligada ao continente por uma estrada elevada. Ainda não tinham passado muitos anos e já se estendiam, ao longo da praia principal da ilha, filas de imponentes casas portuguesas. Na colina, encontravam-se duas igrejas e um mosteiro jesuíta. O comércio com o Japão era protegido por navios governamentais bem apetrechados de armamento. Os lucros eram privados: para além de enormes riquezas, os mercadores gozavam de grande autonomia, elegendo o Senado, que era praticamente independente de Lisboa. Tal como em Goa, também em Macau os casamentos mistos entre portugueses e pessoas de outras raças eram a norma. A comunidade começou a adotar bebês do sexo feminino abandonados pelos pais, camponeses da província de Cantão. Eram educadas como portuguesas e quase todas casavam quando chegavam à idade adulta. Era-lhes oferecido um dote pela Misericórdia, que, em alternativa, lhes arranjava, por vezes, um futuro marido ou um bom emprego nos serviços governamentais ou numa casa comercial.

A província de Cantão prosperou à custa das vendas da seda. Alguns dos escravos africanos que os portugueses levaram para Macau, como servos pessoais, fugiram para a China, onde lhes foi dado asilo. Acabaram por ser tantos que chegaram a ter um bairro próprio, nos subúrbios da capital provincial. Ganhavam a vida como intérpretes e intermediários dos mercadores europeus que não eram portugueses.

Através de Macau, os portugueses introduziram novos alimentos na China, bem como no sudeste da Ásia e do Japão. A receita da massa filo, que, durante o período islâmico, teria chegado à Ibéria, vinda do norte da África — ainda hoje, a pátria culinária do *brik*, um pastel de massa tenra frito em óleo —, levou à introdução da chamuça, um petisco tão comum em Portugal como o *pasty* (pastel de carne e legumes) o é na Cornualha. Foi ele que deu origem ao *dumpling* (espécie de sonho), e ao *spring roll* (crepe chinês), no sul da China e da Tailândia. Introduziram, ainda, na metrópole chinesa, a batata-doce, que se tornou o alimento principal na província de Cantão, e o amendoim, do qual extraíam óleo de cozinha. Outros ingredientes, que tiveram um grande impacto na alimentação e nas receitas chinesas, foram o feijão-verde, os grelos, a alface e o agrião, que os chineses, ainda hoje, chamam de "legume do Oceano Ocidental" — sendo que "Oceano Ocidental" é o termo chinês para designar Portugal. De outros territórios do seu império marítimo, os portugueses levaram ananases, goiabas e mamões. Introduziram a receita da pasta de camarão, cuja produção se tornou uma grande indústria, enriquecendo as aldeias costeiras, até então muito pobres, da província de Guantang. Ainda hoje é um condimento largamente utilizado em sopas, fritos ou salteados.

A mais picante de todas essas inovações foi a introdução do chili, que os portugueses levaram do Brasil e que passou a constituir, até hoje, um sabor dominante da cozinha de grande parte da Ásia: dos condimentados *kebabs* (espetinhos de carne) de Caxemira até o *sambal* da Malásia e à afamada cozinha de Sezuan, passando pelo *tomyum* e os caris verde e vermelho da Tailândia. Entre os mais picantes desses pratos, encontra-se o *vindaloo*, de Goa, cujo termo é o resultado da contração de "vinho de alho", em que a carne é marinada com chili, em barris, antes de ser cozinhada.

Os molhos dominados pelo sabor do chili são conhecidos em grande parte do mundo como caril, e crê-se, em geral, que são originários da Índia. A própria palavra é derivada do hindi *kuri*, que significa molho.

Tendo comido *en famille*, em casas de diferentes regiões da Índia, ao longo de muitos anos, constatei, com frequência, a ausência do sabor a chili como sabor predominante em muitos pratos, ao contrário do que se verifica noutros países da Ásia. Como observou Madhur Jaffrey, a estrela de cinema indiana, professor de culinária na BBC e proprietário de um restaurante em Nova York, reduzir "a cozinha indiana ao caril é tão degradante como limitar a cozinha chinesa ao *chop suey*.

Em parte devido ao clima, a cozinha chinesa baseia-se em produtos mais frescos do que os utilizados na Europa e na América do Norte, aromatizados com especiarias recém-moídas. Os historiadores da culinária britânica parecem concordar com a ideia de que o caril foi inventado pelos seus cozinheiros, para os funcionários públicos britânicos na Índia, por razões de economia: as especiarias pouco frescas podiam ser disfarçadas de forma econômica, acrescentando chilis secos pulverizados. A mistura tornou-se uma exportação muito rentável, da Índia para a Inglaterra, onde, já no século XIX, integrava a alimentação do país.

No seu livro *The Raj at Table*, David Burton escreve que o caril não poderia ter sido inventado sem os portugueses. Eles tinham cedido Bombaim aos ingleses e encontravam-se em grande número em Bengala, na época em que os britânicos ali fundaram a Companhia das Índias Orientais. Embora o caril tenha sido largamente substituído, na Grã-Bretanha, por outros sabores indianos (ainda que menos autênticos), continua a ser um prato muito apreciado em Portugal. Grandes embalagens de pó de caril vendem-se bem nos supermercados. O caril à indiana, geralmente feito com frango ou camarão, consta nos cardápios dos melhores restaurantes. O mesmo molho de caril, com linguado ou lagosta, é uma constante nos restaurantes na França. Embora não se encontre na Índia nenhum prato que se pareça, tem uma semelhança notável com o frango e o camarão picante que se come no sul da China, ou com o caril que uma empresa do Japão tentou, em 1999, patentear internacionalmente como uma invenção daquele país.

Da China, os portugueses trouxeram para a Europa o chá, que foi introduzido na Inglaterra por Catarina de Bragança, quando se casou com Carlos II. Após ensaios, levados a efeito com êxito, pelos jesuítas, na sua exploração agrícola experimental em Macau, foram enviados varrões[2] para Portugal, que deram origem a uma carne de porco magra e tenra, que continua a constituir um dos produtos mais notáveis da alimentação portuguesa. Trouxeram ainda a laranja pequena, agora conhecida por tangerina porque os portugueses a plantaram na zona de Tânger, quando aquela cidade era uma colônia sua, e o produto que é conhecido por *satsuma*, da província do Japão com o mesmo nome. As laranjas que são hoje em dia cultivadas no Algarve, e que muitos dizem ser as mais deliciosas da Europa, foram importadas do sul da China. Da mesma região também foram para a Europa, pela primeira vez, o aipo e o ruibarbo, que é comercializado como laxante. A procura, aparentemente insaciável, desse produto levou os chineses do sul a crerem que a Europa era o continente da prisão de ventre.

---

[2] Porcos selvagens. (N.T.)

Capítulo XII
Idade de ouro em Lisboa e desastre além-fronteiras

O que o dinheiro podia comprar, Lisboa comprava. Banqueiros, mercadores, donos de butiques, joalheiros, modistas, alfaiates, chapeleiros e sapateiros vieram de Bélgica, Inglaterra, França, Alemanha e Itália, em busca da nova e já lendária riqueza.

À medida que aumentava a fortuna do rei D. Manuel, também ia aumentando o tamanho da sua corte. A nova nobreza vestia-se com as mais ricas sedas e linhos. O cronista real, Damião de Góis, menciona que Tristão da Cunha, descobridor da ilha que ainda tem seu nome, se deslocava pela cidade a cavalo, envergando um chapéu todo coberto de grandes pérolas. O rei usava roupas novas todos os dias. As que já tinham sido usadas eram distribuídas, duas vezes por ano, pelos cortesãos. A nova nobreza percorria a cidade em carruagens ornamentadas. O próprio rei deslocava-se pela capital numa procissão encabeçada por um rinoceronte e seguida por quatro elefantes, que tinham sido amestrados para entreter as multidões, fazendo cortesias e chupando, com as trombas, a água dos bebedouros dos cavalos, borrifando todos aqueles que se encontravam nas proximidades. Depois dos elefantes, vinha um cavalo persa transportando um leopardo caçador, uma dádiva do sultão de Ormuz. A carruagem real era escoltada por nobres a cavalo e por trombeteiros e tambores. O rei D. Manuel era viciado em música. Mandava que tocassem uma serenata para ele quando ia para a cama, tanto quando fazia a sesta como à noite. Uma orquestra de câmara tocava, enquanto lia documentos no seu escritório, na Casa da Índia. Mesmo às sextas-feiras, quando jejuava a pão e água, e passava a maior parte do dia no tribunal criminal, ouvindo os pedidos de clemência, por parte dos que acabavam de ser condenados, ou ditava as suas próprias sentenças, fazia-o ao som do clavicórdio e da flauta. Durante a tarde, gostava de andar de barco no rio Tejo, "numa pequena galé com um toldo, todo estofado com seda, levando consigo músicos, assim como qualquer personalidade com quem estivesse a tratar de assuntos", escrevia Góis.

"Para a sua música de câmara e para a sua capela", acrescenta Góis, "reunia famosos artistas vindos de todas as partes da Europa. Pagava-lhes quantias elevadíssimas e concedia-lhes muitos favores, podendo contar com os melhores músicos e com o melhor coro de qualquer reino do mundo". À noite, dava frequentemente festas, não só com a participação de músicos, mas também de comediantes, que satirizavam, com impunidade, os membros da nobreza e os bispos da Igreja. Seu mestre de cerimônias era Gil Vicente, ainda hoje considerado o maior dramaturgo português. Embora seja pretensioso tentar compará-lo com Shakespeare, seu contemporâneo, seu estilo é tão vivo, gostava tanto de usar a liberdade de expressão, que, naquele tempo, se tivesse vivido na Inglaterra, seria provavelmente decapitado. Sua primeira obra de que há registro foi uma peça de Natal, em que, contrariamente a uma longa tradição europeia, os pastores e os Reis Magos tinham temperamentos distintos e cômicos, baseados claramente nos seus contemporâneos. Criou peças de teatro completas, a partir de material utilizado pelos bobos da corte. Retratou nobres que mantinham as mulheres em casa praticamente como prisioneiras, enquanto eles saíam para se divertir, fornicando, se não com todas, pelo menos com uma grande quantidade. As caricaturas dramáticas de Gil Vicente preferidas do rei eram os padres, que pregavam moral do púlpito, mas praticavam chantagem e extorsão.

D. Manuel tinha mandado construir uma enorme e opulenta casa de ópera, bem como um novo palácio real, alcandorado na colina sobre Belém, na zona ribeirinha imediatamente a oeste de Lisboa. Seus colaboradores recrutaram os melhores arquitetos, escultores e outros artífices que puderam encontrar, tanto em Castela como na Itália e na França. Três dos mais destacados eram, no entanto, portugueses: Mateus Fernandes, Diogo de Arruda e o seu filho Francisco. Talvez o mais notável de todos fosse o francês Diogo de Boitac, do Languedoc. Em conjunto, elaboraram o exuberante estilo de fins do Renascimento que ficou conhecido por manuelino. Não se desenvolveram novos métodos de construção, já que a técnica permaneceu gótica. A estatuária e a decoração clássica, para não falar em sobriedade, foram suplantadas pelos símbolos místicos da Ordem de Cristo (na época, o nome da Ordem do Templo), da qual o rei D. Manuel era o grão-mestre. A esses símbolos se juntaram talhas representando cenas da natureza, pássaros, animais selvagens e flores silvestres, frequentemente colocadas em cenários bíblicos.

D. Manuel mandou reconstruir o grande mosteiro dos cavaleiros templários, em Tomar, juntamente com a construção da notável igreja de três naves, em Setúbal, e do Panteão da sua dinastia, no Mosteiro da Batalha. Em Belém, junto do palácio, mandara edificar uma torre, onde, então, era o meio do rio, em comemoração da primeira viagem de Vasco da Gama. Por detrás do palácio, do outro lado de um amplo jardim, mandou construir o Mosteiro dos Jerónimos. Este santuário nacional continua a ser um dos mais notáveis edifícios do sul da Europa. As obras foram iniciadas por Boitac e continuadas, após sua morte, por Diogo de Torralva, arquiteto espanhol formado na Itália. A construção foi financiada por um imposto especial, de 5%, sobre as especiarias orientais. Muitos dos artistas que nele trabalharam vieram da Índia. Na igreja, que ocupa uma posição mais central da vida religiosa em Portugal do que propriamente a Sé de Lisboa, os grandes pilares têm o formato de troncos de palmeira, sendo, pelo menos aparentemente, os telhados abobadados as suas folhas. No claustro, construído em dois planos, repousam não apenas os restos mortais de Vasco da Gama, mas também de alguns grandes portugueses mais recentes, incluindo o poeta do século XX Fernando Pessoa. No tempo do comércio das especiarias, os monges dos Jerónimos dirigiam, entre outras coisas, uma escola para crianças trazidas da África e da Ásia. Algumas delas eram de origem nobre, outras prisioneiras de guerra, ou ainda escravos. Independentemente das suas origens ou das trágicas circunstâncias que motivaram a vinda, a maioria prosperou e passou mesmo a integrar a elite. A ética da harmonia racial não foi mantida nas colônias, mas fazia parte do espírito de Lisboa.

O dinheiro continuou a afluir. A contabilidade da Casa da Índia passou a ocupar o andar térreo do palácio real. De acordo com o cronista real, frequentemente eram aí vistos mercadores estrangeiros chegarem com sacos de ouro, a fim de comprarem especiarias, sendo-lhes dito, pelos funcionários, que, como já haviam recebido mais moedas do que as que podiam contabilizar naquele dia, voltassem no dia seguinte. Os Medicis continuavam a ser os principais banqueiros da família real. Em Roma, Giovanni de Medici, filho de Lourenço, o Magnífico, foi eleito papa, sagrado com o nome de Leão X. O banqueiro do rei D. Manuel tinha se tornado o líder espiritual dos católicos, não só na Europa, mas também na África portuguesa, Ásia e América. Giovanni tinha 37 anos e ainda não havia sido ordenado padre, uma omissão que foi corrigida algumas semanas mais tarde. O rei D. Manuel enviou Tristão da Cunha com presentes destinados ao novo papa.

Tristão da Cunha, sua família, amigos e comitiva desembarcaram perto de Florença. Os novos donos do comércio das especiarias deslocaram-se pela Itália em esplendorosas procissões, precedidas por um elefante, que transportava uma enorme arca cheia de presentes, seguida pelos músicos e, depois, pelos visitantes nobres que espalhavam moedas de outro entre a multidão que tinha acorrido para os ver passar. Ao aproximarem-se da Cidade Eterna, os cardeais vieram ao seu encontro a cavalo. Os portugueses foram escoltados até o castelo de Sant'Angelo, onde eram aguardados pelo novo papa. O principal presente foi um conjunto de vestes pontifícias. "Todas as vestes", escreve o cronista, "estavam tecidas com fio de ouro e de tal modo cobertas de pedras preciosas e pérolas que só em poucos espaços se conseguia ver o tecido de ouro. As pedras e as pérolas estavam entrançadas na forma de romãs. Em alguns lugares, o tecido de ouro tinha sido bordado em seda, com os rostos do nosso Salvador, dos santos e dos apóstolos. Os contornos eram de rubis em bruto. A matéria-prima era preciosa, mas a execução o era ainda mais".

D. Manuel enviou ainda ao papa um rinoceronte por mar. O navio naufragou ao largo da costa francesa e o animal afogou-se, tendo parado numa praia a oeste de Marselha. O corpo, empalhado e embalsamado, tornou-se o modelo do famoso desenho de Albrecht Dürer. Várias das famílias nobres portuguesas fixaram suas residências em Roma, perto da piazza Navona, no local que ainda hoje é conhecido como o bairro português. O palácio da família Fonseca, na piazza della Minerva, era de tal modo grandioso que é, hoje, um hotel de cinco estrelas com 190 quartos.

Ao evocarmos, um pouco aturdidos, toda essa opulência e ostentação, é fácil ignorar a contribuição que os portugueses, na ocasião, deram para o avanço do conhecimento. A exportação portuguesa de mapas e globos era ilegal e acarretava severas penas, o que incentivou um próspero comércio de contrabando, juntamente com a ida de alguns cartógrafos lisboetas para o estrangeiro mediante o pagamento de enormes transferências. Os livros da autoria de viajantes portugueses, tanto jesuítas como seculares, eram amplamente traduzidos e avidamente lidos por toda a Europa, proporcionando o primeiro conhecimento do mundo além-fronteiras. Foi uma idade de grande inovação técnica, desde o canhão de carregar pela culatra e a bússola marítima de João de Castro, até a pré-fabricação de edifícios de pedra. Na matemática, Pedro Nunes produziu um tratado de álgebra, que lhe granjeou enorme prestígio em toda a Europa.

Talvez, no entanto, a maior inovação tenha acontecido na medicina. Já vimos como os jesuítas portugueses, quase desde o início da sua estada na Ásia, estudaram e experimentaram as ervas medicinais que ali encontraram, ou ainda como os japoneses continuam a recordar, com gratidão, a introdução do mosquiteiro. Os portugueses foram os primeiros a identificar o mosquito como portador da malária. O famoso médico da Grécia antiga, Hipócrates, passou a vida rodeado de pessoas que eram vítimas da febre, sem nunca ter conseguido entender as causas. Posteriormente, na África, os ingleses não atenderam aos avisos dos seus vizinhos portugueses, com o argumento de que eles não tinham base científica. Porque, para eles, os portugueses deviam ter uma imunidade natural, resultado dos casamentos inter-raciais com africanos, enquanto os ingleses continuavam a dormir sem proteção contra insetos e a caçar patos selvagens em charcos estagnados, sucumbindo muitos deles à doença.

Garcia de Orta, médico português que viveu em Goa, passou grande parte da carreira científica trocando experiências com especialistas indianos e persas. No entanto, nunca se fiou totalmente, e testou empiricamente todas as hipóteses e todos os medicamentos. Sua obra *Colóquio dos simples e drogas e cousas medicinais da Índia*, que foi publicada pela primeira vez em 1563, em Goa, representa um marco da medicina enquanto ciência. Nessa obra, recusa a dependência profissional dos médicos europeus em relação aos textos da Grécia antiga. Foi em parte devido ao enorme êxito provocado pelo seu livro que muitos monarcas europeus, como, por exemplo, a rainha Isabel I, da Inglaterra, começaram a utilizar os serviços de médicos portugueses.

A percepção que os portugueses tinham da sua posição no mundo cultural de então era de que estavam tão atrasados nas humanidades quanto avançados na ciência e tecnologia. Além de enviar estudantes para Roma e Florença, D. Manuel comprou, em Paris, um colégio grandioso, perto da universidade, para ser utilizado pelos estudantes portugueses. Recrutou intelectuais em Salamanca, Paris, Antuérpia e em lugares mais distantes, como Oxford e Edimburgo, para a Universidade de Coimbra. O latim substituiu o português como língua oficial da corte. Um escritor contemporâneo queixava-se do fato de as crianças nobres serem agora fluentes tanto no latim escrito como falado, embora sentissem enormes dificuldades em conversar na sua própria língua. A necessidade de fazer passar a imagem de certa seriedade fez com que as sátiras e comédias de Gil Vicente e dos seus sucessores artísticos tivessem dado lugar a produções maçudas baseadas em traduções latinas de tragédias gregas.

O rei D. Manuel morreu vítima de febre, pouco antes do Natal de 1521, com 52 anos. Tendo chegado ao trono como rei de Portugal e dos Algarves, morreu como "rei de Portugal e dos Algarves, d'Aquém e d'Além-Mar em África, Senhor do Comércio, da Conquista e da Navegação da Arábia, Pérsia e Índia". No resto da Europa ficou sobretudo conhecido como o "Rei Merceeiro". Durante seu reinado, os portugueses foram muito admirados, mas também invejados, pelos holandeses, ingleses, franceses e, acima de tudo, espanhóis. Morto o grande monarca, puseram-se à espreita como abutres, para ver qual seria o destino de Portugal e, sobretudo, do seu império.

D. Manuel tinha enviuvado duas vezes e na ocasião de sua morte estava noivo pela terceira vez, para casar com D. Leonor da Áustria, irmã do imperador da Espanha. As cortes em Lisboa apelaram ao novo monarca, D. João III, que, na época, tinha 19 anos, que casasse com ela em vez do pai, de modo que Portugal não tivesse de devolver o enorme dote que a infanta tinha trazido. D. João se recusou. Além de devolver a infanta D. Leonor e o seu dote, enviou ainda com ela a sua irmã, D. Isabel, para casar com o imperador. Pagou também ao trono espanhol um dote inédito de 900 mil dobrões de ouro, mais 350 mil cruzados, como uma espécie de indenização pela descoberta e monopolização do comércio das Ilhas das Especiarias antes de os espanhóis lá terem chegado.

Internamente, D. João herdou uma enorme corte, engrossada por aqueles que tinham recebido do pai dele novos títulos de nobreza, por centenas de colaboradores recrutados com direito a pensão e salário fixos, e até camponeses, que, abordando-o de surpresa, quando ele se deslocava pelo país, lhe desfiavam um tal rosário de desgraças que o rei os mandava ir para Lisboa, onde lhes dava cargos remunerados que envolviam pouco trabalho. Boa parte do campo, cada vez mais despovoado pela praga, encontrava-se em pousio. A maioria dos alimentos era importada. O comércio das especiarias atravessava tempos difíceis. Do mesmo modo que os portugueses, enquanto católicos, consideravam que roubar e pilhar os muçulmanos, longe de ser imoral, agradava a Deus, também surgiu, no norte da Europa, um princípio protestante, segundo o qual os atos de pirataria contra os barcos dos católicos portugueses era um empreendimento que contava com a bênção divina. Corsários huguenotes, vindos dos portos do oeste da França, infestaram os Açores, na encruzilhada entre o Atlântico Norte e o Atlântico Sul. Durante o reinado de D. João III capturaram mais de 300 barcos portugueses. Ao venderem as especiarias e as pedras preciosas em concorrência desleal, fizeram baixar de tal modo os preços que os portugueses pouco ou nada conseguiam lucrar.

Os lucros auferidos ficavam quase todos em mãos privadas, enquanto o Estado era obrigado a aguentar a despesa de uma marinha enorme e cada vez mais ineficaz. Quase todos os ricos, em Portugal, tinham sido isentados pelo rei D. Manuel de pagar impostos. D. João III, na impossibilidade de cobrar tais impostos, começou a vender títulos do tesouro no mercado financeiro de Antuérpia, sendo os juros liquidados através da emissão de novos títulos. "Deparei-me com inúmeras razões para desesperar", escreveu-lhe, no período, o tesoureiro real. O *rating* de crédito de Portugal caiu de tal maneira que os banqueiros, em Antuérpia, exigiram uma taxa de juro de 25% ao ano. Quando D. João morreu, em 1557, os títulos portugueses do tesouro tinham se tornado aquilo que, nos mercados financeiros atuais, é conhecido por *distressed paper*, ou seja, mudavam de mãos, quando se arranjava comprador para a sua totalidade, por 5% do seu valor facial.

O herdeiro direto de D. João III, que também se chamava João, tinha morrido antes dele, aos 16 anos, vítima da peste, à semelhança, aliás, do que acontecera com outros membros da família. Havia casado aos 14 anos com uma princesa espanhola que, menos de um ano após a morte do marido, deu à luz um filho, Sebastião.

D. Sebastião tinha três anos quando herdou o trono, ficando acordado que a avó seria regente. A ela sucedeu-lhe o cardeal D. Henrique, arcebispo de Lisboa, Évora e Braga, e tio-avô do rei. As cortes de Lisboa opuseram-se à ideia de que a formação do monarca português ficasse a cargo da mãe espanhola. Foi nomeado seu tutor um padre jesuíta, com a obrigação de "educar Sua Majestade segundo os costumes portugueses, ensinando-o a vestir-se como um português, a comer como um português, a montar a cavalo à maneira portuguesa, a falar português e a agir em tudo como um português".

Para evitar que contraísse dívidas ou favores que exigissem pagamento, D. Sebastião foi isolado da corte e instalado num palácio medieval do outro lado da cidade. Ele era uma criança doente, que vivia obcecada com a ideia de que a doença só podia ser vencida através de árduo exercício físico, designadamente instrução militar e treino de combate. Cresceu imaginando-se um "marechal de Cristo contra o islamismo". Assumiu o poder em 1568, ao completar 14 anos. Passados poucos meses já se tinha desentendido com os ministros escolhidos pelo seu tio-avô, o cardeal, substituindo-os por outros mais próximos da sua idade. De acordo com o relato do cronista real, D. Sebastião foi com eles ao mausoléu da Casa Real de Avis, no Mosteiro de Alcobaça, onde mandou abrir os túmulos dos seus antepassados para homenagear seus restos mortais. Seguiu, depois, até Évora, para testemunhar, na praça principal, a imolação de hereges pelo fogo. Como, então, afirmou, foi lá que recebeu a inspiração para, em nome de Cristo, partir à conquista do reino herege do Marrocos. Parte do dinheiro necessário à operação foi conseguido, concedendo a possibilidade a judeus, e a outros acusados de heresia, de não serem queimados na fogueira. Pediu ainda dinheiro emprestado a Conrad Roth, um banqueiro alemão, dando como garantia antecipada os lucros provenientes da pilhagem. Para resguardar sua parte, Roth enviou para Lisboa 2.600 alemães com o objetivo de embarcarem com D. Sebastião. De regresso à Irlanda, vindo de Roma, fez escala em Lisboa um aventureiro inglês, *Sir* Thomas Stukeley, que trazia consigo uma frota, com soldados de infantaria e arqueiros, confiados pelo papa para chefiar uma revolta dos católicos irlandeses contra a monarquia protestante inglesa. A sua chegada a Lisboa foi considerada pelo rei como uma dádiva de Deus.

O fato é que aos 24 anos, D. Sebastião já tinha conseguido congregar a força que considerava necessária à invasão. A despedida foi festiva. Ao todo, 500 navios largaram para Marrocos, transportando 24 mil pessoas, incluindo quatro regimentos do Alentejo, dois mil mercenários, mil flibusteiros andaluzes — contra as ordens expressas do seu rei —, 1.500 soldados de cavalaria e ainda mil carroças destinadas a carregar os despojos de uma invasão programada para a maior glória de Deus. Mesmo quando a força de invasão atingiu a costa marroquina, em Arzila, o ambiente continuava a ser de festa. Com eles iam ainda cerca de seis mil seguidores, de mulheres nobres a prostitutas de Lisboa, lacaios, mordomos, criados particulares e sacerdotes.

Em Arzila, foram avisados de que o emir os aguardava com um exército gigantesco, disposto a travar batalha se eles avançassem mais para o Sul. Estava-se em agosto de 1578. Após cinco dias, exaustos, mal-alimentados, sem água e obrigados a enfrentar o calor abrasador do verão, encontraram pela frente um exército muçulmano fresco, bem-alimentado e municiado, pronto para a batalha. A infantaria muçulmana tinha o dobro dos efetivos da infantaria de D. Sebastião e a sua cavalaria era dez vezes superior. Contavam, ainda, com sete mil arqueiros e fileiras de canhões. Passadas poucas horas, já tinham morrido cerca de 15 mil efetivos do exército de D. Sebastião, incluindo o próprio rei e *Sir* Thomas Stukeley. Os muçulmanos capturaram mais oito mil, incluindo a maioria dos seguidores, que foram vendidos como escravos. Menos de mil conseguiram fugir para Tânger, de onde regressaram a Portugal de barco.

Assumiu o trono o cardeal D. Henrique, tio-avô de D. Sebastião, o primeiro na linha de sucessão. Enviou, para Roma, uma petição ao papa, pedindo licença para casar, já que, dada a sua idade avançada, e sem herdeiro, seria o fim da grande dinastia real da Casa de Avis. O cardeal morreu, no entanto, antes de o papa concluir as suas deliberações. Filipe II, o novo rei de Espanha, enviou um pequeno exército a Lisboa, sob o comando de duque de Alba. Os cidadãos, indefesos, renderam-se. Portugal passava para o domínio espanhol.

Capítulo XIII
A chegada da inquisição e a partida dos judeus

Antes do final do século XV, Portugal era o único país da Europa onde os judeus não eram perseguidos. Tinham sido expulsos da Inglaterra, no século XIII, da França, no século XIV, e, posteriormente, da Alemanha, Polônia e Rússia. Na Suíça, centenas deles foram queimadas na fogueira. Em várias das cidades-Estado da Itália, foi-lhes permitida a permanência, mas apenas em guetos, fora das muralhas da cidade. Era-lhes vedado o exercício do comércio e de outras atividades lucrativas, estavam privados de direitos políticos e civis e eram obrigados a pagar impostos altamente penalizadores. A única exceção era muito curiosa: o papa, enquanto chefe temporal de Roma, permitiu ao "povo de Jesus" o direito de ali residir, dando-lhes a sua proteção.

Os judeus em Portugal eram conhecidos por "sefarditas", que significa "ocidentais". Acreditavam que eles descendiam da aristocracia escravizada durante o cativeiro da Babilônia. Como vimos no Capítulo I, existem no Antigo Testamento várias referências a Társis, que eles acreditavam, e muitos ainda acreditam hoje, ser o sul da Ibéria atlântica. É bem provável que judeus tenham residido ali, no momento em que os novos refugiados chegaram de Israel, após a queda de Jerusalém e a destruição do Segundo Templo, pelos romanos, no ano 72 d.C. A primeira referência escrita sobre a presença dos judeus é um édito datado de 300 d.C., proibindo os camponeses cristãos de se dirigirem aos rabinos, em vez de o fazerem aos padres, pedindo-lhes que abençoassem os seus campos ou que os casassem. O fato de os bispos terem sentido a necessidade de emitir tal proibição é a prova evidente, ainda que, na sua opinião, negativa, da aceitação que os judeus tiveram, por parte dos cristãos, bem como a simpatia com que a sua religião foi recebida.

Durante os séculos que se seguiram, os judeus trouxeram alguns benefícios à maioria cristã existente em Portugal, a começar pela introdução da técnica de impressão. O primeiro livro impresso lá foi o de Samuel Gascon, em Faro, no ano de 1487, seguindo-se, dois anos depois, um do rabino Eliezer, em Lisboa. Eram figuras destacadas do conhecimento, incluindo a medicina, as matemáticas e a astronomia, sem as quais teria sido improvável a concretização das descobertas além-Europa. Os rabinos ocupavam lugares de destaque na corte desde o reinado de D. Dinis, em fins do século XIII, princípio do XIV. O único ponto de atrito digno de nota entre eles e os arcebispos e padres da corte era a prática da astrologia. Apesar do protesto do cardeal, o rei D. Duarte adiou a sua coroação só porque o líder português dos rabinos o avisou de que a conjunção dos planetas lhe era desfavorável. Por causa do seu modo de ser e do conhecimento de línguas, os reis portugueses nomeavam frequentemente judeus como embaixadores no estrangeiro, sobretudo em países muçulmanos, onde eram mais bem recebidos e tidos em consideração do que os cristãos. Em várias partes do mundo, incluindo o norte da Europa e da Ásia, havia mesmo quem pensasse que Portugal era uma nação judaica.

Os judeus eram não apenas autorizados, mas até incentivados, a trabalhar como ourives e joalheiros. As corporações que regulamentavam estas profissões eram dirigidas por comissões constituídas por cristãos e judeus em igual número. As autoridades cristãs reconheciam que os judeus tinham uma diferente tradição em relação ao direito comunal e à família, sendo-lhes, por isso mesmo, permitido ter seus próprios juízes.

Embora se mantivessem fiéis às leis alimentares e prestassem culto nas sinagogas, os judeus substituíram o hebraico pelo português, como língua litúrgica. Viviam, vestiam-se e comportavam-se de tal modo que ninguém os distinguia dos cristãos. Um número razoável foi agraciado com títulos de nobreza. Cristãos e judeus, quando amigos, tinham por hábito visitar-se durante as festas religiosas, trocando presentes, geralmente constituídos por cestos de frutas e ovos ornamentados. Os judeus visitavam os cristãos no Natal e na Páscoa, e os cristãos visitavam os judeus durante o *Hannukkah* e a Festa do Cordeiro Pascal.

Esse ambiente de segurança, aliado ao fato de se sentirem apreciados, permitiu que os judeus desenvolvessem a sua cultura e os seus hábitos como em nenhum outro lugar. A Academia Judaica de Lisboa produziu gerações não apenas de grandes médicos, botânicos, geógrafos, matemáticos, advogados e teólogos, mas também de autores que, pioneiros na ficção e na poesia, influenciaram, posteriormente, o trabalho de escritores não judeus, sobretudo na Holanda e na Alemanha.

A perturbação desse ambiente criativo e civilizado e a substituição da tolerância e do respeito por uma perseguição implacável constitui, sem qualquer dúvida, o pior de todos os efeitos que Portugal sofreu com a crescente influência espanhola, sobretudo a partir do domínio filipino. O "cativeiro babilônico" de Portugal sob o domínio de três reis espanhóis viria a durar sessenta anos. Os judeus acabaram por ser bem-vindos, quando regressaram após a revolução liberal de 1834. Só que a fuga à opressão espanhola fez com que muitos dos seus conhecimentos e das suas ligações internacionais fossem postos a serviço da Holanda e, depois, da Inglaterra, contribuindo decisivamente para a criação dos impérios holandês e inglês, com prejuízo direto para Portugal.

Na Espanha, sob o domínio dos Reis Católicos, Fernando e Isabel, os judeus ali residentes foram submetidos, após séculos de relativa paz e prosperidade, a uma intensa pressão para se converterem à fé monárquica. Para evitarem represálias, alguns deles converteram-se, até porque não tinham sentimentos religiosos muito profundos. Outros optaram, antes, por seguir o conselho do grande teólogo judeu, Maimônides, quando da tentativa de conversões à força, por parte de muçulmanos fanáticos, segundo o qual era absolutamente lógico fazer-se uma opção pela vida, sobretudo se houvesse responsabilidades familiares, professando uma fé com a voz e alimentando outra no coração. Independentemente dos motivos, e havia uma série deles, os convertidos viram-se confrontados, em 1478, por ameaça maior do que se tivessem permanecido no judaísmo. Foi o ano da instituição da Inquisição, com o objetivo declarado de investigar a sinceridade dos que haviam aderido ao cristianismo. No decurso dos oito anos que se seguiram, 700 convertidos foram condenados à morte pela fogueira, com o argumento de que não eram sinceros. Por ironia do destino, os que tinham permanecido no judaísmo ficaram imunes à câmara de tortura e à morte por imolação.

Em 1480, foi feita uma ordem, segundo a qual os judeus ficavam proibidos de viver entre os cristãos, sendo, por isso, obrigados a mudarem-se para guetos. Em 1492, o ano em que é mais genericamente conhecido como o da primeira expedição de Colombo, os judeus vindos da Espanha foram avisados de que teriam de se converter nos quatro meses seguintes, ou arriscavam-se à Inquisição, e a serem executados de forma sumária, ou obrigados a abandonar o país. A maioria preferiu refugiar-se em Portugal. Entre eles encontravam-se muitos dos que se tinham convertido apenas de nome. Alguns historiadores criticam D. João II, que, na ocasião, ocupava o trono português, pelo que consideram um acolhimento pouco generoso — apenas a 600 das famílias fugidas da Espanha foi dado o direito de residência permanente em Portugal, mediante o pagamento único de dez mil cruzados por família. Aos restantes, foram emitidos vistos de trânsito, em seis postos fronteiriços montados exatamente para isso, pelo preço de um cruzado por mês, válidos por oito meses, findos os quais teriam de encontrar outro local para residir. Foi permitida a entrada a cerca de sessenta mil judeus castelhanos. O rabino David Altabé, presidente da Sociedade Americana de Estudos Sefarditas, está inclinado, neste caso, a ilibar D. João e seus conselheiros cristãos, já que, segundo ele, "muitos dos judeus residentes em Portugal colocavam sérias reservas à aceitação dos exilados espanhóis". Foram eles que, acrescenta, "teriam recomendado ao rei que fosse apenas permitida uma estada temporária".

Os líderes da comunidade judaica, em Lisboa, receavam que, no caso de a todos ser permitida a estada permanente, um grande e súbito fluxo de judeus espanhóis perturbasse o equilíbrio social da cidade, criando uma atitude potencialmente perigosa entre os não judeus.

Alguns dos refugiados fretaram navios para os transportar de Lisboa. Muitos deles ficaram à mercê de comandantes que ameaçavam abandoná-los em costas desertas, se não lhes entregassem o dinheiro e os bens que ainda restavam. Como os marinheiros acreditavam que os judeus transportavam o ouro e as joias no estômago, houve alguns que tiveram a barriga aberta para ver se os encontravam. No inverno de 1493, o rabino Juddah Chagyat levou sua congregação de 250 membros a bordo de um barco fretado. Navegaram durante quatro meses, de porto em porto, sendo-lhes sempre recusada a entrada, com receio de que pudessem ser portadores da peste que grassava em Lisboa. Foram capturados por piratas, que os levaram para Málaga, onde, a troco de resgate, os entregaram a padres fanáticos, que lhes recusaram água e comida até eles se converterem. Cem deles sucumbiram e cinquenta preferiram morrer a passar fome. Os cem que sobreviveram fugiram para o Marrocos, onde foram raptados por berberes e depois vendidos aos judeus de Fez, que os libertaram. A grande maioria dos que permaneceram em Lisboa após a expiração do prazo de estada foi enviada para a prisão.

Um dos primeiros atos do rei D. Manuel I, ao chegar ao trono, foi ordenar a libertação de todos esses judeus. Uma das suas decisões seguintes, todavia, foi pedir a mão em casamento da infanta D. Isabel, filha de Fernando e Isabel. Sua esperança era que, desse modo, ele e seus herdeiros poderiam ascender ao trono da Espanha, simultaneamente ao de Portugal. Fernando e Isabel estavam receptivos à ideia, sobretudo porque Portugal, embora não chegasse a um quinto do tamanho da Espanha, era incomensuravelmente mais rico. Seus futuros sogros insistiram, no entanto, que, antes da realização do casamento, D. Manuel teria de se livrar de todos os judeus que viviam em Portugal. Esta era uma condição de base exigida pelos Reis Católicos sempre que seus filhos se casavam com membros da realeza estrangeira. Como condição prévia para que uma outra das suas filhas, Catarina, se casasse com o futuro rei Henrique VIII, da Inglaterra, obtiveram um compromisso por escrito de seu pai, Henrique VII, segundo o qual todos os judeus residentes na Inglaterra seriam mortos ou exilados. Como há século e meio que os judeus tinham sido proibidos de viver na Inglaterra, tal compromisso não passou de um gesto simbólico.

Era grande o dilema com que se debatia o rei D. Manuel. Uma das últimas coisas que desejava fazer era privar o país de muitos dos seus mais valiosos cidadãos. A solução encontrada foi mirabolante. Primeiro, determinou que todos os judeus que não se convertessem até o Domingo de Páscoa de 1497 teriam de abandonar o país imediatamente. Depois, emitiu nova ordem, proibindo os judeus de partirem. Por último, na manhã de Domingo de Páscoa, mandou juntar todos os judeus conhecidos e metê-los em igrejas onde foram batizados em massa, com a água benta lançada sobre eles quase à toa. Alguns resistiram. Diz-se que uma série deles se suicidou. Aos pais que tentaram impedir o batismo dos filhos, estes foram-lhes retirados e enviados para mosteiros e conventos a fim de serem educados a expensas do rei. Alguns deles foram, depois, enviados de barco para São Tomé e Príncipe, para povoarem o arquipélago e aí estabelecerem uma indústria açucareira. A partir da Segunda-Feira de Páscoa, de 1497, por decreto do rei D. Manuel, todos os judeus que viviam no país passaram a ser oficialmente conhecidos por *cristãos-novos*. Desse modo, fez a vontade aos Reis Católicos e casou com a filha deles.

Ao chegar a Lisboa, para viver, a nova rainha, Isabel, não foi, no entanto, fácil de contentar. Por insistência sua, foi pedido ao papa que autorizasse a instauração da Inquisição em Portugal, destinada a investigar os hereges. O papa, que recebeu, entretanto, uma delegação de judeus, mostrou-se compreensivo perante a situação, tendo recusado o seu consentimento durante quatro anos. Entretanto, frades dominicanos vindos da Espanha com a rainha Isabel e contando com a sua proteção, começaram a pregar o antissemitismo. Entre as principais acusações, constava o fato de os judeus, imunes à peste, estarem contagiando os cristãos, como forma de genocídio. Durante a procissão do *Corpus Christi*, em Lisboa, dominicanos acusaram dois espectadores judeus de falta de respeito. O que se seguiu, uma cena habitual em Sevilha, Toledo, Barcelona e em outros locais da Espanha, antes das expulsões, nunca, até aquele dia, havia sido visto em Portugal. No motim chefiado por sacerdotes, os judeus foram chacinados, suas casas destruídas e seus bens queimados.

Foram precisos três dias para o rei D. Manuel restabelecer a ordem. Mandou executar sessenta dos detidos, incluindo padres. Os que tinham cometido delitos menores foram açoitados em público. Fechou o mosteiro dominicano, em Lisboa, e a Casa dos Vinte e Quatro, cujos membros haviam apoiado os padres. Mais importante que tudo e como demonstração do seu pesar para com os cristãos-novos, foi a proibição de a Inquisição indagar das suas verdadeiras crenças durante um período de vinte anos. Segundo a carta régia, a Inquisição era não apenas dirigida aos judeus, mas tinha ainda a tarefa de erradicar luteranos e muçulmanos. Só que a Reforma, que se alastrara por todo o norte da Europa, tinha passado completamente à margem de Portugal, de modo que não havia protestantes em Lisboa. Por outro lado, a Inquisição não se atrevia a hostilizar os poucos muçulmanos existentes por lá, com receio de represálias contra os missionários católicos no norte da África.

Os judeus que viviam em Lisboa, tanto os castelhanos como os portugueses, adaptaram-se com alguma facilidade ao papel de cristãos-novos. Alguns tornaram-se mesmo católicos convictos. Outros permaneceram intransigentemente judeus em tudo, exceto naquele mínimo de obediência exterior ao cristianismo. Um grande número praticava as duas religiões simultaneamente. De acordo com o rabino David Altabé, membros de muitas famílias de cristãos-novos foram ordenados padres. Nas igrejas, presidiam a missas a que assistiam os seus familiares e outros cristãos-novos. Depois, na privacidade dos seus lares, realizavam serviços religiosos judaicos e celebravam casamentos. Alguns desses padres alcançaram lugares de prestígio e de destaque na hierarquia da Igreja. Uma curiosidade desse tempo são os cálices destinados à comunhão, especialmente feitos para esses padres por ourives que eram cristãos-novos. O cálice, ao ser rodado ou levantado, mostrava, escondido na parte mais grossa do seu pé, castiçais judaicos em miniatura, o manto utilizado na oração e o pergaminho bíblico. Ainda existem, hoje, em Portugal, alguns exemplares que sobreviveram a esta tradição dualista. Sucessivas gerações da atualmente famosa comunidade judaica de Belmonte, no nordeste de Portugal, mantiveram a fé judaica, assim como a forma dos ritos praticados em segredo durante mais de 500 anos. Existem, em Lisboa, famílias católicas de descendência judaica que vão à missa, mas que, simultaneamente, cumprem os rituais das festas judaicas em suas casas.

Para as famílias católicas da antiga aristocracia portuguesa, muitas das quais se encontravam em precária situação financeira, a mudança de estatuto dos judeus, tornando-se cristãos-novos, constituiu um benefício, já que ficaram livres de qualquer obstáculo religioso para a realização de casamentos mistos, com a consequente partilha de bens. Houve, de fato, tantos laços matrimoniais estabelecidos entre essas famílias "antigas" e os cristãos-novos, majoritariamente comerciantes ou profissionais liberais, que, hoje, quase não existe uma linhagem nobre em Portugal que não se orgulhe da sua ascendência parcialmente judaica.

O rei D. Manuel morreu em 1521. Sua garantia de proteção aos cristãos-novos contra a Inquisição expirou 11 anos mais tarde. O papa, contudo, permaneceu firmemente ao lado dos cristãos-novos. De Roma, veio uma série de anistias perdoando, sem punição, todos os judeus por eventuais lapsos de fé, prática dissimulada do judaísmo ou qualquer outra heresia. Reinstituído por instigação dos dominicanos espanhóis, em 1547, o Santo Ofício viu, no entanto, repetidamente frustrado o seu desejo de perseguir os cristãos-novos, tanto pelas anistias papais como pela recusa da monarquia e das cortes em financiar suas atividades. Quando, depois, Portugal caiu sob o domínio espanhol, em 1580, D. Filipe conferiu poderes à Inquisição para se financiar, através da guarda e do leilão dos bens confiscados aos que eram condenados por heresia.

A esta altura, mais da metade dos mais importantes bancos comerciais de Lisboa estava nas mãos de cristãos-novos. António José Saraiva, um destacado historiador do século XX, descreveu a Inquisição como "um veículo para a distribuição de dinheiro e outros bens ao seu numeroso pessoal — uma forma de pilhagem igual à que ocorre na guerra, embora mais burocrática".

Em 1995, uma exposição itinerante vinda da Inglaterra deslocou-se a Portugal, com o objetivo, ao que se julga, de mostrar alguns dos instrumentos de tortura utilizados pelo Santo Ofício. Como exemplo, entre outros, uma cadeira, com grandes pontas de ferro sobressaindo do assento, à qual, segundo se supõe, as vítimas eram presas com correias, bem como a "donzela de ferro", uma espécie de sarcófago no qual, consta-se, o herege era colocado vivo, sendo o tampo, cravejado de hastes pontiagudas, fechado sobre a vítima. Igualmente tenebrosas são as sequências registradas dos autos de fé, mostrando o rei e os nobres, o clero e o povo, olhando para os hereges atados a postes envoltos em chamas. O principal instrumento de tortura utilizado pela Inquisição era, no entanto, uma corda e uma roldana. Ninguém era executado nos autos de fé.

O verdadeiro horror da Inquisição foi registrado minuciosamente por escrivães que estavam a seu serviço, para darem cumprimento meticuloso a toda a burocracia que dominava a organização. O inquisidor-mor contava, entre o seu vasto conjunto de colaboradores, com aristocratas, sacerdotes e homens de letras, que com ele julgavam, juntamente com acusadores, carcereiros, algozes e beleguins[1] e, ainda, notários para registrarem fielmente tudo o que era feito e dito, incluindo o relato circunstanciado do comportamento dos reclusos que aguardavam julgamento na prisão do Santo Ofício. Podia-se

---

[1] Antigo empregado judicial. (N.T.)

ser condenado por se deixar carne de porco no prato ou prescindir de uma refeição num dia de festa judaico.

Nem todas as vítimas da Inquisição eram, no entanto, judeus. Os homossexuais, por exemplo, eram implacavelmente perseguidos, mesmo que fossem padres, sobretudo se pertencessem à Sociedade de Jesus, o principal adversário da Inquisição. A repetição do delito, talvez quando se encontravam encarcerados na prisão da Inquisição, significava a pena de morte — por imolação, para os impenitentes, e por estrangulamento, antes de serem lançados à fogueira, para os que renegavam. Muitos dos padres executados por ordem da Inquisição foram declarados culpados de um tipo especial de delito, que ficou conhecido por "quietismo". Consideravam, designadamente, que não era necessário a intermediação de um padre entre os homens e Deus, a quem se pode rezar e escutar diretamente. Aquilo que, naquele tempo, era punível com a morte, tornou-se, hoje em dia, um ensinamento católico ortodoxo, sobretudo a partir do momento em que, em 1965, o Concílio Vaticano II definiu a Igreja, no seu conjunto, como "Povo de Deus", um ensinamento católico ortodoxo que, naquele tempo, era punível com a morte.

A grande maioria, no entanto, dos que eram detidos, torturados ou punidos pela Inquisição eram, de fato, cristãos-novos, sendo a maioria mulheres, já que a Inquisição estava ciente de que o lar era o centro da observância religiosa judaica, onde a mulher e mãe era realmente a chefe. Eram elas que mantinham viva a fé judaica, sobretudo através do ensinamento dado aos filhos. O Talmude era-lhes desconhecido. Por meio de estudos do Pentateuco (Antigo Testamento), desenvolveram uma teologia judaica genuinamente portuguesa, que tinha por objetivo de vida a salvação pessoal através de Deus, o que poderia ser alcançado seguindo a Lei de Moisés. Era uma doutrina conhecida da Inquisição como "judaização".

Para tentar encontrar cristãos-novos seguidores da "judaização", a Inquisição contratou um grande número de informantes amadores, conhecidos pela designação de *familiares*. Praticamente não havia rua, em Lisboa, nem aldeia rural que não tivesse pelo menos um, com a missão de atender aos mexericos e rumores ouvidos nas vizinhanças. Se surgisse uma suspeita — por exemplo, de que uma família não tinha comido carne e queijo na mesma refeição, ou que se havia comido abundantemente em dia de festa judaica —, o *familiar* dirigia-se ao Santo Ofício e fazia uma declaração formal de acusação. Se o inquisidor considerasse o tema de interesse, era emitido um mandado de captura. Os beleguins, acompanhados por um notário, dirigiam-se à casa da acusada e detinham a mulher, ou, mais raramente, o marido. Enquanto o prisioneiro era levado para a prisão, o notário fazia o inventário pormenorizado dos bens da família, incluindo somas que, eventualmente, lhes eram devidas e que depois, se fosse o caso, a Inquisição se encarregava de recolher.

Na sala de interrogatórios, o prisioneiro ou a prisioneira não eram informados sobre o teor da acusação, nem da identidade do acusador. O acusado era obrigado a adivinhar a natureza do pecado que poderia ter levado à detenção. Se a resposta era considerada incorreta ou se não houvesse nenhuma confissão, o acusado era levado para a câmara de tortura. Se o médico da Inquisição achasse que o acusado estava doente ou era demasiado fraco para ser sujeito à tortura da corda, era colocado na roda. Caso contrário, seus braços eram amarrados pelos pulsos, atrás das costas, por uma corda que se estendia por cima de uma roldana fixada no teto. Os algozes puxavam bruscamente a outra ponta da corda com a força necessária para que o prisioneiro fosse levantado do chão. A corda era depois largada subitamente e de novo agarrada pelos algozes, a fim de parar a queda do prisioneiro antes de tocar o chão, arrancando os braços dos ombros. Poucos conseguiam aguentar mais do que três puxões, embora haja registros de alguns mais jovens que não quebravam mesmo com seis. Era raro que alguém, uma vez detido, fosse dado como inocente e libertado, pelo menos no espaço de três anos. A tortura repetia-se durante esse período. Havia absolvições, com base no argumento de que, durante a tortura, o suspeito tinha gritado por ajuda a Cristo ou à Virgem Maria, no entanto muito raras. Outra maneira de conseguir a libertação era denunciar o informante de forma convincente (se conseguisse, entretanto, descobrir a sua identidade), acusando-o a ele próprio de "judaização". Na maior parte dos casos, tal fato tinha como consequência que o prisioneiro, sob tortura, implicava todos aqueles que, na sua opinião, lhe poderiam querer mal, na esperança de que um deles pudesse ter sido o seu acusador. E, assim ia, geralmente, aumentando a vaga de detenções.

A maior parte dos detidos não voltava a ver a luz do dia durante pelo menos dez anos, altura em que eram levados perante os autos de fé, que se realizavam em Coimbra e Évora, além de Lisboa. Raramente, no entanto, ficavam detidos por causa do custo. Para a cerimônia, era necessário erguer, na praça principal, uma grande plataforma sob um baldaquino ornamentado, para instalar a família real e outros dignitários, a quem era fornecida lauta comida e bebida. Como escreveu um frade franciscano, dos 86 prisioneiros presentes a um auto de fé realizado em Coimbra, um era bígamo e outro blasfemo; três eram padres que tinham afirmado que qualquer pessoa podia ter contato espiritual direto com Deus sem a mediação da Igreja; e os restantes 81 eram cristãos-novos, condenados por "judaização". A maioria dos cristãos-novos foi condenada a uma pena de prisão suplementar, alguns foram desterrados para a África ou a América do Sul e outros, ainda, autorizados a regressar aos seus países, mas com a obrigação de usarem túnicas penitenciais com chamas amarelas pintadas. Sete foram condenados à morte, mas, porque um já tinha morrido antes, seu corpo foi transportado para o auto de fé num caixão com chamas pintadas. A cerimônia realizou-se num anfiteatro fora da praça principal, na presença de convidados estrangeiros, que ficaram instalados entre os dignitários. O monge deu conta da presença de um grupo de inglesas, aparentemente embriagadas, rindo-se e fazendo troça dos prisioneiros. A cerimônia começou às seis da manhã, e o dia todo foi usado para ouvir os presos arrependidos fazerem suas confissões públicas. Os sete que não tinham se arrependido, incluindo o morto no caixão, foram entregues às autoridades seculares, sendo depois levados pelos carrascos do Estado para um campo de morte nos arredores da cidade, onde foram amarrados a postes e queimados, por volta da meia-noite. Aqueles que, à última hora, estavam dispostos a mostrar arrependimento, beijando um crucifixo, eram primeiro estrangulados.

O reverendo Michael Geddes, capelão anglicano dos mercadores ingleses de Lisboa e das suas famílias, assistiu a um auto de fé realizado na capital. A cerimônia — escreveu ele — era conduzida por dominicanos "de capas negras sem mangas, descalços e com uma vela de cera em cada mão. Em seguida, vinham os penitentes, que tinham escapado por pouco de ser queimados. Sobre suas capas estavam pintadas chamas, com as pontas voltadas para baixo, para significar que tinham sido salvos. Depois, vinham os hereges que, tendo recusado a afronta, eram estrangulados antes de serem lançados na fogueira. Seguiam-se os não arrependidos, os denegados e os relapsos, com chamas pintadas nos hábitos, mas apontando para cima. Por último, vinham todos aqueles que professavam doutrinas contrárias às da Igreja Católica Romana, os quais, além das chamas apontadas para cima nos hábitos, tinham também o próprio retrato pintado no peito, rodeado por imagens de cães, serpentes e diabos, todos de boca aberta".

O Dr. Geddes calculou a multidão de assistentes em 12 mil. O rei, acompanhado de nobres, clérigos e homens de letras, estava confortavelmente sentado num palco, ouvindo as confissões de iniquidade de ordem sexual e doutrinal.

Esta parte demorou todo o primeiro dia e a manhã do segundo. De acordo com o registrado, pelo notário da Inquisição, o custo da cerimônia ascendeu a 1.370.516 réis, sendo as rubricas maiores referentes a salários, diversos materiais, comidas e bebidas. Foram executadas, ao longo do primeiro século de vigência da Inquisição em Portugal, 108 pessoas. Em anos posteriores, os números teriam aumentado muito mais, não fora a ação do padre António Vieira. Este padre jesuíta dedicou grande parte da sua vida adulta a lutar contra a Inquisição, chegando a receber ordem de prisão pelo inquisidor-mor de Coimbra, que o manteve encarcerado durante dois anos. Conseguida a libertação, o padre António Vieira continuou a dedicar-se à proteção dos cristãos-novos contra as perseguições. Conseguiu que vários outros padres influentes aderissem à causa, incluindo o capelão real. Quando, apesar disso, se viu em inferioridade numérica e estrategicamente derrotado, em Lisboa, foi a Roma apresentar uma petição ao papa, que se recusou a recebê-lo por mais de quatro anos. Pacientemente, no entanto, António Vieira não arredou pé até que o papa lhe concedeu uma audiência e emitiu um édito de proteção.

Alguns dos cristãos-novos que foram condenados pela Inquisição ao desterro para o Brasil não consideraram o fato como uma punição propriamente dita. Outros fugiram após terem sido avisados de que haviam sido denunciados como "judaizadores". Outros, ainda, pegaram as famílias e fugiram clandestinamente para a América do Sul antes que a Inquisição pudesse agir contra eles.

No Brasil, radicaram-se na cidade de Recife, então dominada pela "febre" dos diamantes. Para encontrar pedras preciosas, na zona rural circundante, bastava escavar o solo ou peneirar a lama debaixo das quedas de água. Os cristãos-novos desterrados e fugidos começaram a trabalhar na exportação de diamantes. Montaram escritórios comerciais em Nova Amsterdã, onde construíram a primeira sinagoga mais de um século antes de os ingleses terem ali chegado e rebatizado com o nome de Nova York.

Houve tantos judeus fugindo de Portugal para Roma que os líderes da comunidade judaica ali estabelecida protestaram junto ao papa, temendo pela perturbação que tal fato iria causar na cidade. Pediram mesmo que lhes fosse recusada a entrada. A resposta do papa não se fez esperar: acolheu os refugiados saídos de Portugal e expulsou, para fora das muralhas da cidade, os judeus que já ali residiam. Depois de terem acampado nos campos, durante algum tempo, pediram desculpa, pagaram uma multa e foram autorizados a regressar.

Mais do que em qualquer outro lugar, foi na Turquia que os judeus provenientes de Portugal foram bem recebidos. O sultão ameaçou mesmo mandar executar qualquer cidadão que fizesse mal aos refugiados. Dispôs-se a ajudá-los no que fosse necessário para se radicarem na sua nova pátria. Em determinado momento, até se ofereceu para enviar navios em seu apoio. Numa carta enviada clandestinamente para Lisboa pelo rabino Isaac Sarfati, de Constantinopla, pode ler-se: "A Turquia é uma terra onde nada falta e onde se pode ficar muito bem. Não é melhor estar sob o domínio muçulmano do que sob o domínio cristão? Aqui, todos podem habitar em paz, por debaixo da sua vinha e da sua figueira." Os novos imigrantes levaram com eles, para a Turquia, o tabaco, que rapidamente se tornou o principal produto agrícola de exportação. Os judeus começaram a vender o tabaco turco no estrangeiro, um comércio que se prolongou até o Holocausto názi. Instalaram técnicas modernas de tecelagem e de fabrico de munições. Tal como em outros lugares, introduziram a tipografia, mas, como só tinham fontes de tipo hebraico, publicaram obras em português e turco, transliteradas em caracteres hebraicos.

Gerações de sultões continuaram a protegê-los e a incentivá-los. Quando os cidadãos católicos de Ancona começaram a perseguir a comunidade judaica, o sultão proibiu os barcos provenientes daquele porto italiano no Adriático de atracarem na Turquia ou de qualquer barco turco aí fazer escala. Tal era, nesse tempo, o poderio econômico da Turquia no Mediterrâneo Oriental que Ancona sofreu um colapso de que nunca haveria de se recuperar.

Os mercadores e banqueiros cristãos-novos que partiram de Lisboa emigraram, na sua maior parte, para Antuérpia, na altura, a cidade e porto comercial de maior vulto existente no norte da Europa. Tal como Portugal, esta cidade tinha caído sob o domínio espanhol. A prática do catolicismo era obrigatória e o judaísmo, proibido. As diferenças essenciais residiam no fato de não haver Inquisição e na existência de uma garantia real de imunidade à investigação religiosa em relação aos cristãos-novos que ali viviam. Os governantes espanhóis de Portugal já tinham expulsado de Lisboa os comerciantes holandeses e ingleses. Antuérpia substituía agora Lisboa como o centro europeu de comércio de especiarias e pedras preciosas provenientes do Império Português. A mais destacada das famílias de banqueiros comerciais cristãos-novos que se instalaram em Antuérpia, saídos de Lisboa, era a família Mendes. Entabularam relações comerciais, a partir de Antuérpia, com colônias portuguesas da África e da Ásia, uma vez que tinham familiares espalhados por todas elas. Moisés Mendes era comerciante em Formosa. Álvaro Mendes, joalheiro, encontrava-se em Goa, onde era o avaliador de pedras preciosas do governador. Graça Mendes, que administrava um banco, juntamente com seu sobrinho Josef Nasi, era confidente do sultão da Turquia, além de ser banqueiro do rei da Inglaterra, apesar de os judeus terem sido banidos do país. Foi a família Mendes, três gerações mais tarde, que pagou as despesas para o rei Guilherme IV, que se encontrava praticamente falido, ascender ao trono da Inglaterra. Num dos primeiros atos do seu reinado, o Parlamento acabou com a perseguição legal aos judeus.

Consta que Diogo Mendes, o chefe da família em Antuérpia, conseguiu praticamente o monopólio do comércio das especiarias, medicamentos e pedras preciosas, que, além do Báltico, se estendia ainda à Alemanha, ao Leste Europeu e à Inglaterra. Tal como os portugueses fizeram em relação a Veneza, nos tempos de Vasco da Gama, também eles tinham transformado Lisboa e Cádis, outrora os portos mais ricos, em cidades decadentes. Foi talvez por essa razão que, em 1564, o governante espanhol, duque de Alba, suspendeu a imunidade que havia sido concedida aos cristãos-novos, e alargou a Inquisição à cidade.

Amsterdã, ao norte, encontrava-se agora nas mãos de protestantes holandeses, após a sua longa guerra contra os ocupantes católicos espanhóis. Os judeus radicaram-se lá, fugidos de Antuérpia. Encontravam-se, para exercer o culto, na residência do embaixador do Marrocos, ele próprio um judeu religioso. Sua língua de culto não era o hebraico, mas o ladino, um dialeto luso-espanhol. Ao ouvir por acaso as suas orações, os vizinhos holandeses, suspeitando de que eles pudessem ser agentes secretos espanhóis, chamaram a guarda, que os deteve. Como o seu rabino, Josef Tirdo, não falava holandês, respondeu perante os juízes em latim. Argumentou que, longe de serem agentes da Espanha, eles também eram tão vítimas da sua intolerância religiosa como o tinham sido os protestantes holandeses. Prometeu que, se a sua congregação fosse autorizada a permanecer em Amsterdã, trariam grande riqueza à cidade.

Após anos de luta pela independência, a nova nação estava empobrecida e sem recursos naturais para explorar. Aos primeiros judeus que foram autorizados a radicar-se ali juntaram-se muitos mais, de modo que, em 1620, Amsterdã tinha já quatro sinagogas. Os judeus portugueses residentes na Turquia enviaram aos seus homólogos da Holanda, como agradecimento pela proteção que lhes foi dada pelos protestantes, os primeiros bulbos de tulipa conhecidos naquele país. Os judeus introduziram o comércio de diamantes e a arte da lapidação de pedras preciosas, atividades pela qual a Holanda ainda hoje continua a ser mundialmente famosa. De Cuba levaram o tabaco e fundaram a indústria holandesa de charutos, enquanto das Índias Ocidentais foi o chocolate e a consequente criação daquela indústria. Foi, assim, pois, que os judeus portugueses colaboraram no desenvolvimento da Holanda protestante.

Na sua nova liberdade, muitos dos judeus radicados em Amsterdã dedicaram-se ao ensino do judaísmo e retomaram abertamente a prática da fé dos seus antepassados. Alguns insurgiram-se, já que, durante as perseguições ocorridas em Portugal, tinham formado seu próprio conceito do judaísmo, a partir do estudo do único texto de que dispunham, o Pentateuco (Antigo Testamento). Agora eram, pela primeira vez, confrontados com o Talmude, cuja linguagem parecia a estes dissidentes bastante mais próxima da intolerância e do pedantismo medievais do que propriamente com as revelações de Abraão e com a Lei de Moisés, tendo, por isso mesmo, abandonado as sinagogas. Entre os separatistas, encontrava-se o grande filósofo Espinosa, que, antes de poder renunciar, foi expulso da sua sinagoga, acusado de heresia. Alguns, apesar das conversões forçadas das famílias e da perseguição a que foram sujeitos pela Igreja portuguesa, tinham se tornado católicos convictos, continuando praticantes da sua fé na Holanda.

Todos possuíam pelo menos uma coisa em comum com os seus vizinhos protestantes: a crença de que não era pecado roubar a um Portugal ocupado pelos espanhóis. Sua frota, financiada em conjunto, atacava e capturava anualmente mais de cem navios mercantes portugueses. Depois aconteceu o extraordinário episódio do mapa de Linshoten, que permitiu à Holanda tornar-se o primeiro poder imperial do norte da Europa.

Linshoten, um jovem holandês culto, partiu de Amsterdã, em 1576, tendo viajado por terra até Lisboa, onde, não se sabe como, conheceu frei João Vicente da Fonseca, que tinha acabado de ser nomeado arcebispo da Ásia e da África Oriental, sediado em Goa. O novo arcebispo nomeou Linshoten seu secretário e juntos viajaram de barco até a Índia.

Nos dez anos ou mais que Linshoten passou na Índia a serviço do arcebispo, organizou um registro secreto de tudo o que foi descobrindo sobre o Império Oriental Português. Roubou a Fernão Vaz Dourado, cartógrafo do governo, exemplares dos mapas oficiais com a indicação das rotas portuguesas que partiam da Europa, bem como as rotas entre as cidades comerciais do seu império marítimo, incluindo as costas da África e da Índia, a China, o Japão e as Índias Orientais e Ocidentais. Acrescentou-lhes descrições pormenorizadas, instruções e conselhos, especialmente orientados para os comandantes que navegavam naquelas rotas. Recolheu informação valiosa sobre a evolução anual do clima e as tabelas de marés. Reuniu dados importantes de todas as cidades comerciais do Império Português, com base não apenas nas suas viagens com o arcebispo, mas também a partir de relatos obtidos através dos missionários. Cada um dos relatórios incluía uma descrição da população local e dos seus costumes, do clima e das condições sanitárias, das mercadorias e dos produtos manufaturados que se encontravam à venda — sua quantidade, qualidade e preço.

A compilação desses textos foi considerada uma obra-prima de precisão e pormenor. Falta saber como conseguiu abandonar o círculo do arcebispo e fazer a viagem de regresso até a Holanda. Publicou os seus registros, em Amsterdã, em 1596, ou seja, vinte anos depois de ter rumado a Lisboa. Quase logo em seguida, o comandante Cornelius Hoofman partiu com uma frota holandesa para Java, onde estabeleceu a primeira base da Holanda na Ásia. Ao longo dos cinco anos que se seguiram, enviou para Amsterdã cerca de quarenta navios carregados de especiarias.

Durante os últimos anos do reinado da decadente dinastia de Avis e no tempo do domínio espanhol, a frota mercantil portuguesa perdeu quase por completo a competitividade. Os barcos construídos nos estaleiros portugueses eram grandes demais, muito difíceis de manejar e demasiado instáveis. Era como se as navegações fossem comandadas por um louco. Em algumas viagens com destino à Ásia, mais da metade dos navios voltou antes de poder chegar ao destino. As tripulações eram, naquele tempo, compostas sobretudo por escravos, subalimentados, de saúde precária, pouco motivados e ansiosos por encontrarem um porto por onde pudessem fugir. A marinha de guerra portuguesa tinha sido praticamente destruída por *Sir* Francis Drake, ao largo da costa ocidental da Inglaterra, quando da sua integração na Armada Invencível, que largou de Lisboa.

Os holandeses conceberam barcos mais ligeiros, mais esguios, mais velozes e mais estáveis. Em 1519, tinham construído uma fortaleza e um porto em Java, de onde assaltavam os barcos portugueses nas rotas comerciais entre Goa, Macau e Nagasaki. À força, expulsaram os portugueses do Ceilão, de Formosa, das ilhas das Especiarias, de Malaca e ainda de boa parte da costa do Malabar. Dado o vigor, o entusiasmo e a eficiência dos holandeses, conjugados com o pormenor e o rigor da informação que possuíam, o que surpreende realmente não é que eles tenham tido tanto êxito, mas que a presença portuguesa ainda tenha sobrevivido.

Quando os holandeses, finalmente, chegaram ao Japão, tiveram pouco êxito, já que os jesuítas portugueses e espanhóis estavam ali firmemente implantados. No entanto, o sucesso por eles conseguido em relação às conversões, sobretudo entre a aristocracia, perturbou os monges xintoístas. Como então escreveu o padre jesuíta Forest: "Desde cedo, constataram que os padres dedicavam a maior parte dos seus esforços à conversão dos nobres. Já que estavam plenamente convencidos de que, sob o pretexto de salvar almas, se escondia uma forma engenhosa de conquistar o Japão, ficaram desde logo com o pé atrás."

Em bula papal datada de 1585, o papa declarava, entretanto, que o Japão era um monopólio dos jesuítas portugueses, através dos padroados. Aos franciscanos espanhóis foi concedida uma exclusividade bem menos aliciante — as Filipinas —, que os levou a praticar atividades ilegais em território jesuíta do Japão. À chegada, apresentavam-se não como missionários, mas como embaixadores. Foram autorizados a prosseguir até Kyoto, a capital, com a condição de se dedicarem exclusivamente ao trabalho de evangelização. O fato de repetidamente terem violado o acordo levantou fortes suspeitas na corte, sobretudo quando, em 1596, ficou-se sabendo que o galeão espanhol encalhado na costa japonesa transportava 600 mil moedas de prata. O comandante conseguiu escapar, mas o piloto foi capturado. Na esperança de desviar as atenções, mostrou um mapa dos impérios português e espanhol, explicando como tantos povos haviam sido subjugados. "Começam por enviar padres", disse ele, "que induzem o povo a abraçar nossa religião. Quando os progressos alcançados forem consideráveis, enviam as tropas, que, controlando os convertidos, torna todo o resto mais fácil".

Quase imediatamente, franciscanos espanhóis, juntamente com jesuítas e 17 cristãos japoneses, foram executados por crucificação. Foi ordenado que os padres estrangeiros fossem deportados, tendo 47 procurado refúgio no enclave português de Nagasaki, aonde regressaram muitos dos que tinham sido expulsos. Os soberanos japoneses foram a princípio muito tolerantes, talvez porque estavam demasiado distraídos pela guerra civil para agir com mais firmeza. Aos cristãos que renunciavam à sua fé era-lhes devolvida a honra e concedida uma pensão. Poucos aceitaram a oferta, só que, de repente, viram-se confrontados com um terror nada inferior ao da Inquisição na Europa. De acordo com os cálculos elaborados pelos jesuítas, 200 mil japoneses convertidos foram vítimas de castigos que os levaram quase à morte. Mais de 1.400 foram crucificados. Num paralelo impressionante com os judeus, em Portugal, que mantinham secretamente a sua fé, apesar das perseguições pela Igreja, a igreja que os jesuítas portugueses fundaram no Japão passou mais de dois séculos na clandestinidade, só voltando a aparecer à luz do dia com a proclamação da tolerância religiosa, em 1867. À semelhança dos judeus, em Portugal, não tinham livros, mas mantiveram-se fiéis aos rituais do batismo, da oração e da eucaristia, usando a memória e a criatividade. Em Portugal, o governador e os vereadores de Tomar receberam uma carta informando-os de que o rei Filipe II, da Espanha, ia ascender ao trono. Deviam recebê-lo e festejá-lo como rei de Portugal. Em resposta, o governador informou que os únicos habitantes da cidade que dispunham de algum dinheiro eram judeus, mas como todos os seus bens haviam sido confiscados pela Inquisição, não conseguiam arranjar fundos para uma recepção real. A sinagoga de Tomar foi transformada em armazém, e assim permaneceu durante mais de quatro séculos, até os anos 1990. Foi agora carinhosamente restaurada e devolvida aos judeus. Na Páscoa judaica de 1994, membros da Bevis Marks, a mais antiga sinagoga de Londres, construída por judeus portugueses exilados, deslocaram-se para Tomar, encontraram-se com os judeus locais e, juntos, restituíram a sinagoga à sua função religiosa.

Capítulo XIV
A reconquista da liberdade

A derrota da Armada Invencível por *Sir* Francis Drake, ao largo de Plymouth, no ano de 1588, permanece como um dos acontecimentos mais conhecidos da história da Inglaterra. Raramente se fala, no entanto, no que se seguiu à maior operação militar do reinado de Isabel I.

A 18 de abril de 1589, uma frota inglesa de 150 navios, transportando 18.500 homens armados, navegou para o Sul em direção a Plymouth. Para a rainha Isabel, sua missão era encontrar e destruir os restos da Armada Invencível, nos portos atlânticos do norte da Espanha. Contudo, a rainha estava falida. Tinha gasto mais do que as 250 mil libras anualmente atribuídas pelo Parlamento, no combate aos espanhóis, no mar, e aos holandeses, em terra. O Parlamento recusou-se a aprovar mais verbas. Assim, dos navios que haviam participado no maior empreendimento militar do seu reinado apenas oito pertenciam à marinha real, tendo os restantes sido financiados com dinheiros privados.

A força era comandada por Drake e *Sir* John "Blackjack" Norris, o general. Além das 20 mil libras investidas por este no empreendimento — mais do que as 17 mil da rainha Isabel —, Norris tinha ainda angariado muito dinheiro junto aos seus amigos militares. Drake contribuíra com duas mil libras e mais seis mil dos seus colegas da marinha, para além das 15 mil dadas pelos seus admiradores, em Londres. Fundos adicionais tinham sido angariados junto a corporações e a particulares ricos, por toda a Inglaterra. Foi a opinião deles, muito diferente da opinião da rainha, que prevaleceu, sobre os objetivos da expedição.

Viajando com *Sir* Francis Drake, a bordo do seu navio-almirante, encontrava-se D. António, prior do Crato, filho ilegítimo de um irmão mais novo do rei D. João III. O plano de Drake e de Norris era expulsar os espanhóis de Portugal, instalar D. António no trono e enriquecerem, eles e a Inglaterra, através do domínio do Império Português e do seu comércio. Perante alguns escrúpulos sobre a legitimidade de protestantes ingleses apoiarem um futuro monarca católico, místicos puritanos, consultados por Drake, asseguraram-lhe que quaisquer danos infligidos aos Reis Católicos de Espanha, independentemente dos meios utilizados, agradariam sempre a Deus.

Em atenção à rainha Isabel, Norris e Drake começaram por dirigir a frota para o porto espanhol de La Coruña, onde se lhes deparou um único galeão, que incendiaram. Totalmente indefesa, a parte baixa da cidade foi saqueada pelos soldados e marinheiros. Embriagados pelo vinho a que não conseguiram resistir, entraram numa mansão, onde encontraram um conjunto enorme de roupas antigas e extravagantes pertencentes a uma família nobre. Levaram consigo as roupas e vestiram-nas, tendo sido atacados por pulgas portadoras da peste. Ainda na ressaca da bebedeira e contaminados pela peste, reembarcaram e dirigiram-se para o Sul.

Chegaram a Peniche, uma vila de pesca situada ao norte de Lisboa, na tarde de 16 de maio. O conde de Essex saltou para o mar, com água até os ombros, comandando o primeiro assalto. Escreveu, mais tarde, que, apesar de ter "morto um espanhol numa luta corpo a corpo", não houve grande resistência. O conde de Fuentes, comandante espanhol da guarnição local, retirou-se com os seus cinco mil soldados logo que avistou a frota inglesa, enquanto o comandante português do castelo lhes entregou de imediato as chaves. As únicas baixas registradas foram praticamente as dos homens que se afogaram quando o barco foi atirado e despedaçado contra as rochas pelas águas revoltas do mar. Norris desembarcou com sua força principal e tomou a vila antes da primeira noite.

Dois dias mais tarde, os ingleses avançaram sobre Lisboa, a noventa quilômetros de distância. Drake despediu-se deles, numa encosta. Depois, regressou ao navio e partiu, com sua frota, contornando o cabo da Roca até Cascais e daí até o estuário do Tejo.

De Peniche, Norris escreveu ao Conselho Privado da Rainha, em Londres — seu relatório está conservado na Navy Records Society [Sociedade de Arquivos da Marinha]. Então, a sua força estava já reduzida a 8.526 homens, sobretudo por deserção e naufrágio. Destes, 2.791 ainda estavam debilitados devido à doença contraída pelas roupas velhas, de La Coruña. Aqueles que não puderam marchar até Lisboa, foram transportados: o conde de Essex cedeu a carruagem, que tinha sido trazida de barco da Inglaterra, outros foram presos com correias à garupa de mulas de carga e os restantes transportados por camponeses, contratados para esse fim, em macas feitas de lençóis esticados entre lanças. À medida que essa força quase destroçada ia avançando, o conde de Fuentes retirava-se, tentando manter-se à distância de um dia de marcha, o que, na prática, não constituiu um grande desafio, na medida em que os ingleses avançavam pouco mais de dez quilômetros por dia.

Quando, por fim, atingiram os subúrbios, ao norte de Lisboa, descobriram que a área tinha sido abandonada por todos, exceto os idosos, os enfermos e um único pedinte, que os chamou, de mão estendida, dizendo: "Viva o Rei D. António." Verificaram que, antes de bater em retirada, a população local havia incendiado os celeiros e levado os alimentos que restavam e outros mantimentos. Curiosamente, tinham deixado ficar em suas casas grandes quantidades de joias e outros valores. Os soldados ingleses, que não tinham recebido qualquer pagamento, passaram a primeira tarde nos subúrbios, saqueando. Na manhã seguinte, atacaram a Igreja de Santo António, dedicada ao padroeiro de Lisboa, que, enfiada nas muralhas da cidade, tinha um grande valor estratégico. As muralhas eram muito mais altas do que os ingleses esperavam, e eles não tinham trazido consigo armas ou equipamento adequado para as escavar ou escalar. Entraram na igreja pela sacristia, atravessando a nave e saindo para as ruas da cidade pela porta principal. Inesperadamente, viram-se confrontados com uma força nova e determinada de soldados espanhóis, para lhes fazer frente. Passado um tempo, cansados, os ingleses retiraram-se, almoçaram e puseram-se a dormir a sesta. Enquanto dormiam, os espanhóis atacaram-nos com uma fuzilaria de "balas tão velozes como pedras de granizo". Três oficiais e 46 soldados tiveram morte imediata antes de Norris e Essex trazerem reforços e repelirem os espanhóis, fazendo-os sair pelos portões da cidade.

D. António prometeu a Norris que no dia seguinte se juntaria a eles uma força de, pelo menos, três mil portugueses armados, que lhe permaneciam fiéis. As únicas pessoas que, no entanto, apareceram foram seis frades descalços e uma aristocrata, que deram de presente ao pretendente ao trono um cesto de cerejas e ameixas. Informaram-no de que todos aqueles que se tinham declarado a favor de D. António haviam sido decapitados pelos espanhóis. Norris decidiu limitar eventuais danos e transferiu seus homens para Cascais, que ficava a menos de um quinto da distância de Peniche.

Sir Francis Drake já se encontrava instalado em Cascais, com suas tropas e artilharia pesada. Entretanto, quando para lá se dirigia, deparou-se com uma frota de sessenta navios proveniente de Hamburgo, que o pilhou, levando a comida, mastros, cabos e outras peças. O povo de Cascais recebeu os ingleses calorosamente, com ofertas de pão, fruta, água da nascente e vinho. Drake informou Londres de que Cascais era "uma vila muito simpática e muito limpa". No entanto, após suas tropas ali terem permanecido durante uma semana, escreveu, dizendo que elas tinham transformado a vila num "local repugnante".

Chegando a Cascais, Norris instalou D. António no Castelo. Apesar da enorme simpatia dos portugueses, estavam cansados de guerra, suas fileiras de combatentes seriamente depauperadas, e assim foram menos de 200 os que se ofereceram para integrar as forças inglesas. Drake deixou para trás um terço dos ingleses, porque ainda estavam demasiado doentes para combater, e avançou com os restantes em direção ao forte de São Julião, na margem norte do estuário do Tejo, que estava em posse dos espanhóis. Os reforços espanhóis chegaram a São Julião, vindos de Lisboa, para ajudar a manter o forte. O conde de Essex enviou uma mensagem ao forte, a desafiar o comandante para um duelo ao meio-dia do dia seguinte. Para ser mais facilmente reconhecido levaria um lenço encarnado atado em volta do braço esquerdo e penas adicionais no chapéu. Ao meio-dia, os espanhóis lançaram um ataque em massa e os ingleses foram forçados a recuar. Estavam, a essa altura, tão desmoralizados que Norris decidiu abandonar por completo a campanha. Escreveu, a propósito, Drake: "Se Deus nos tivesse enviado do céu uma razoável quantidade de mantimentos para os nossos soldados e marinheiros, tudo se resolveria." Assim, teve de partir com seus homens para os Açores, na esperança de ali encontrar galeões espanhóis e pilhar seus carregamentos de prata trazidos da América do Sul.

Norris dirigiu-se quase diretamente para o seu país, só fazendo uma parada em Baiona, no sudoeste da França, a fim de deixar D. António no exílio e na obscuridade. Quando aportou em Plymouth, verificou que Drake já ali chegara, de mãos vazias.

Sete anos mais tarde, o conde de Essex, juntamente com *Sir* Francis Drake, *Sir* Walter Raleigh e outros, dirigiram-se de barco para a costa sul do Algarve. Tinham saqueado Cádis e seus navios estavam agora fortemente carregados com o produto da pilhagem, cuja dimensão constituía um verdadeiro sonho para os soldados e marinheiros ingleses. Embora ansiosos por regressarem à pátria, para venderem os despojos, acederam, no entanto, ao pedido do conde de Essex e fizeram escala em Faro, a fim de verificar se havia mais alguma coisa que valesse a pena pilhar. Os soldados desembarcaram e, após destruírem as pescas de atum existentes no porto, foram conduzidos, pelo conde, até a cidade, que, entretanto, fora abandonada pelos moradores. A mansão mais nova e mais bela de Faro era o Pago Episcopal. Essex mudou-se para lá, enquanto os soldados vagueavam pelos arredores, queimando aldeias sem encontrarem nada de valor, além de vacas e porcos. O bispo do Algarve, D. Jerónimo Osório, tinha, ainda recentemente, deslocado a sé da cidade de Silves, no interior, para a costa. Era conhecido em toda a Europa católica pelos seus conhecimentos em humanidades, teologia, e história e literatura latinas. Sua biblioteca era uma das particulares mais valiosas. Na falta de dinheiro para pilhar, o conde de Essex mandou carregar os livros do bispo a bordo do navio, e levou-os para a Inglaterra, oferecendo-os a *Sir* Thomas Bodley, fundador da Biblioteca Bodliana da Universidade de Oxford. Tornou-se, talvez, a única grande biblioteca do mundo ocidental a ter, como núcleo principal, uma coleção de livros roubados.

Os portugueses só reconquistaram a independência dos espanhóis sessenta anos mais tarde. O fato, a princípio, não foi considerado muito relevante, já que o rei Filipe II da Espanha, ao tornar-se também rei de Portugal, com o nome de Filipe I, foi escrupuloso na forma como tratou os assuntos. Sancionava geralmente as decisões das cortes e raramente visitava Lisboa. Ofereceu de presente à capital portuguesa o quadro que muitos, ainda hoje, colocam entre os 12 mais belos do mundo: o tríptico de Hieronymus Bosch *A tentação de Santo António*. Bem diferente, no entanto, foi a atitude do seu neto, Filipe III de Portugal e IV de Espanha. Nunca pôs os pés em Portugal e considerava uma aberração que fossem permitidos aos portugueses privilégios que eram negados a outras nações que tinham ficado sob o domínio da Coroa espanhola. A Andaluzia e a Catalunha, por exemplo, eram governadas de Castela, e de forma autoritária, pelo seu primeiro-ministro, o duque de Olivares.

Esse estilo de monarquia conduziu a uma opressão generalizada em toda a península Ibérica. Os catalães foram os primeiros a rebelarem-se, levantando-se contra a Coroa espanhola com armas fornecidas pelo cardeal Richelieu. O rei D. Filipe ordenou aos portugueses que reunissem um exército de mil homens, para irem à Catalunha ajudar a dominar a insurreição. Quase logo em seguida, o cardeal Richelieu enviou um agente secreto a Lisboa, oferecendo armas para serem utilizadas numa insurreição contra os espanhóis. Um grupo de nobres visitou o duque de Bragança, o qual, sendo descendente de um ramo ilegítimo da Casa de Avis, seria por nascimento o mais plausível pretendente ao trono de um Portugal novamente independente. Só que não era um líder nato. Vivia num agradável palácio rural, em Vila Viçosa, no norte do Alentejo. Dedicava-se à caça do javali e tinha uma enorme coutada murada por detrás do palácio. Era também um apaixonado e talentoso compositor amador de música sacra. O *Adeste Fidelis* é-lhe atribuído, ainda que haja quem diga que ele foi plagiado de um compositor inglês.

Quando os nobres consideraram que era chegada a hora da revolta contra o domínio espanhol, sobretudo porque não tinham tropas de reserva, o duque recusou-se a aderir. Foi então que a mulher, Luísa de Gusmão, uma aristocrata andaluza, ao saber do conluio, teria declarado: "Mais vale ser rainha por um dia do que duquesa toda a vida."

Às nove da manhã do dia 1 de dezembro de 1640, um grupo de aristocratas armados, juntamente com seus criados, também armados, reuniram-se no Terreiro do Paço e irromperam pelas escadas do palácio. Miguel de Vasconcelos, a mais alta entidade portuguesa, considerado pelos revoltosos como o principal traidor da pátria, foi assassinado quase imediatamente e o seu corpo atirado pela janela. A duquesa de Mântua, regente do reino, pediu ajuda, que não chegou. Detida e levada para um convento, no campo, aí foi mantida em reclusão. Vários altos dignitários pró-espanhóis foram também detidos. Quatro aristocratas foram decapitados e seis plebeus enforcados. O arcebispo de Braga, apelidado de colaborador dos espanhóis, morreu na prisão. O inquisidor-mor foi feito prisioneiro com fundamento em idêntica acusação, mas foi libertado, como resultado da pressão de Roma. Todos esses acontecimentos foram ocultados ao duque de Bragança, por receio da sua total falta de ambição. Contudo, o golpe teve êxito e 15 dias mais tarde, numa plataforma erigida ao ar livre, no Terreiro do Paço, o duque foi aclamado rei, com o nome de D. João IV.

Entre os tributos prestados ao novo rei encontrava-se um livro da autoria do irmão Bernardo de Brito, intitulado *Monarquia lusitana*. Visto assim, a distância, seu servilismo parece próximo do sacrilégio. No contexto da época, no entanto, não era de todo assim. Para Bernardo, Deus tinha concebido Portugal mesmo antes de ter tido a ideia de criar a Terra. O rei D. João tinha sido ungido por Deus. Seu destino era tornar-se imperador do novo Reino de Deus na Terra.

Não foi tanto o governo de D. João, mas o da sua mulher, D. Luísa, que, após 15 anos de poder ao lado do trono, se tornou, em 1656, regente do reino. E assim se manteve, mesmo quando o filho, Afonso VI, se tornou rei, já que ele sofria de uma deficiência mental: comia no chão, tinha ataques de irritação, frequentava as tavernas de Lisboa, onde se embebedava e se envolvia em rixas, tendo, ocasionalmente, ao que consta, matado algumas pessoas em brigas, com impunidade. Foi obrigado a renunciar ao trono e exilado, em Sintra, primeiro, e depois nos Açores.

Foram grandes os desafios que D. Luísa teve de enfrentar. Portugal não tinha efetivamente exército e a marinha fora destruída, quando da Armada Invencível. O tesouro estava quase vazio. O fato é que os franceses não enviaram qualquer auxílio, a não ser uma princesa menor de idade, que casou, primeiro com D. Afonso, e depois com o irmão mais novo e sucessor, D. Pedro II. Os holandeses, a quem tinha sido pedida ajuda, optaram, antes, por atacar os barcos mercantes portugueses e apoderarem-se de Malaca.

Sob pressão espanhola, o papa Urbano VII limitou-se a reconhecer Portugal como uma província da Espanha. Os embaixadores portugueses, que foram enviados a Roma, tiveram de optar por um caminho difícil para lá chegar; viajaram de barco de Lisboa até Bordéus e, depois, seguiram por terra, evitando, assim, passar pela Espanha. Quando o bispo de Lamego chegou a Roma, o papa recusou-se a recebê-lo. Uma comissão de cardeais declarou que as suas credenciais de embaixador eram inválidas, já que representava um Estado sem existência legal. Foi atacado na rua por agentes espanhóis, que mataram dois dos seus criados. Lisboa enviou, posteriormente, o prior de um importante mosteiro para advogar a causa portuguesa junto a Roma. A essa altura, 17 das 18 dioceses estavam sem titular, porque Roma se recusava a nomear novos bispos quando os anteriores morriam. Ao prior foi-lhe negada audiência, tendo, também ele, sido atacado na rua por agentes espanhóis, que mataram um dos seus criados.

Apesar da hostilidade do papa, D. Luísa contava, no entanto, com o apoio de um outro padre, de origem humilde, mas muito hábil. Era o padre Daniel O'Daly, um frade dominicano, natural de Kerry, Irlanda, que veio para Lisboa com o objetivo de fundar um seminário, onde jovens ingleses e irlandeses poderiam estudar e serem ordenados padres, sem sofrerem a perseguição protestante. O padre O'Daly e a rainha encontraram-se pela primeira vez quando este lhe requereu a licença para abrir o colégio. A atração mútua parece ter sido imediata, de tal modo que não demorou muito tempo para a rainha o nomear seu confessor. Pouco depois, foi convidado a integrar o Conselho de Ministros, com as atribuições dos Negócios Estrangeiros, tornando-se o principal estadista português em nível internacional.

Rapidamente se apercebeu de que a prioridade do país era conseguir o apoio de um poderoso aliado militar. A estratégia passaria por dar em casamento a filha de D. Luísa de Gusmão, a infanta Catarina de Bragança, oferecendo colônias portuguesas como dote. Deslocou-se para a França, à corte do rei Luís XIV, a quem apresentou a proposta. O Rei Sol recusou: não ia desvalorizar seu próprio trono, pela aproximação, através do casamento, de uma dinastia nova e de futuro incerto, que não era reconhecida por Roma. Foi impedido de prestar auxílio militar a Portugal contra a Espanha, por causa do Tratado dos Pireneus, assinado pouco tempo antes. Simpatizou, no entanto, com a causa do padre O'Daly e mostrou-o na prática. Prometeu-lhe que, se o rei Carlos II, acabado de ascender ao trono inglês, casasse com Catarina, os franceses comprariam à Inglaterra o porto de Dunquerque por 370 mil libras, sendo o dinheiro destinado ao apetrechamento de tropas para defesa de Portugal.

O padre O'Daly fez deslocar de Lisboa a Londres o padre Barlow, um dominicano inglês. Entre os feitos deste, conta-se a invenção do relógio de repetição: quando dois botões eram pressionados em sequência, o relógio batia as horas e os minutos, tornando possível saber as horas no escuro. Ainda se fabricam esses relógios, como curiosidade, vendidos a 27.500 dólares cada, e conhecidos por "Le Portuguisier". O padre Barlow ofereceu um ao rei Carlos II, que, fascinado, o convidou a mudar-se da embaixada de Portugal para um apartamento posto à sua inteira disposição no palácio real, Somerset House. O embaixador espanhol, ao saber o que estava acontecendo, comprometeu-se a pagar o dobro do dote dos portugueses se Carlos casasse com outra princesa que não a infanta Catarina de Bragança. A proposta foi recebida com desprezo pela corte, onde era bem conhecida a situação de quase falência dos monarcas espanhóis da Casa Habsburgo, devido às guerras. O acordo celebrado pelo padre Barlow, em nome de Portugal, era que, ao casar com Catarina de Bragança, Carlos receberia as colônias portuguesas de Tânger e Bombaim, mais 350 mil libras em dinheiro. Caso fosse necessário para assegurar o negócio, o padre Barlow tinha autorização de Lisboa para acrescentar a ilha da Madeira. Além de não ter precisado recorrer a essa concessão adicional, conseguiu ainda uma licença que permitia aos seus colegas dominicanos o recrutamento de mercenários, nas áreas celtas da Grã-Bretanha, para ajudar Portugal na defesa contra os espanhóis.

Embora, a princípio, não parecessem muito interessados em Bombaim — passaram-se três anos antes de os ingleses enviarem funcionários e soldados para tomar posse da cidade —, diferente, no entanto, foi a atitude em relação a Tânger, já que havia muita gente influente em Londres acreditando que a posse da cidade possibilitaria à Inglaterra dominar o Mediterrâneo, tanto comercial como militarmente. O conde de Sandwich tornou-se presidente da Comissão de Tânger, e Samuel Pepys, o cronista, foi nomeado tesoureiro.

No princípio de 1662, Sandwich partiu para Tânger e o governador português entregou o governo da cidade aos ingleses. Prosseguiu em direção a Lisboa, para ir buscar a infanta Catarina, cuja família só tinha conseguido pouco mais de metade do dote acordado, mas a Inglaterra não estava em posição financeira para exigir tudo ou nada. Sandwich contentou-se com uma nota de dívida destinada a cobrir o montante em falta. Uma esplêndida tapeçaria, que se encontra, hoje em dia, pendurada na residência do embaixador de Portugal em Londres, representa a frota inglesa largando de Lisboa em direção à Inglaterra, transportando a princesa. Grandes multidões acolheram-na, entusiasticamente, quando ela chegou a Portsmouth. John Evelyn anotou, no seu diário, que ela era pequena e tinha um queixo ligeiramente sobressaído, mas, fora isso, sua beleza era aceitável. Diz-se que o rei, ao vê-la pela primeira vez, teria, no entanto, comentado: "Trouxeram-me um morcego."

Casaram às pressas, na Catedral de Portsmouth, e retiraram-se para um quarto. Lá, Catarina, agora rainha da Inglaterra, recusou-se a consumar o casamento, porque este tinha sido celebrado na Igreja Anglicana. Ordenaram, então, que um padre católico fosse ao quarto e aí celebrasse uma missa nupcial, que foi apenas testemunhada por quatro nobres e três damas de companhia, todos portugueses. Depois, a rainha anuiu em ir para a cama com o rei.

Porque nenhum deles falava uma palavra da língua do outro, o casal real conversava em espanhol. Viajaram de barco, ao longo da costa sul, tendo, depois, subido o Tâmisa até Londres, onde foram recebidos por multidões ainda maiores e mais entusiásticas. A popularidade da nova rainha, pelo menos na corte, durou, no entanto, pouco tempo. Como escreveu Samuel Pepys, os membros da corte ficavam espantados ao verem as damas de companhia portuguesas beijarem no rosto todos aqueles que conheciam pela primeira vez. O médico pessoal da rainha, o Dr. Mendes, considerou a água imprópria para beber, tendo publicado, mais tarde, um panfleto recomendando o consumo da água de Tunbridge Wells. A nova rainha trouxe os próprios cozinheiros e insistia em comer apenas comida portuguesa. Recusou-se ainda a usar vestidos ingleses, preferindo as roupas com aspecto arcaico da corte portuguesa.

Por seu lado, o rei Carlos continuou a andar publicamente com Lady Castlemayne. O título foi-lhe arranjado pelo monarca, a partir do momento em que fez lorde um plebeu em contrapartida de se casar com Lady Castlemayne. Sob esta capa, o novo lorde assumiu o papel de pai dos seis filhos que, ao longo de seis anos, Lady Castlemayne deu a Sua Majestade. Oficialmente, o rei era apenas padrinho. Carlos insistiu com a mulher para que nomeasse Lady Castlemayne camareira-mor, o que foi terminantemente recusado. No entanto, perante a ameaça do rei de reenviar, para Lisboa, todas as suas damas de companhia portuguesas, Catarina acabou por aceder. Pepys relata a seguinte história: Lady Castlemayne entrou, um dia, no quarto de vestir da rainha, onde estavam entrançando seus cabelos, de acordo com o que era, então, a moda portuguesa. Lady Castlemayne comentou que Sua Majestade devia ter muita paciência para se sujeitar àquele ritual. Consta que a rainha teria respondido: "Esta é das coisas que menos põem à prova a minha paciência." Alguns dias mais tarde, a 10 de junho de 1665, Pepys escreveu no seu diário: "A rainha, em conversa informal com suas damas, na sala de visitas, disse a Lady Castlemayne que temia que o rei se constipasse, já que ficava até muito tarde em sua casa. Lady Castlemayne respondeu, de imediato, dizendo que o rei costumava sair de lá no momento oportuno (uma, duas, ou três da manhã, no máximo), pelo que só poderia estar em outro lugar."

Entrando e ouvindo, "o rei disse ao ouvido de Lady Castlemayne que ela era uma mulher atrevida e impertinente, ordenando-lhe que deixasse a corte e que não regressasse até ele a mandar chamar... Foi para um aposento em Pall Mall, onde permaneceu durante dois ou três dias". Depois, escreveu ao rei perguntando se podia voltar para recolher suas coisas. Ele respondeu que, primeiro, devia identificá-las. Quando ela chegou, o rei aguardava-a. Lady Castlemayne ameaçou publicar as cartas de amor que ele lhe escrevera. Ambos cederam e tornaram-se, de novo, nas palavras de Pepys, "muito amigos".

Para Pepys, este episódio não foi nada bom para o erário, porque os portugueses, aproveitando-se do escândalo público do adultério do rei e das desconsiderações de que eram vítimas na corte, encontraram pretexto para atrasar mais o pagamento da parte do dote que ainda era devida. O pior é que, como então Pepys afirmou, não era fácil que "os centros financeiros emprestassem sequer um centavo". Para agravar as coisas, a dádiva de Tânger, longe de ser o *jackpot* que Pepys e outros esperavam, estava custando à coroa 55 mil libras anuais na manutenção de uma guarnição que praticamente não tinha contrapartidas comerciais.

O rei, por fim, rompeu com Lady Castlemayne a favor de Louise Kéroualle, duquesa de Portsmouth, sua amante o resto da vida. A rainha manteve uma pequena corte, em Somerset House. Uma noite, após o jantar, Pepys foi levado por um amigo para ver o quarto da rainha. "Ela pouco mais tinha do que algumas pinturas piedosas, livros religiosos e água benta à cabeceira da cama." Passava grande parte do tempo ouvindo missa, rezando, confessando-se ou lendo textos sagrados. Fora isso, jogava cartas.

Como observou o professor John Miller, biógrafo de Carlos II, "o casamento foi uma tragédia pessoal e política". Apesar das raras visitas reais, a rainha engravidou quatro vezes e de todas elas abortou. Quando da última vez, o rei decretou que ela não tinha engravidado, uma vez que era estéril. Houve movimentos, na corte e no Parlamento, a favor do divórcio do rei. As tentativas falharam porque, em parte, o divórcio implicaria a devolução do dote recebido. Os políticos mais puritanos tentaram acusá-la de envolvimento em "conspirações papistas" contra a coroa. O rei, com honra, classificou as acusações de absurdas. Como, após a morte de Carlos, aumentaram os rumores maliciosos contra a rainha, ela regressou a Lisboa. Praticamente, sua última contribuição para a vida inglesa foi a introdução do chá com bolos, à tarde.

A situação de Portugal tinha se transformado grandemente na sua ausência. Seu irmão, o rei D. Afonso VI, doente mental, tinha sido submetido ao exílio, nos Açores. Seu segundo irmão, o rei D. Pedro II, tinha casado com a cunhada, quando da subida ao trono. Entretanto, a mãe dos três, D. Luísa de Gusmão, tinha ficado como monarca efetiva.

O padre O'Daly, capelão da rainha e ministro de Estado, tinha regressado da Grã-Bretanha, com dois regimentos de infantaria, dois de cavalaria e dez barcos de guerra. Quando, em 1665, os espanhóis invadiram Portugal e avançaram até Vila Viçosa, onde se situava a casa da família do duque de Bragança, tiveram de enfrentar uma força portuguesa apoiada por tropas inglesas e alemãs, sob o comando de Schomberg. No primeiro dia, 17 de junho, quatro mil soldados espanhóis foram mortos e seis mil feitos prisioneiros. Foram também capturados 3.500 cavalos aos espanhóis. Este confronto ficou conhecido como Batalha de Montes Claros.

Passado não muito tempo, aparentemente para surpresa de Lisboa, os colonos portugueses no Brasil revoltaram-se contra os governantes coloniais holandeses, expulsaram-nos e assumiram eles próprios o poder. Em breve, começaram a enviar tabaco para Lisboa, em quantidades que chegaram a atingir a média anual de 28 barcos. Por volta da década de 1680, o imposto sobre o tabaco tinha se tornado a grande fonte de rendimento da família Bragança, já que, tanto a importação como a exportação constituíam um monopólio do Estado, com uma margem comercial, para a coroa, na ordem dos 20%. A loucura do tabaco assolou a Europa. Enquanto os mercadores londrinos forneciam para o norte da Europa, com tabaco plantado por cultivadores ingleses na Virgínia, os mercadores de Lisboa vendiam o tabaco do nordeste do Brasil à Espanha, à Itália e à França. Foi comercializado, não como um hábito social agradável, ou até mesmo como um prazer, mas, antes, como uma droga que provocava uma sensação inebriante no cérebro. O modo de utilização preferida era em pó (rapé), sendo apertado entre o polegar e o dedo indicador e aspirado através das narinas. A membrana das narinas introduzia a nicotina diretamente na corrente sanguínea, que a conduzia ao cérebro num intervalo de sete a nove segundos. Em Portugal, a utilização desse estimulante disseminou-se de tal modo que os juízes de Évora apelaram a Lisboa para elaborar uma legislação que permitisse debelar o surto de crimes relacionados com o tabaco. A fim de conseguirem dinheiro para sustentar o vício, aumentou enormemente o ataque a pessoas na rua e o assalto a casas. Só que, na capital, fizeram-se de surdos para os rogos dos juízes, pois, como eles próprios denunciavam, a monarquia tinha enriquecido à custa dessa moda. Em contraste, foi introduzida uma legislação penal prevendo penas mais graves para aqueles que comercializassem tabaco ilegalmente, fora do monopólio estatal. Também foi considerado ilegal o cultivo de tabaco em Portugal. Foi criada uma grande força policial que, para evitar o mercado negro, fazia batidas em instalações espalhadas por todo o país, à procura de tabaco ilegal. Vários membros de famílias nobres foram detidos, multados e até condenados, acusados de cultivarem, nas suas hortas, tabaco para uso pessoal. Em 1676, a polícia fez uma batida no Mosteiro de São Bento, em Lisboa, onde confiscaram aos padres máquinas de moagem, peneiras e quatro sacos de rapé. Apesar da imunidade de que gozavam todos os clérigos, seu abade foi deportado. Em 1700, numa batida feita no Convento de Santa Ana, em Viana do Castelo, a polícia descobriu registros onde se provava que as irmãs vendiam quantidades enormes de tabaco — atingindo os 120 quilos diários —, por elas próprias cultivado nas quintas do convento.

Essa moda chegou a Goa onde se apoderou de tal modo da população local que, por volta de 1680, para sustentar o vício, portugueses e indianos pagavam anualmente a Lisboa qualquer coisa como dez sacos de diamantes. As folhas de qualidade inferior eram marinadas em melaço e enviadas de barco para a África Ocidental como tabaco de mascar. Era transacionado em troca de escravos, que eram depois embarcados para o Brasil, a fim de ajudarem a criar novas e maiores fazendas de tabaco.

O tabaco foi, no entanto, apenas o prelúdio da riqueza que o Brasil havia de proporcionar à Casa de Bragança, à sua corte régia e aos comerciantes de Lisboa. Havia um fluxo, proveniente de portos atlânticos da América do Sul com destino a Portugal, de açúcar, peles, ervas medicinais, diamantes e uma madeira maciça, de tom avermelhado, escuro e brilhante, que deu o nome ao Brasil. Havia também um próspero comércio de prata, que, contrabandeada na América do Sul espanhola com destino a Londres, passava pelo Brasil e por Lisboa. Havia enorme interesse por esse produto na capital inglesa, já que, sendo a moeda mais procurada na Ásia, era essencial aos ingleses, para levarem a cabo o desenvolvimento comercial do seu império.

Em 1694, Bartolomeu Bueno de Siqueira descobriu ouro nas colinas de Itaverava, nos arredores de São Paulo. Herdeiros de uma grande fortuna, os Siqueira tinham-na perdido no jogo. Decidiram, por isso, como afirmaram na época, substituir a fortuna perdida por outra conseguida "através do trabalho, e não do jogo". Bartolomeu Siqueira recrutou um bando de índios que o conduziram a um riacho, onde batearam ouro em pó, regressando depois, triunfantes, à cidade. O coronel Salvador Furtado de Mendonça seguiu rapidamente as suas pisadas e, em breve, seus homens tinham conseguido peneirar onça e meia de ouro nos riachos. No caminho de regresso à cidade, o capitão Manuel Garcia Velho encontrou-se com ele, convencendo-o a trocar o ouro por duas das mais belas escravas escolhidas de sua comitiva. O coronel escolheu uma jovem de 24 anos e sua filha, de 11 ou 12. O coronel batizou-as e instalou-se com elas em Pitangui, onde viveram durante quarenta anos. Entretanto, o capitão Garcia Velho passou à história como pioneiro da extração de ouro em quantidades comerciais no interior do Brasil.

Seguiu-se a primeira grande corrida pelo ouro em toda a América. Século e meio antes de o fenômeno ter chegado aos Estados Unidos, os europeus começaram a fazer longas viagens para o interior. Aos brasileiros de descendência portuguesa juntaram-se mais uns milhares, que, de barco iam chegando de Lisboa. O destino comum era o território que é hoje conhecido por Minas Gerais. A mata florestal foi pisoteada. Os nativos que não conseguiram escapar foram escravizados e forçados a trabalhar como garimpeiros em todos os cursos de água existentes. Uma série de acampamentos foi surgindo ao longo das margens dos rios, dando rapidamente origem a três grandiosas cidades. Há muito poucos registros escritos dessa epopeia de ganância, sobretudo porque a maior parte dos que dela participaram era analfabeta. É evidente, contudo, que muitos, se não mesmo a maioria, encontraram realmente o que os havia levado a partir.

Outros europeus fizeram fortunas conduzindo gado bovino e transportando em carroças produtos alimentares para a região, que vendiam por dez ou 15 vezes mais do que o seu valor. O crime prosperou. Era comum um prospector perder todo o ouro que tinha encontrado e, por vezes, a própria vida, antes de o fazer chegar ao Serviço de Ensaios. Era enorme a hostilidade existente entre os portugueses de origem brasileira e os novos imigrantes de Lisboa. Cada grupo considerava normal matar um dos elementos da outra, por causa do ouro.

Os que eram oriundos de São Paulo encontravam frequentemente, nos subúrbios, camponeses nativos que obrigavam a trabalhar para eles sem qualquer remuneração, o que era ilegal. O funcionário do governo que tinha a seu cargo a proteção dos "índios", protestou, primeiro, junto ao governador e, depois, junto ao rei de Portugal. Não tendo recebido qualquer resposta e tendo-lhes sido recusadas milícias para imporem a lei e a ordem, demitiu-se. Seu sucessor também protestou, de nada, no entanto, lhe valendo. Quando o rei de Portugal tentou, por fim, intervir em defesa dos índios, todos se viraram contra ele, acusando-o de interferir nos assuntos internos do Brasil. Só que, nessa altura, tudo parecia indicar já ser tarde demais. Os índios horticultores suburbanos, que não tinham constituição física que lhes permitisse sobreviver às duras condições da extração do ouro nas florestas tropicais, morriam em grande número. Eram substituídos por escravos da Guiné e de outros pontos da África. Uma grande quantidade do ouro descoberto era passada clandestinamente para fora do país, fugindo, assim, ao pagamento dos 26% de imposto sobre as vendas lançado pela monarquia portuguesa.

Apesar de tudo, a família Bragança não tinha grandes razões de queixa. Enquanto, em 1699, foram oficialmente importadas por Portugal 18 mil onças de ouro, por altura de 1720, esse montante tinha aumentado para 900 mil. A quota-parte do rei D. João V cifrava-se num rendimento anual mais de trinta vezes superior ao total do rei da Inglaterra.

D. João V tinha outras avultadas fontes de rendimento. Enquanto uma quantidade enorme de diamantes provenientes da Ásia e da América do Sul afluía à Europa, provocando uma quebra acentuada nos preços, a procura do tabaco continuava a subir vertiginosamente. Os Braganças já não podiam ser desprezados no jogo diplomático dos casamentos reais. E foi assim que a princesa Maria Ana, da Áustria, conquistou a mão de D. João V.

O monarca português cultivava uma certa extravagância na sua corte em Lisboa, que outros monarcas europeus, por inveja, tentavam ridicularizar, classificando de ostentação mesquinha, mas que não podiam de todo igualar. A chegada de um embaixador estrangeiro, a partida de um membro da família de Bragança para o estrangeiro, o *Corpus Christi* ou o batizado de um Bragança recém-nascido, tudo servia para justificar uma festa. Com ela, vinha a construção de pavilhões, teatros, arcos de triunfo, pontes temporárias sobre o rio e a realização de espetáculos.

A extrema generosidade da Casa de Bragança estendia-se ao Vaticano. De tal modo que, em 1716, o papa deu o título de patriarca ao arcebispo de Lisboa, sendo um dos poucos bispos católicos em todo o mundo que ainda hoje detêm esse título. D. João V tomou como amante madre Paula da Silva, abadessa de Odivelas, de quem teve um filho, que ele e a família real reconheceram como seu. Para festejar o nascimento, os conventos no Alentejo, onde fica o paço ducal da família Bragança, criaram uma série de doces para crianças, como os papos de anjo, o toucinho do céu ou as barrigas de freira.

Domenico Scarlatti, diretor musical da Basílica de São Pedro, em Roma, foi recrutado para assumir a direção da Capela Real, em Lisboa, levando com ele os melhores solistas e coristas. Foi construída uma enorme e grandiosa Casa da Ópera, a que se seguiu o magnífico Aqueduto das Águas Livres. A Capela de São João Batista, agora na Igreja de São Roque, foi feita com lápis-lazúli, na Itália, onde foi montada e abençoada pelo papa, e, depois de desmontada, levada para Lisboa.

Em 1717, como ação de graças pelo nascimento do herdeiro ao trono de Bragança, D. João V encomendou a concepção e a construção de um palácio, em Mafra, que, encontrando-se à mesma distância do norte de Lisboa como o Escorial se encontra de Madri, é, no entanto, de maiores dimensões. A planta, ainda maior em 1733, deu como resultado o mais longo corredor de qualquer palácio da Europa, incluindo Versalhes. O romance contemporâneo português mais conhecido, *O memorial do convento*, da autoria de José Saramago, descreve o sofrimento e a morte de trabalhadores portugueses, equiparados aos escravos egípcios que construíram as pirâmides. Depois de concluído, uma grande parte do palácio foi utilizado como mosteiro. Os monges reuniram uma notável biblioteca de manuscritos clássicos e sua capela, com seis órgãos, era considerada um dos melhores centros de música litúrgica. A família real de Bragança passou ali sua última noite em solo português, imediatamente antes de ser deportada para a Inglaterra e exilada em Twickenham, Middlesex, quando da proclamação da República, em 1910.

Outro resultado da fabulosa riqueza dos Braganças foi a profunda mudança registrada na política portuguesa, por alguns classificada de abolição. Tal como em outros países europeus, também em Portugal os reis reuniam as cortes para aumentar os impostos. Segundo a tradição e a prática, o rei concedia novos direitos e privilégios aos grupos cujos representantes as integravam: a nobreza, o clero e o povo, juntamente com os municípios e os grêmios. Ora, tendo mais dinheiro do que aquele que sabia onde gastar, a família Bragança não convocou as cortes durante 120 anos.

Capítulo XV
Pombal e o rei: um dueto megalômano

Uma enorme vaga atingiu as ilhas das Caraíbas na noite de Todos os Santos, a 1 de novembro de 1755. No princípio da tarde, vaga idêntica tinha atravessado a costa da Grã-Bretanha. Na Alemanha, Goethe, na ocasião com seis anos, sentiu a terra tremer, experimentando uma sensação de choque que haveria de recordar para o resto da vida. Também Voltaire,[1] o grande escritor e filósofo francês, então exilado na Suíça, sentiu o chão estremecer, de tal modo que o fato lhe inspirou *Cândido*, seu romance mais popular.

O terremoto de Lisboa foi, e continua a ser, o mais violento de que se tem notícias na história da Europa. Seu epicentro situou-se no oceano, a sudoeste do cabo de São Vicente. Assolou de forma devastadora o Algarve e o Alentejo, tendo atingido a capital às nove e meia da manhã. Em cada uma das 56 igrejas de Lisboa, invulgarmente cheias, porque era o dia de Todos os Santos, celebrava-se a missa. Devido ao fato de ser dia festivo, eram numerosas as velas acesas junto ao altar-mor e nas capelas laterais. O chão estremeceu durante cerca de dois minutos tão violentamente que apenas cinco das igrejas da cidade não foram arrasadas. Seguiu-se um segundo

---
[1] Em 1756, também publicou o poema "Le Desastre de Lisbonne". (N.T.)

tremor, o qual fez levantar enormes nuvens de poeira que cobriram Lisboa, sufocando até a morte muitos dos que tinham sobrevivido ao desabamento dos edifícios. Depois, um gigantesco maremoto subiu, incontrolável, pelo estuário do Tejo e submergiu a parte baixa da cidade, afogando muitos daqueles que tinham conseguido sobreviver. Espalhadas pelas sete colinas de Lisboa, os milhares de velas, que tinham continuado acesas, desencadearam grandes incêndios que se mantiveram ao longo de seis dias, cremando vivos e mortos soterrados nos escombros.

Os tremores de terra continuaram pelo dia afora. Quando as águas retrocederam e o fogo acabou, 17 mil dos 20 mil edifícios da cidade tinham sido reduzidos a escombros. Entre os seis em cada sete destruídos, encontrava-se o palácio do cardeal, o Tribunal da Inquisição do Santo Ofício e a Casa da Índia, sede do Império Português. Também perdidos para sempre ficaram a Capela Real — onde Scarlatti tinha sido mestre de música do rei e composto algumas das suas mais belas obras; a Casa da Ópera, a mais grandiosa da Europa, inaugurada poucos meses antes; palácios reais e da nobreza, juntamente com sua mobília, algumas das mais belas obras de arte e bibliotecas. A cadeia da cidade permaneceu de pé, mas as trepidações estilhaçaram as fechaduras e os ferrolhos. Os condenados saíram aos montes e descobriram que havia armas e munições em alguns dos armazéns que tinham sido destruídos. Seguiram-se atos de pilhagem desenfreada pelas ruas em ruínas.

Entre a população de 240 mil pessoas, terão, muito provavelmente, perdido a vida mais de uma em dez. Dois terços das pessoas tiveram morte imediata, enquanto os restantes foram posteriormente vítimas da queda de paredes, das inundações, de incêndios, assassínios e feridas infectadas. Muitos relatos do sofrimento dos sobreviventes foram escritos por elementos da enorme colônia estrangeira que vivia em Lisboa: cerca de três dúzias em inglês e muitos outros em francês, alemão, italiano e espanhol.

Do alto de púlpitos improvisados ao ar livre, os padres proclamavam que o terremoto, as inundações e os incêndios não eram mais do que uma pequena amostra da ira que Deus ameaçava descer sobre aqueles que não se arrependessem. Alguns perguntaram por que é que Deus tinha, então, poupado a prisão e o bairro da prostituição, ao passo que destruíra praticamente todas as igrejas apinhadas de fiéis. O pecador mais eminente do país, o rei D. José, com a sua reputação de adúltero e acusado de levar uma vida libertina, tinha, ele próprio, sido poupado, já que, na manhã daquele dia, em vez de estar trabalhando no palácio real, saíra da cidade a cavalo, com sua comitiva, para ir até Belém se divertir. Consta que, tendo perguntado ao seu jovem ministro, o futuro marquês de Pombal, o que deveria fazer, recebeu a resposta: "Enterre os mortos. Dê de comer aos vivos. Reconstrua a cidade." Em vez de regressar a Lisboa, o rei mandou montar grandes tendas em Belém, para aí instalar a família e a corte, e enviou seu jovem ministro para a capital.

Sebastião de Carvalho e Melo, futuro marquês de Pombal, foi assim lançado para uma carreira que o transformaria no mais famoso primeiro-ministro português de todos os tempos, e num político notável na Europa da sua geração. Continua a ser centro de polêmica entre historiadores. Os jesuítas, cuja ordem, por decisão sua, esteve proibida durante mais de um século, parecem continuar interessados na vingança, através da destruição da sua imagem. Seus defensores, pelo contrário, colocam-no na vanguarda do Iluminismo, cujas atitudes de despotismo têm de ser entendidas no contexto do seu tempo. Negam também que ele tenha usurpado o poder, considerando que era apenas o fiel servidor de um rei tímido, mas decidido. Tem frequentemente sido chamado de "déspota iluminado", como se tal pessoa pudesse, de fato, existir, enquanto outros preferem, antes, defini-lo como um "enigma". Não é essa, no entanto, a opinião consensual dos modernos estudiosos portugueses.

Longe de considerar o terremoto como um ato de vingança divina, Pombal encarou-o, antes, como uma oportunidade. Escreveu, num manifesto intitulado *As vantagens que o rei de Portugal pode obter do terremoto de 1755*: "Há ocasiões em que o rio só consegue definir seu curso verdadeiro e natural na sequência de cheias. Igualmente, há casos em que, para se estabelecer um Estado ideal, é necessário que o Estado seja parcialmente aniquilado. Após um fenômeno destes, surge uma nova luz."

Apesar de a sua própria residência, localizada fora das muralhas da cidade, ter sido poupada, só regressou, no entanto, ao fim de oito dias e oito noites. Passou o tempo deslocando-se pela cidade na sua carruagem, avaliando as situações e emitindo ordens por escrito com o selo real, das quais sobreviveram mais de 220. Homens válidos, que ainda não tinham fugido da cidade com as famílias, foram proibidos de partir e mandados para os trabalhos de salvamento e de combate ao fogo. Ciente do risco de um grande surto de peste, obteve o consentimento do cardeal para dispensar os últimos sacramentos e os funerais. Os soldados foram destacados para remover os corpos, atá-los a pedras e atirá-los ao rio. Todos os navios mercantes que se encontravam no porto com alimentos foram requisitados. Foi ordenado aos lojistas que não aumentassem o preço da comida, sob pena de severos castigos. Em cada um dos oito bairros de Lisboa, mandou erguer cadafalsos. Nomeou juízes com poderes para condenar à morte e mandou executar no próprio local todos aqueles que se entregassem à pilhagem, que obtivessem lucros indevidos ou que cometessem outros crimes.

Quando tudo parecia estar em ordem, Pombal tinha se tornado, com a conivência do rei D. José, ditador de Portugal, assim permanecendo durante 22 anos. Dos outros dois ministros de Estado, um tinha morrido e o outro fora desterrado, por Pombal, para uma ilha ao largo da costa da Estremadura, onde veio a morrer. O modo como o marquês de Pombal conseguiu tão grande poder e, simultaneamente, admiração, tem, desde então, sido fonte de especulação. Tê-lo-á conseguido, em parte, devido ao entendimento pioneiro da propaganda como instrumento político. Escreveu e publicou, sob pseudônimos, não só a defesa das suas teses e de ferozes ataques aos seus inimigos e aos inimigos do rei, como também autobiografias elogiosas. Assim nasceu a lenda, que sobreviveu até tempos recentes, de que, enquanto embaixador em Londres, tinha recolhido e estudado avidamente um grande conjunto de obras de filosofia inglesa contemporânea, a teoria do mercantilismo e o comércio imperial. O fato, no entanto, é que, após ter ali vivido seis anos, ainda se queixava de que o inglês era uma língua de difícil compreensão para os portugueses, bem como para ele próprio. Quando um jornal inglês publicou um artigo sobre ele, teve de pedir a um anglo-português para o traduzir. Também lhe é atribuído quase integralmente o projeto de reconstrução de Lisboa, porque é de sua autoria o único relato existente sobre o fato, e cuja publicação autorizou.

Os rumores que corriam entre a nobreza portuguesa eram de que seu primeiro passo em direção ao poder começou quando foi trabalhar com os arquivos oficiais do Estado, onde se encontravam guardados dados genealógicos confidenciais referentes à família real e à aristocracia. Consta que, mais tarde, utilizou tais dados como forma de chantagem. Não restam dúvidas de que suas duas mulheres foram astuciosamente escolhidas tendo em vista a carreira. Filho de um fidalgo, fugiu com a filha de uma distinta família aristocrática, tendo, pois, conquistado o estatuto por casamento. Depois da morte dela, casou com uma condessa austríaca. A rainha-mãe de Portugal, Maria Ana de Habsburgo, que tinha sido educada em Viena, vivia sozinha e doente. Rapidamente fez amizade com a futura marquesa de Pombal, tendo ajudado o marido da sua amiga a subir socialmente e a aumentar a riqueza.

Muito do seu sucesso pode certamente atribuir-se ao seu espírito implacável no prosseguimento dos objetivos. No entanto, era também de uma escrupulosa lealdade em relação ao rei D. José, como ficou claramente evidenciado no processo dos Távoras. O rei viajava de carruagem, para passar a noite com a amante, a jovem marquesa de Távora, uma ligação que vinha indignando a família nobre a que se encontrava ligado por casamento. No primeiro portão da herdade dos Távoras, foi disparado um tiro no braço direito do rei, que, ferido, se retirou. Foi a sua sorte, pois no segundo portão encontravam-se homens armados chefiados pelo duque de Aveiro, que, aspirando suceder-lhe, o aguardavam para o matarem.

Por decreto real, já então Pombal tinha retirado o poder da Igreja e assumido, ele próprio, o controle da Inquisição, para a utilizar contra os inimigos do rei. Mandou a Inquisição prender e torturar os membros do sexo masculino da família Távora, enviando-os, depois, a julgamento. O juiz começou por rejeitar o processo, argumentando que não acreditava na afirmação da acusação, segundo a qual os homens da família Távora, na época do atentado contra o rei, não tinham conhecimento do adultério da marquesa, já que tal era de "domínio público".

Sob a ameaça de Pombal, o juiz mudou de ideia e declarou-os culpados. Alguns deles foram executados no dia seguinte, os restantes passaram os vinte anos seguintes em celas subterrâneas. Pombal obrigou a marquesa viúva a testemunhar a execução do marido e dos dois filhos, antes de ela própria ser executada. Sua filha, que era ex-amante do rei, foi condenada à reclusão num convento para o resto da vida.

Por ordem do marquês de Pombal, a casa da família foi demolida e os jardins, cobertos de sal. Ao longo do país foram destruídas todas as representações do brasão dos Távoras, sendo até arrancadas das paredes se necessário.

Porque era o leal ministro do rei, Pombal considerava que qualquer desobediência ou crítica a ele, aos seus atos ou decretos, era um ataque ao próprio D. José e, desse modo, uma traição. Contava, para tal, com o apoio do próprio rei, que aplicava seu selo a praticamente todos os decretos de Pombal. Tal como Luís XIV dizia que "o Estado sou eu", também Pombal sustentava que "a monarquia sou eu". Um ano após ter assumido o poder, já utilizava o conceito para subjugar a plebe pela força.

Em nome do rei, concedeu, em 1756, a um pequeno cartel de comerciantes o direito de monopólio real da venda de vinho na segunda cidade do país, o Porto. Uma grande quantidade de botequineiros e outros varejistas ficaram sem negócio. Ao mesmo tempo, o preço do vinho disparou. Houve manifestações nas ruas, tendo sido detidos 478 manifestantes. O juiz mostrou-se compreensivo e considerou-os inocentes. O rei demitiu o juiz e Pombal confiscou-lhe o patrimônio. Os que tinham sido detidos voltaram a ser julgados. Dos 478, 13 homens e cinco mulheres foram enforcados e os restantes açoitados, aprisionados ou desterrados para a África Central, e seus bens confiscados — possivelmente em proveito do próprio Pombal. Enviou posteriormente cinco regimentos de infantaria para o Porto, a fim de ocuparem a cidade. Os habitantes foram não só obrigados a alojar e alimentar os soldados nas suas próprias casas, mas também a pagar-lhes seus salários, em nome do rei.

Ninguém era mais enérgico em considerar Pombal como o operário da reconstrução de Lisboa do que ele próprio. Foi certamente Pombal quem a transformou num verdadeiro desígnio nacional, mas a sua concepção global, inédita na Europa de então, perteceu ao arrojado engenheiro municipal Manuel da Maia. Inspirando-se nas cidades modernas, que tinha visto na América do Sul, a essência da sua concepção baseava-se em uma enorme praça retangular situada à beira-rio, com o novo palácio real um pouco recuado e de frente para o mesmo rio. Outra característica que impressionou profundamente os visitantes de outros locais da Europa era, para a época, a grande largura das ruas. Quase tão notável é ainda o fato de serem direitas e formarem uma espécie de quadrícula. O estilo arquitetônico, que ficou conhecido como pombalino, é da autoria de um grande arquiteto chamado Eugénio dos Santos. A contribuição estética de Pombal foi a sua insistência na uniformidade absoluta, prescrita nas normas, que chegavam a ponto de proibir a colocação de um simples vaso de flores no peitoril de uma janela ou a incrustação de um brasão numa porta.

Após estudar os projetos, Altenburg, membro destacado da colônia de comerciantes alemães em Lisboa, foi se encontrar com D. José e ofereceu-se para ajudar a financiar o projeto, organizando um sindicato internacional de títulos do tesouro. O rei sugeriu que ele discutisse isso com o marquês de Pombal. Altenburg recusou-se, alegando que Pombal era desonesto. Tendo o rei, ao que parece, contado o fato a Pombal, este mandou que pegassem o alemão e o metessem à força a bordo de um barco com destino a Angola, onde, aliás, morreu, vítima de doença.

Os grandes dias do *boom* do ouro brasileiro estavam chegando ao fim. Uma capitação exorbitante cobrada por cada homem que trabalhava nas minas tinha feito com que apenas fosse lucrativa a exploração dos filões mais ricos, além de ter praticamente eliminado a prospecção. O Brasil continuava a enviar barcos carregados de açúcar e de tabaco para Portugal, só que, agora, era intensa a concorrência por parte de outros fornecedores das colônias holandesas, inglesas e francesas nas Caraíbas, fazendo cair os preços e, consequentemente, o afluxo de impostos aos cofres reais. Assim, para financiar a reconstrução de Lisboa, Pombal teve de recorrer a um imposto de 4% sobre todas as vendas a varejo efetuadas na cidade. O efeito foi imediato na diminuição da atividade comercial e, consequentemente, no abrandamento do ritmo de construção, de tal modo que a conclusão da reconstrução de Lisboa só aconteceu alguns anos após a morte do ditador.

Quando as primeiras lojas e apartamentos ficaram prontos, não houve praticamente clientes. As pessoas preferiam continuar nos bairros de lata, entretanto surgidos das ruínas em diferentes locais de Lisboa, onde não se pagava renda, existia o sentido de comunidade e o estilo de vida era relativamente livre, porque bem menos regulamentado. Declarando os bairros de lata ilegais, já que tinham sido construídos sem consentimento real, Pombal mandou os soldados destruírem as barracas, obrigando os moradores a mudarem-se para as novas habitações.

A grande praça (recentemente alvo de um belo trabalho de restauração) ficou originalmente conhecida por Terreiro do Paço, mas Pombal batizou-a posteriormente com o nome de praça do Comércio, onde mandou colocar uma enorme estátua equestre de D. José no centro, liderando pessoalmente os três dias de homenagem à estátua e respectivos festejos. A única personalidade ausente foi o próprio rei D. José, que se encontrava gravemente doente. Foi, por isso, colocado numa cama perto da janela de um quarto situado junto à praça, de modo a poder observar, sem ser visto, as tropas, os nobres, as altas personalidades e o povo da cidade a prestarem homenagem à estátua. Ao que parece, o rei não teria conseguido ver muita coisa. Após as cerimônias, Pombal escreveu uma longa carta ao rei, exaltando as virtudes e as conquistas do seu reino, mas deixando bem claro, ao mesmo tempo, que muitas delas se deviam a si próprio.

Ao procurar recuperar Portugal como centro importante do comércio internacional, Pombal estava convicto de que os ingleses, apesar da profunda antipatia que nutriam por ele, na sequência dos seis anos passados em Londres, tinham gostado da ideia. Era uma poderosa classe média aquela que, então, se dedicara ao comércio, sendo, em Lisboa, dominada por ingleses, holandeses e alemães. A maioria dos comerciantes portugueses sofria da enorme desvantagem de serem judeus, oficialmente conhecidos por cristãos-novos. Ao perceber que eles poderiam contribuir de modo decisivo para a recuperação da ascendência portuguesa sobre os estrangeiros na atividade comercial, Pombal ordenou a abolição de toda a discriminação oficial de que, até então, tinham sido vítimas. Ao assumir, em nome do rei, o controle da Inquisição,[2] Pombal tinha ordenado a destruição de todos os arquivos em que constavam acusações contra os judeus. Enviou emissários às comunidades judaicas portuguesas exiladas em outros países da Europa, convidando-as a regressar. Uma famosa anedota, que o próprio Pombal, sem dúvida, fez circular, ainda hoje se conta às crianças, em Portugal, para mostrar o comportamento atualmente existente em relação aos judeus.

Um dia, o rei D. José disse ao marquês de Pombal que, por instigação do cardeal-patriarca, tinha acabado de decretar que todos os judeus seriam obrigados a identificar-se através da utilização de solidéus brancos. Quando foi de novo para perto do rei, Pombal levava consigo três exemplares do barrete proposto, dizendo: "Um é para Vossa Majestade, outro para o cardeal e o terceiro para mim."

Outro aspecto do plano de Pombal para a recuperação comercial de Portugal passou pela criação de cartéis comerciais, sensivelmente idênticos à Companhia das Índias Orientais da Inglaterra. O que perdurou durante mais tempo foi a Companhia Geral da Agricultura e das Vinhas do Alto Douro. A exportação de vinho do Porto, sobretudo para a Inglaterra, tinha se multiplicado várias vezes, tornando-se uma das mais

---

[2] A Inquisição passou a Tribunal Régio, dotado de um novo regimento e da instituição da Real Mesa Censória. (N.T.)

importantes atividades econômicas do país. Para o fato, teria contribuído decisivamente um imposto preferencial lançado pelos ingleses, três vezes inferior ao cobrado aos vinhos franceses. A prática de adicionar aguardente ao vinho antes da conclusão da sua fermentação natural foi introduzida, em 1730, ao que parece por frades dominicanos de Jerez de la Frontera. O vinho resultante, que era mais doce e alcoólico, adaptava-se melhor ao paladar inglês. Sua grande procura conduziu, no entanto, à produção de um vinho de qualidade inferior, com resultados comercialmente desastrosos. Os preços diminuíram. Em meados do século XVIII, o preço já tinha caído nove vezes.

A nova companhia criada pelo marquês de Pombal, enquanto detentora do monopólio do comércio de vinho, podia aumentar os preços, beneficiando os viticultores do vale do Douro, na medida em que os comerciantes ingleses não dispunham de outra fonte. A área tornou-se a primeira região vinícola demarcada do mundo. Então, todas as castas de vinho do Porto tinham de ser obrigatoriamente cultivadas na região do Douro, com exceção das que eram exploradas nos terrenos do próprio Pombal, nos arredores de Lisboa. Os sabugueiros, cuja baga era ilegalmente utilizada para dar cor e aroma ao vinho, foram arrancados e queimados. Foram proibidos os adubos químicos. Vinhas doentes foram substituídas por novas. A fim de melhorar ainda mais a qualidade, exigia-se aos viticultores que se especializassem em tintos ou em brancos, mas não em ambos.

Que os jesuítas tenham declarado o novo vinho impróprio para a celebração da missa era de esperar. A Sociedade de Jesus tinha sido a mais determinada, ousada e poderosa opositora do marquês de Pombal e da sua ditadura, desde o início da sua ascensão ao poder. Seus padres foram, ao longo de gerações, os confessores da realeza, tendo, por isso mesmo, grande influência nos assuntos de Estado. Muitos deles eram dos mais populares pregadores portugueses. Dominavam o ensino secundário, tanto na metrópole como no império além-mar.

No Império Português, os jesuítas tinham progredido muito desde o tempo do pioneirismo solitário de são Francisco Xavier. No Brasil, 600 jesuítas eram, agora, proprietários de enormes plantações de cana-de-açúcar, a cuja exploração se dedicavam. Só uma delas, perto do Rio de Janeiro, tinha uma área de 40 mil hectares, cultivados por mil trabalhadores contratados. Tinham 17 fábricas para refinar o açúcar. Tudo isso, no entanto, era uma ninharia quando comparado com as suas atividades no interior, que, aliás, foram tema do filme clássico de Robert Bolt, *A Missão*. Na zona fronteiriça do Brasil português e do Paraguai espanhol, detinham um território que era, na prática, um Estado independente, onde ofereciam aos nativos sul-americanos, em troca da sua conversão, proteção contra conquistadores e bandidos europeus. Instalavam-nos em aldeias fortificadas e organizavam sua agricultura.

O conflito entre os jesuítas e o marquês de Pombal estourou quando o ditador português renegociou as fronteiras entre a América do Sul portuguesa e espanhola, tentando assim pôr cobro ao contrabando de joias e pedras preciosas, levado a cabo para fugir aos direitos alfandegários. As tropas portuguesas e espanholas, que tentaram expulsá-los à força, foram repetidamente repelidas por uma resistência feroz dos nativos americanos.

Utilizando um sistema que lhe era peculiar, a primeira iniciativa de Pombal contra os jesuítas foi a de escrever e mandar publicar, sob pseudônimo, um ataque à ordem. O opúsculo dizia que, antes de eles terem chegado a Portugal, o país já era uma nação religiosa, próspera e poderosa. A subversão trazida pelos jesuítas é que tinha mergulhado o país na imoralidade sexual e conduzido a um sério declínio global no seu poderio militar, na navegação e no comércio.

Depois Pombal atuou. Acusando os jesuítas de conspirarem contra o rei D. José, mandou as tropas cercarem suas comunidades e revistá-las em busca de provas de traição. Nenhuma foi, no entanto, encontrada. Apesar disso, Pombal mandou prender e torturar dez eminentes padres jesuítas, que foram as últimas pessoas, em Portugal, a serem submetidas aos autos de fé. O cardeal-patriarca publicou uma carta pastoral proibindo os católicos de terem qualquer contato com padres que pertencessem à ordem. Posteriormente, todos os jesuítas que viviam em Portugal ou nas colônias foram expulsos e todos os seus bens confiscados, muitos dos quais passaram para a posse do próprio marquês. Os padres estrangeiros foram mandados de volta para os seus países de origem e os que eram portugueses mandados de barco para Roma.

Ainda não satisfeito, Pombal lançou, a partir de Lisboa, uma gigantesca campanha diplomática e de propaganda em nível internacional contra os jesuítas. Escreveu diatribes contra eles, que mandou traduzir e publicar em francês, alemão e espanhol, acusando a Sociedade de Jesus de constituir o principal obstáculo ao avanço do Iluminismo e do progresso, da ciência e da tecnologia, da razão e da objetividade. O objetivo principal era conquistar o entusiasmo de uma Europa fascinada pelas novas filosofias de Descartes, Pascal e Voltaire.

Havia, tal como Pombal pressentia, um crescente sentimento no exterior de que os jesuítas, além de se terem transformado num enorme poder, política e economicamente, eram uma força demasiado dominante no ensino e na cultura. A Sociedade foi expulsa da França, em 1764, cinco anos depois de Portugal. Em 1767, foram também corridos da Espanha e do seu império. Pombal escreveu, então, ao papa Clemente XIII exigindo-lhe que "extinguisse" a ordem, caso contrário ele organizaria uma invasão militar conjunta de Roma, constituída por tropas portuguesas, espanholas e francesas. O objetivo era afastar o papa do trono de são Pedro e substituí-lo por outro que fizesse tudo o que Pombal pretendia.

Clemente se recusou. Pombal expulsou o embaixador do Vaticano em Lisboa e declarou que estava preparando a instauração de uma Igreja nacional independente, nos moldes da anglicana. Clemente XIII morreu em 1772. Passado um ano, seu sucessor, Clemente XIV, extinguiu os jesuítas, através da publicação de uma bula que se manteve até o princípio do século XIX. Ao retomar relações diplomáticas com Roma, Pombal deu as boas-vindas à chegada a Lisboa do enviado do novo papa. Além de informar Pombal de que seu irmão Paulo, que era padre, iria ser feito cardeal, o enviado trouxe com ele duas relíquias de presente: os corpos inteiros de dois santos em caixões de vidro.

Os jesuítas haviam dominado o ensino em Portugal, pois dirigiam a única rede de escolas secundárias, duas dezenas e meia delas na metrópole e mais de sessenta nas ilhas e províncias ultramarinas. Mais de 20 mil rapazes frequentavam regularmente suas instituições, em Portugal. Sucessivas gerações de alunos seus aumentaram enormemente o núcleo da classe mais instruída da sociedade portuguesa.

Pombal se deteve na tarefa de extirpar a influência jesuítica da sociedade portuguesa. Escreveu e publicou, anonimamente, um ataque veemente, afirmando que o ensino jesuítico tinha transformado Portugal numa nação de selvagens europeus, aviltando a sua população, tanto do ponto de vista espiritual e moral como intelectual. O rei nomeou-o inspetor da reforma da Universidade de Coimbra.

Não restam dúvidas de que os jesuítas, que hoje em dia primam por uma cultura aberta, eram na época reacionários, a ponto de negarem o valor da investigação, visto que, para eles, se tinha atingido a totalidade do conhecimento, além de recusarem geralmente o questionamento e o debate para evitar confusão e equívocos. O único modelo filosófico válido encontrava-se nas obras de Aristóteles, posteriormente desenvolvido por são Tomás de Aquino, em cujos escritos, aliás, estava a verdadeira chave do entendimento científico. Não apenas a publicação, mas também a própria importação de livros sobre o novo pensamento europeu, designadamente no domínio da filosofia e da ciência, tinha sido proibida por ordem dos jesuítas. Para conseguirem um lugar na Universidade de Coimbra, os estudantes que eram preparados para a admissão pelos dominicanos, ou por outras ordens intelectualmente mais liberais, tinham de esconder, durante a entrevista, qualquer desvio da ortodoxia definida pelos jesuítas.

O objetivo do marquês era fazer de Coimbra uma universidade mais avançada do que Oxford ou Cambridge, o que conseguiu em alguns aspectos, ainda que por pouco tempo. Ali fundou a imprensa universitária, com a tarefa imediata de publicar algumas das mais importantes obras de erudição que tinham sido proibidas.

Demitiu todo o corpo docente da Faculdade de Medicina, incluindo os 13 professores catedráticos, recrutando, para o seu lugar, médicos e cirurgiões acadêmicos das universidades de Bolonha e Pádua. Como o estudo da anatomia pela dissecação de cadáveres humanos era ilegal, Pombal mudou a lei e importou, de Londres, um laboratório de anatomia e assistentes especializados. Instalou um hospital, vários laboratórios e um jardim botânico destinado à investigação.

Em outras faculdades, para cada jesuíta despedido recrutou dois professores estrangeiros — de arquitetura e engenharia, na Inglaterra; de grego, na Irlanda; de astronomia, física, química e matemática, na Itália.

Dirigiu, depois, sua atenção para a instrução primária e secundária. Seu plano de inovação, envolvimento e orientação, por parte do Estado, num programa de ensino de massas despertou a atenção e um certo alarme no resto da Europa. Voltaire, que tinha acusado Portugal de uma certa ingenuidade, perguntava agora: "Quem é que vai cultivar os campos, criar os animais e manter as ruas?"

O ditador introduziu um imposto de ensino e uma taxa sobre as vendas de vinho e aguardente, cujos proventos foram utilizados na construção de 440 escolas primárias e de 358 escolas secundárias espalhadas por todo o país. Negou as acusações de que tinha construído uma hegemonia educativa, tão uniforme como a dos jesuítas, argumentando com o exemplo da promoção de escolas particulares, administradas sobretudo por ordens religiosas. Simultaneamente, constituiu uma junta de examinadores para avaliar a competência dos professores. Os níveis de exigência eram tão rigorosos que provocou uma enorme carência de professores autorizados nas escolas do Estado, a ponto de algumas nem sequer abrirem, e muitas outras terem de ficar dependentes de "monitores" insuficientemente habilitados. Os padres e os monges que ensinavam nas escolas da Igreja, se fossem reprovados nos exames da junta, eram não só impedidos de ensinar, como até, por vezes, deportados para colônias de escravos.

Ao mesmo tempo, Pombal exigiu que os párocos, nos seus presbitérios, ensinassem aos filhos dos camponeses e trabalhadores manuais as bases elementares da doutrina cristã, com a tônica na lealdade e obediência ao rei.

O Colégio dos Nobres, construído em Lisboa pelo marquês de Pombal com o objetivo de formar cem jovens aristocratas destinados ao exército ou à carreira diplomática, foi inaugurada com apenas 24 alunos, tendo o número diminuído a partir daí. O problema residia no fato de haver muito poucos professores habilitados a ensinar as disciplinas que constavam do currículo instituído pelo marquês. Recrutava-os no exterior, sobretudo na Itália, mas quase todos partiam, derrotados pela resistência social com que se defrontavam, pois eram considerados agentes da incômoda revolução do marquês de Pombal.

O rei D. José, 14 anos mais novo do que o marquês, morreu em 1777. Pombal, que tentara impedir que a filha do rei, a infanta Maria Francisca, sucedesse ao pai, acusada de ser mentalmente instável e porque mantinha uma corte constituída por elementos turbulentos, tinha-lhe escrito: "Não há ninguém com suficiente sabedoria e visão para me substituir." Quando chegou ao palácio, logo após a morte do rei, o cardeal saiu do quarto onde se encontrava o corpo e disse-lhe "Já não tem o que fazer aqui."

A nova rainha, a primeira mulher a governar Portugal, exilou Pombal para as propriedades que ele tinha perto da terra, cujo nome, apesar de tê-lo escolhido para o título, nunca visitara.

A notícia da benevolência de D. Maria Francisca foi acolhida com protesto generalizado. Um grande número de ações foi intentado, em tribunal, contra o marquês, a maioria referente a atos de violência ocorridos no decurso de tentativas de extorsão. Um dos modos como adquiriu sua enorme riqueza foi obrigando um nobre a vender-lhe as terras por um décimo do seu valor. Para conseguir tais negócios, recorria à ameaça e, por vezes, à tortura, ao aprisionamento ou ao desterro. Os filhos daqueles que resistiam às suas táticas de negociação eram encarcerados em mosteiros longínquos.

Na Europa, em geral, a era de Pombal tinha sido dominada por uma enorme construção de estradas e de canais. O desenvolvimento do comércio interno era visto, em Londres, Berlim, Paris e Madri, como uma importante via de progresso e prosperidade. Pombal não construíra qualquer estrada e, em termos de canais, apenas um, para ligar seu palácio, nos arredores de Lisboa, com a via de navegação do Tejo. Embora sua fortuna pessoal se tivesse tornado a mais fabulosa de qualquer político do mundo ocidental, privou os militares dos fundos considerados minimamente necessários. O estado gravemente depauperado em que deixou o exército e a marinha viria a ter consequências desastrosas para o país.

Os juízes enviados pela rainha para interrogarem o marquês de Pombal informaram-na, em particular, de que ele tinha em seu poder documentos assinados pelo defunto monarca, autorizando-o a fazer praticamente tudo aquilo de que era acusado. Dizia-se, em público e com efeito, que estava demasiado perto da morte para ser possível julgá-lo, quanto mais castigá-lo. Uma comissão judicial foi criada para investigar as atrocidades de Pombal. Entre os presos libertados das prisões políticas, encontrava-se o bispo de Coimbra, encarcerado durante dez anos, por pregar contra o estudo dos filósofos humanistas franceses. Outras vítimas foram também isentadas de culpa, tendo-lhes sido devolvidos seus bens e o estatuto.

Para o marquês de Pombal não lhe bastou deixarem-no morrer em paz; fez isso enquanto escrevia uma longa refutação das acusações de que era alvo. Insistiu que estava totalmente inocente, exceto em relação aos erros cometidos pela obediência ao pai da rainha D. Maria.

Capítulo XVI
Palco das grandes potências

O cocheiro chicoteou os cavalos que passaram a trote acelerado. Do seu interior, consta que a dama de companhia da rainha D. Maria teria gritado para o cocheiro: "Não vá tão depressa! O povo vai pensar que estamos fugindo."

A rainha estava sentada a seu lado, atada e amordaçada. Desde o começo do seu reinado que era atormentada por visões do pai ardendo no inferno, devido à sua cumplicidade com o marquês na perseguição feita à Igreja. A rainha mandou regressar aos países de origem os acadêmicos, técnicos e outros peritos estrangeiros recrutados pelo pai. Professores leigos competentes eram despedidos das suas escolas, sendo substituídos, quando era o caso, por frades que, frequentemente, mal sabiam ler ou escrever.

Agora, aos 57 anos, a rainha fora declarada mentalmente incapaz. O dr. Willis, psiquiatra londrino conhecido por ter tratado a "loucura" do rei Jorge III da Inglaterra, foi chamado a Lisboa para examinar a rainha, declarou que ela não tinha cura. O príncipe João, seu filho, que tinha assumido a regência, ia acompanhá-la na sua fuga para o Brasil. O exército de Napoleão estava marchando sobre Lisboa. A família Bragança, seus funcionários, membros da corte e mais de um milhar de cidadãos precipitavam-se para os portos, a fim de embarcarem com destino ao Rio de Janeiro. A marinha real inglesa forneceu uma escolta militar. Em contrapartida, D. João concordou em ceder à Inglaterra o comércio extraordinariamente lucrativo do Brasil com a Europa.

D. Maria tinha passado para segundo plano com a ameaça vinda da França. À semelhança do que aconteceria com as outras famílias reais da Europa, também os Braganças estavam aterrorizados com a Revolução Francesa, temendo que pudesse ser exportada para o país. Foi imposta uma censura rígida, impedindo a publicação, nos jornais portugueses, de tudo o que dissesse respeito à França e proibindo, simultaneamente, a entrada de jornais estrangeiros. O visitante que quisesse entrar no país tinha de arranjar um residente local que se responsabilizasse por ele antes de poder desembarcar. Bastava discutir os acontecimentos de Paris, num café de Lisboa, para se ser detido imediatamente e deportado.

Napoleão tinha, na época, tomado o poder e, em 1807, seus exércitos tinham já conquistado praticamente todo o sul da Europa, exceto Portugal, que proporcionava agora ao seu grande inimigo, a Inglaterra, o único acesso ao continente. Napoleão enviou o general Junot a Lisboa, com uma ordem para o príncipe João fechar todos os portos portugueses à navegação inglesa, confiscar todos os bens ingleses em Portugal e aprisionar ou expulsar todos os cidadãos ingleses. O cumprimento dessa ordem, por parte do príncipe, teria significado a ruína econômica do país, já que a prosperidade de que desfrutava, tanto nas cidades como no interior, dependia em grande parte do acesso privilegiado ao mercado inglês. A presença de grandes colônias mercantis inglesas em Lisboa e no Porto era essencial às suas exportações. Ao saber da recusa do príncipe João, Napoleão elaborou um plano para erradicar Portugal como Estado: o norte tornar-se-ia uma colônia francesa e o sul seria absorvido pela Espanha. Mandou Junot regressar a Lisboa, desta vez como comandante militar à frente de uma força constituída por 30 mil homens. Talleyrand, o ministro dos Negócios Estrangeiros, disse ao embaixador de Portugal em Paris para dar um conselho ao príncipe João, segundo o qual a família Bragança não teria futuro na Europa, devendo, por isso mesmo, tentar a sorte no Novo Mundo. No Brasil, por exemplo — acrescentou —, poderiam tentar criar "um novo império de grande dimensão, longe das convulsões revolucionárias do Velho Mundo".

Mesmo antes de abandonar seus súditos, o príncipe regente deu-lhes as últimas ordens. As tropas francesas deveriam ser recebidas sem resistência. Os militares deveriam permanecer nos seus postos, mas apenas com a finalidade de manterem a paz e a ordem e jamais fazerem frente ao invasor. Junot e seus soldados deveriam ser recebidos como uma "força que unificaria os portugueses com o resto da Europa".

Muitos dos mais destacados lisboetas ficaram contentes por se verem livres da família Bragança e do seu estilo autocrático de governo. A resistência armada teria sido inútil, uma vez que o exército estava debilitado e os soldados não tinham praticamente treino. Muitos portugueses, pelo menos os intelectuais, viam Junot mais como um libertador do que um conquistador, o portador, para este extremo da Europa, de uma nova era de Iluminismo francês. O principal dinamizador da ideia foi a Loja da Regeneração, um grupo maçônico na vanguarda da oposição aos Braganças e a um clero excessivamente poderoso e rico. Quando Junot se aproximou de Lisboa, os membros da Regeneração foram a cavalo ao seu encontro, para o saudarem e escoltarem na sua entrada triunfal.

A princípio, Junot esteve à altura das expectativas. Quase imediatamente, ao chegar a Lisboa, proclamou o despontar de uma nova era. Anunciou um programa de reformas liberais: a criação de uma administração governamental eficiente, a introdução da idoneidade financeira na vida pública e o exílio dos aristocratas que tinham violado os direitos alheios. Haveria ensino universal e gratuito e um avultado programa de obras públicas, destinado à construção de estradas e canais de que o país muito necessitava para o seu desenvolvimento econômico e que a família Bragança nunca tinha posto em prática.

O período de estado de graça mal havia começado, quando, num ato de espantosa insensibilidade, Junot estragou tudo. Mandou suas tropas fazerem um desfile de vitória no coração da capital. No Castelo de São Jorge, mandou arriar a bandeira portuguesa e içar a francesa. Postado no topo das muralhas, ordenou que se dessem três vivas a Napoleão. A multidão ficou em silêncio.

Naquela noite, Junot deu um banquete de vitória no Castelo de São Jorge. Milhares de pessoas reuniram-se no exterior do castelo e gritaram: "Viva Portugal. Morte à França."

Junot ordenou que a polícia carregasse as armas e abrisse fogo, atirando para matar. A polícia recusou-se. Junot apresentou, então, um decreto de Napoleão, nomeando-o como "único governante de Portugal". O que restava do exército português — cerca de nove mil homens — foi capturado e obrigado a atravessar a Espanha em marcha forçada, com destino à França, de onde foi enviado, como "Força Legionária Portuguesa", para participar na tentativa desastrosa de Napoleão de conquistar a Rússia. Uma delegação de nobres e de bispos foi ter com Napoleão, que na altura se encontrava em Baiona, para apresentar seu protesto. Aquele que se intitulava imperador concordou em recebê-los. Ficou perplexo por eles quererem permanecer portugueses, quando poderiam tornar-se franceses ou espanhóis. Como eles se recusaram a assinar uma rendição formal, mandou-os deter e colocou-os na prisão. Passados três anos, cederam, assinaram o "tratado de paz" imposto por Napoleão e foram libertados.

De regresso a Lisboa, Junot tinha dado a si próprio o título de duque de Abrantes. Havia a ideia generalizada de que, em breve, se declararia rei. A ele se tinham juntado dois marechais franceses, Soult e Massena, parecendo agora completo o domínio da França sobre Portugal. As tropas francesas, espalhadas pelo país, levavam a cabo um plano sistemático de extorsão, pilhagem e vandalismo. Os ricos, ameaçados com facas, entregavam suas moedas de ouro e suas joias, assinando declarações de que o tinham feito voluntariamente. Nas igrejas, os soldados destruíam indiscriminadamente estátuas e ornamentos românicos, medievais, góticos, renascentistas ou barrocos. Os vasos destinados à comunhão, de prata e ouro, constituindo alguns deles autênticas obras-primas elaboradas por grandes artesãos italianos, eram derretidos. Arrombaram túmulos, para levarem os anéis e outras joias com que os mortos tinham sido enterrados. Depois, despojaram as mansões rurais dos quadros mais valiosos, das tapeçarias e do seu mobiliário requintado. Entre os exemplos mais irônicos do seu vandalismo foram os estragos provocados no Mosteiro de Alcobaça, construído pouco depois da criação da nação portuguesa por monges cistercienses franceses e, possivelmente, o mais puro e elegante exemplar que resta daquele estilo arquitetônico de origem francesa. No Mosteiro de Alcântara, as tropas francesas saquearam suas valiosas bibliotecas, pegando volumes ao acaso e arrancando páginas para fazerem cartuchos de balas. As cozinhas do mosteiro primavam por ser das mais requintadas do país. Um jovem oficial francês encontrou, numa página arrancada de um livro de cozinha dos monges, uma receita em que o faisão, cozinhado com trufas, em vinho do Porto, depois de desossado era recheado com *foie gras*. Enviou a receita à mãe, uma condessa, que a mostrou ao grande cozinheiro Auguste Escoffier. Mais tarde, no seu livro de receitas, que constitui um verdadeiro clássico da gastronomia, Escoffier escreveu: "Foi talvez a única coisa boa que os franceses ganharam com a sua desastrosa campanha."

Enquanto, desse modo, os franceses despojavam Portugal do seu patrimônio artístico, Junot contratava soldados espanhóis para imporem a ordem na cidade do Porto. Parece que se esqueceu de pagá-los. Os soldados espanhóis amotinaram-se e saíram juntos, a pé, da cidade, deixando-a entregue à população. Chegando em Lisboa, enquanto aguardavam, no cais da praça do Comércio, pelos barcos que os levariam ao seu país, foram atacados por soldados franceses. Houve uma batalha encarniçada entre os dois exércitos. Para além das pesadas baixas registradas em ambos os lados, o desfecho foi o colapso do controle militar em Lisboa.

As notícias, veiculadas por espiões ingleses em Portugal, alcançaram rapidamente Londres. O primeiro-ministro, duque de Portland, sentiu que chegara a oportunidade de acabar com os cinco anos de bloqueio das ilhas Britânicas, imposto por Napoleão. Numa iniciativa que viria a constituir o princípio do fim do domínio francês na Europa, e a queda de Napoleão, Portland enviou um navio veloz ao Porto, com uma carta de incitação dirigida ao presidente da Câmara e à população, acompanhada de uma avultada quantia monetária para comprar armas e equipamento. Pouco depois, um jovem comandante militar britânico, *Sir* Arthur Wellesley (mais tarde investido como duque de Wellington), desembarcou, no estuário do Mondego, com oito mil homens. Estava-se em agosto de 1808. Graças à surpresa do ataque, mas também devido à perícia tática de Wellington, ele e suas tropas irlandesas derrotaram os franceses em duas batalhas curtas, mas decisivas, obrigando-os a implorar por um cessar-fogo.

As condições de rendição assinadas por Wellington permitiam aos franceses não só partirem, mas ainda levarem consigo o produto do saque. Além disso, os ingleses forneceram os barcos que levaram os franceses e seus despojos de volta ao seu país. Wellington embarcou com destino à Inglaterra, sem saber que jornalistas ingleses tinham estado em Portugal. Quando chegou a Portsmouth, deu-se conta de que os jornais traziam longas reportagens sobre a sua estranha magnanimidade, além de editoriais manifestando indignação. Afirmava um deles: "Todos os corações britânicos se devem indignar com a degradação da honra do país." Progredindo até Londres, deparou-se-lhe uma opinião pública tão hostil que decidiu retirar-se para as propriedades da sua família, na Irlanda. Mesmo assim, os jornais não abrandaram a intensidade da campanha. O governo acabou por ceder e mandou julgar Wellington e seus oficiais em um tribunal de guerra, mas ele argumentou que não era responsável pelo conteúdo do tratado. Tinha apenas uma pálida ideia das suas implicações, tendo-o assinado por ordem dos seus superiores. Todos os acusados foram liberados. A permanente perda portuguesa de todos os seus tesouros de arte nunca foi indenizada, nem pelos franceses, nem pelos ingleses. Ainda hoje constitui, compreensivelmente, motivo de ressentimento em Portugal. Para o poder inglês de então parecia que a perda, por parte de Portugal, do seu patrimônio artístico era uma questão sem importância, praticamente irrelevante. "Vamos a Portugal para implantar o estandarte da Inglaterra nas bem-conhecidas colinas de Lisboa. Onde esse estandarte for implantado, não chegará o domínio estrangeiro", comentou, a propósito, Lord Canning.

    Wellington foi mandado regressar a Portugal, em 1809. Com seu exército, vinha um jovem e duro general protestante, William Carr (mais tarde conhecido como lorde Beresford), acompanhado de uma carta do rei D. João, obtida, sob coação, pelos ingleses, no Rio de Janeiro, nomeando-o comandante do exército português. O general francês Soult, tinha, pouco tempo antes, atacado e retomado o controle da cidade do Porto, aparentemente com a intenção de proclamar uma nova monarquia, liderada por ele próprio. Wellington atacou Soult e o seu exército, que bateu em retirada, atravessando a fronteira espanhola. Wellington e seus homens foram em sua perseguição até a França.

Depois, ele e Beresford, começaram a preparar-se para mais um ataque dos franceses, que ambos estavam convencidos de que iria acontecer, e com uma envergadura muito maior do que anteriormente. Beresford tratou de recrutar e treinar um exército português. O que se ouvia na época era que, como Beresford e seus colegas oficiais sempre diziam que os portugueses pareciam todos iguais, estes levaram-nos ao pé da letra. Assim, no dia do pagamento, passavam várias vezes para receber seus salários, o que motivou uma ação que ficou conhecida como a "contagem dos ingleses".

Wellington decidiu fortificar Lisboa. Era uma tarefa gigantesca, mas que foi levada a cabo em rigoroso sigilo. Seu plano tornou-se conhecido como as Linhas de Torres Vedras, uma localidade situada perto da costa, a nordeste da capital. Era o percurso que, logicamente, os franceses iriam seguir. Wellington passou duas semanas a cavalo, a inspecionar a área. Depois, distribuiu aos seus engenheiros um plano de 22 pontos e recrutou — à força, quando necessário — todos os camponeses da vizinhança para ajudarem nos preparativos.

Desviaram-se rios e foram criados pântanos intransitáveis. Cavaram-se trincheiras largas e profundas, cheias de espinhos. Cortaram-se encostas escarpadas na vertical, formando falésias impossíveis de escalar. Havia ratoeiras e paliçadas de estacas pontiagudas. Foram construídos muros de pedra, com uma espessura de cinco metros e uma altura de 13. Havia 600 plataformas para canhões e 152 fortes de pedra. As Linhas de Torres Vedras estendiam-se ao longo de oito quilômetros. Cada um dos postos do exército, ao longo da linha, estava ligado por um sistema de transmissões de semáforos, de nove fases, de modo que as ordens e mensagens chegavam de um extremo ao outro em sete minutos — uma velocidade inédita para a época. Por detrás das linhas, guarnecidas por 30 mil milícias portuguesas e guardas locais, encontrava-se o que é, agora, um enorme espaço com 700 quilômetros quadrados.

Tinham água doce com fartura, pastagens, pomares, hortas, celeiros cheios de trigo e milho e abundância de peixe no mar.

A parte mais afastada das Linhas tinha sido, tanto quanto possível, transformada num deserto. Qualquer alimento ali cultivado e que não pudesse ser levado para dentro do perímetro de defesa, era queimado ou destruído. Foi praticamente retirado tudo o que pudesse servir de abrigo aos franceses, quando chegassem. As árvores foram abatidas. Os camponeses foram obrigados a destruir seus próprios celeiros e habitações. Wellington montou seu quartel-general ao sul da zona, no topo de uma colina com 300 metros de altura, e aguardou.

O verão passou. Depois, em outubro, o marechal Massena chegou, comandando um exército de 65 mil soldados franceses e dez mil espanhóis. Suas forças foram travadas. Encaminhou-se sozinho para as Linhas, ficando ao alcance dos canhões ingleses. Ficou assombrado com o que viu: "À frente encontrava-se um grande número de canhões, bem como de soldados ingleses e portugueses", comentou mais tarde. De um posto de observação, foi disparado contra ele um tiro de aviso. Massena ergueu o chapéu e afastou-se a galope. Nos três dias seguintes, Wellington viu Massena concentrar suas tropas perto do forte do Sobral. Atacaram os ingleses, mas eles resistiram, perdendo 150 homens. No dia seguinte, Massena aproximou-se a cavalo, na direção de uma fileira de 120 canhões. De novo, foi disparado um tiro de aviso e ele retirou-se. Sob crescente pressão dos seus oficiais para lançar um ataque com toda a força, Wellington teria dito: "Podia esmagá-los se quisesse, só que custar-me-ia dez mil vidas. Como este é o último exército inglês que temos, tenho de cuidar bem dele."

Formou-se, pois, um estranho tipo de cerco, em que as tropas sitiadas tinham comida, vinho e diversão em abundância. Alguns dos que lá se encontravam haverão de descrever o ambiente como quase de festa. Entretanto, cá fora, os sitiantes eram cada vez mais vítimas de fome, da água poluída e do inverno que se aproximava. Subalimentados e doentes, começaram a morrer cada vez mais soldados. Com a morte de 30 mil homens e um exército reduzido a 45 mil, Massena retirou-se acobertado pela noite. Wellington, com seu exército, perseguiu-os ao longo de Portugal, atravessou a Espanha e chegou à França, onde só parou em Toulouse. Quebrado o poder, aparentemente inexpugnável, de Napoleão, estava montado o cenário para a batalha de Waterloo.

Quando os portugueses acordaram, após a vitória, verificaram que o país continuava a não lhes pertencer, à semelhança do que acontecera sob o domínio francês. Como Wellington já se tinha ido embora, lorde Beresford foi nomeado chefe de um conselho de regentes. Portugal encontrava-se agora sob o domínio de um ditador militar inglês, que o futuro havia de confirmar como arrogante e desumano. Os portugueses que ousassem contestar sua orientação política eram aprisionados ou executados. Os maçons da Loja da Regeneração de Lisboa, um grupo de intelectuais empenhados na liberdade e no progresso, tornaram-se seu alvo principal. Quando, em agosto de 1820, estourou, no Porto, uma revolta contra Beresford, ele tomou um barco para o Rio de Janeiro a fim de se aconselhar com o rei. Atravessando o Atlântico, na viagem de regresso, tentou desembarcar em Lisboa, mas foi impedido de sair do navio. Prosseguiu viagem até a Inglaterra, onde lhe foi dito que não havia justificativa para o envio de novo exército.

Houve eleições no mês de janeiro seguinte. O Parlamento reuniu-se em Lisboa e nomeou um conselho de governo. Um golpe de Estado, no Brasil, obrigou o rei D. João a regressar relutantemente a Portugal para reclamar seu trono europeu. O preço a ser pago foi o juramento de fidelidade aos princípios liberais. Em 1822, foi promulgada uma Constituição, consagrando esses princípios.

Quando D. João morreu, cinco anos mais tarde, seu filho primogênito, D. Pedro, já se tinha proclamado imperador do

Brasil e não mostrava qualquer desejo de se mudar para Lisboa. Nomeou sua filha Maria da Glória, de sete anos, rainha de Portugal e, como regente, seu irmão mais novo, D. Miguel, na ocasião com 24 anos.

D. Miguel tinha vivido na corte imperial de Viena, o centro da Santa Aliança da Áustria, Prússia e Rússia, cujo objetivo era acabar com o liberalismo e insistir no direito divino de os monarcas governarem em regime absolutista. Quando ainda se encontrava em Viena, foi enviada a D. Miguel uma cópia da Constituição. Mostrou-a a Metternich, que o aconselhou a ignorá-la. Na Catedral de Lisboa, D. Miguel fez troça pública da Constituição. Consta que jurou honrá-la, não sobre a Bíblia, mas sim sobre um romance popular intitulado *Os burros*. D. Carlota Joaquina, a mãe espanhola de D. Miguel, que foi com ele, era ainda mais ferozmente antidemocrática. Rodeou seu filho dos conselheiros mais reacionários que encontrou e mandou elaborar uma lista de inimigos, reais ou imaginários. Vários milhares foram detidos, 150 foram executados e os restantes aprisionados ou desterrados.

Um grupo de liberais, incluindo destacados oficiais do exército, fugiu para a Galícia, e daí para a Inglaterra, onde não foram particularmente bem recebidos, tendo sido alojados num armazém abandonado, em Plymouth. Com a ajuda de judeus espanhóis refugiados em Londres, conseguiram, no entanto, um empréstimo de dois milhões de libras junto a instituições financeiras, ainda que com o juro usurário de 14%.

Em 1832, o imperador D. Pedro I, do Brasil, acusado de atitudes impróprias, foi obrigado a abdicar e a abandonar o país. A única parte do Império Português cujo governador ainda jurava lealdade a D. Pedro era a ilha Terceira, nos Açores. D. Pedro encontrou-se aí com dissidentes liberais da Inglaterra. A ocasional aliança zarpou em direção ao Porto, onde as tropas de D. Miguel, apanhadas completamente de surpresa, fugiram. Começou então um longo cerco, com D. Pedro e os liberais no interior. As condições na cidade deterioram-se, mas os habitantes permaneceram fiéis à sua tradição de defesa da liberdade e da democracia. Os sitiantes tiveram pior sorte. Uma epidemia de cólera espalhou-se pelas suas hostes. Os sobreviventes desertaram em massa e entregaram-se a ações desenfreadas de pilhagem e vandalismo pelo vale do Douro acima, antes de decidirem marchar para o sul, com o objetivo de saquear Coimbra.

O liberal duque da Terceira, acompanhado do comandante naval inglês, Charles Napier, e de 2.500 voluntários, desembarcou com eles no Algarve, de onde iniciou a marcha sobre Lisboa. Ao dobrar o cabo de São Vicente, Napier cruzou-se, por acaso, com a marinha de D. Miguel, capturando cinco barcos, o que constituiu um rude golpe no moral dos absolutistas. Quando o duque da Terceira e seus homens chegaram à margem sul do rio Tejo, de frente para Lisboa, Napier subiu o estuário com sua frota e bombardeou a cidade. D. Miguel encontrava-se no Norte, tentando reconquistar o Porto. Seus aliados, em Lisboa, fugiram rio acima, até Santarém. A batalha que se travou foi horrível, em termos de sofrimento humano e de perda de vidas, como ainda nos danos provocados na cidade e nas herdades em seu redor. Derrotado, por fim, pelos liberais, D. Miguel regressou ao Sul e retirou-se para Évora, onde ofereceu a última e desesperançada resistência. Na aldeia de Évora Monte, assinou a rendição e a abdicação. Foi, depois, metido num barco com destino a Gênova. Quando ali chegou, declarou que os documentos eram inválidos, já que os assinara sob coação, continuando, por isso mesmo, a ser o rei de Portugal. Regressou a Viena, pouco mais se tendo ouvido falar dele.

D. Pedro foi para Lisboa, onde se tornou regente da sua filha, que, após a morte do pai, se tornou a rainha D. Maria da Glória. Tinha 15 anos. As primeiras eleições parlamentares do seu reinado resultaram na constituição de um novo regime liberal. Foi, no entanto, demasiado grande o preço que os portugueses tiveram de pagar pela sua liberdade: a devastação de grande parte do país, um ressentimento pós-guerra que dividiu as famílias, um tesouro vazio e uma enorme dívida externa. Para tentar saldar essa dívida, D. Pedro tratou de abolir as ordens religiosas, confiscando e vendendo conventos e mosteiros, juntamente com as terras e outros bens. O enorme volume de propriedades leiloadas fez baixar muito os preços, tendo, consequentemente, rendido pouco dinheiro. Não se conseguiu arranjar comprador para alguns dos mais belos mosteiros, incluindo obras-primas da arquitetura cisterciense, que, assim, começaram a ruir e a desmoronar-se. Como muitos dos que compraram os terrenos agrícolas a preços de saldo não possuíam os conhecimentos de agronomia dos monges, a produção baixou.

Até então sob o domínio dos monges, em Alcobaça, os rendeiros levavam vidas dignas e pagavam rendas muito baixas. Os monges forneciam-lhes conhecimentos técnicos e emprestavam-lhes dinheiro em anos de seca. Com a expulsão das ordens religiosas, esses homens foram forçados a trabalhar, mas apenas quando havia trabalho, por uma ninharia e para proprietários ausentes. Entretanto, como observou o grande anticlerical liberal Almeida Garrett, surgiu uma nova classe de proprietários, cujos membros eram mais gananciosos e prejudiciais à sociedade do que os monges e as freiras que tinham substituído.

Capítulo XVII
O fim da dinastia de Bragança

"Mas que transição veio da Espanha para Portugal. Era como se tivéssemos voado da Idade Média para a idade moderna", escreveu Hans Christian Andersen, após prolongada visita ao país em 1865.

Antes de granjear fama como escritor de contos infantis, Andersen foi, na sua época, o conhecido e admirado escritor de contos de viagem em nível internacional. Seus livros foram traduzidos para as principais línguas europeias e a sua fama era tal, que, quando visitou a Inglaterra, ficou hospedado na casa de Charles Dickens, e a rainha Vitória e o príncipe Alberto convidaram-no para ficar com eles em Osborne, na ilha de Wight. Em Portugal, a rainha D. Maria da Glória tinha morrido, em 1853, ao dar à luz o seu décimo filho. Andersen foi recebido no Palácio das Necessidades, em Lisboa, pelo viúvo da rainha, o duque Fernando de Saxe-Coburgo Gotha, primo do príncipe Alberto. O rei D. Fernando, como era agora conhecido, governava Portugal como regente, tendo, pouco tempo antes, passado o trono para seu filho Luís, que herdou dele uma nova forma de liderança, com uma Constituição e um governo eleito. Teve tanto êxito e foi tão popular no seu desempenho que os governos da Espanha e da Grécia tinham pedido a D. Fernando que se tornasse também seu soberano — convites que provocaram preocupação até em Portugal.

Quando D. Luís assumiu o poder, havia poucos sinais visíveis dos terríveis danos que tinham sido infligidos pela longa guerra civil. Hans Christian Andersen, ao atravessar a fronteira saindo de uma Espanha desordenada e atrasada, mencionou a modernidade das ferrovias, a pontualidade dos trens, o conforto das carruagens, a excelente qualidade das refeições, o aspecto preparado das aldeias e cidades recém-pintadas e, acima de tudo, a cortesia das pessoas — tanto dos seus companheiros de viagem como do pessoal das ferrovias.

Ao chegar a Lisboa, encontrou elétricos e avenidas que, arborizadas e iluminadas por candeeiros a gás durante a noite, eram atravessadas por cidadãos bem-vestidos, passeando. Depois de visitar a capital e de se ter deslocado a Coimbra, Sintra e Setúbal, relata a notável vitalidade das diferentes atividades, da agricultura às artes.

Portugal tornara-se a sociedade mais avançada do sul da Europa. Alexandre Herculano, que era amigo íntimo do rei D. Fernando, é ainda hoje conhecido pelo seu pioneirismo como historiador. Na ausência de censura, praticamente pela primeira vez desde a existência do Estado, Herculano desmistificou a história desde a sua origem, substituindo as lendas pela evidência e objetividade.

Seu amigo e colega João Arroio foi um grande reformador do ensino, ainda que, hoje em dia, seja quase ignorado. Como ministro, introduziu um método inovador, concebido por João de Deus, de ensinar as crianças a ler e escrever a sua língua, cuja gramática é complexa e difícil. Na década anterior à estada de Andersen, o número de escolas para rapazes tinha quase duplicado, aumentando para dois mil. Todas as cidades de província com alguma dimensão dispunham de um liceu, onde os alunos se podiam preparar para a universidade. O ensino feminino ainda estava atrasado, mas, mesmo assim, o número de colégios para moças tinha aumentado seis vezes, estando agora em torno de 350. Em Lisboa e no Porto, haviam sido fundadas escolas politécnicas, que ensinavam às novas gerações arquitetura, medicina, engenharia, farmacologia e ciências naturais.

Almeida Garrett, que, com Alexandre Herculano, lutou ao lado dos liberais por ocasião da guerra civil, e que tinha sido preso durante o antigo regime, acusado de exercer a liberdade de expressão, presidiu à conversão do esquecido Santo Ofício da Inquisição em Teatro Nacional e escola dramática. O país só tinha tido um dramaturgo de vulto, Gil Vicente. Atendendo ao espírito da época, Garrett escreveu, ele próprio, o restante do repertório do Teatro Nacional. Ele e seus colegas escritores criaram um estilo novo, leve e direto, tanto na poesia como na prosa. Fundaram o Grêmio Literário, que, indo muito além da escrita, se tornou a maior força intelectual da época, promovendo o liberalismo, tanto na Igreja como na política, e patrocinando o debate e a inovação em áreas tão diferentes, como a fotografia e a agronomia.

A indústria tinha crescido muito rapidamente. O uso das máquinas aumentara em 600% e o uso de motores nas fábricas, em 900%. O país tinha se tornado o maior produtor de cortiça do mundo, como, aliás, ainda continua a ser. Os têxteis, a cerâmica e o vidro também eram exportados em quantidades substanciais. As mercadorias eram transportadas em barcos a vapor de construção portuguesa. Os comerciantes de Lisboa e do Porto se comunicavam com seus clientes, na Inglaterra e no Brasil, por meio de cabos telegráficos submarinos, um dos quais, que vai dos subúrbios ocidentais de Lisboa até a Cornualha, ainda hoje se encontra em uso. Grandes projetos de obras públicas, incluindo a construção de uma rede nacional de estradas, levaram ao recrutamento de vários peritos estrangeiros, entre os quais o engenheiro francês Gustave Eiffel, cujas pontes, feitas de ferro, ainda hoje constituem referências nacionais, tal como o elevador de Santa Justa, este da autoria do seu discípulo Mesnier du Ponsard. Esses projetos foram financiados por um sistema eficiente de cobrança e recolhimento de impostos, que, aliás, já havia antes sido aplicado na redução de uma dívida nacional de efeitos perniciosos para o país. A redução dessa dívida teve como efeito importante a duplicação do valor dos títulos do tesouro português nas bolsas de Londres e Paris.

O tom exuberante da época manifestava-se na sua arquitetura. Serve de exemplo o estilo espalhafatoso da Estação do Rossio, imitando o arabismo, ou a praça de touros, no Campo Pequeno. O rei D. Fernando fez reviver o estilo manuelino no grande albergue da coutada real de caça, que, mandada construir para os filhos, no Buçaco, é hoje um hotel de luxo. O Palácio da Pena, de estilo gótico e que ainda se encontra alcandorado no topo da serra de Sintra, já foi comparado a um local de filmagens da Walt Disney. Na ocasião, foi considerado um símbolo do espírito do romantismo, que atraía a Sintra artistas, escritores e compositores vindos de toda a Europa, bem como o maior romancista português, Eça de Queirós.

Foram criados parques públicos, decorados por uma nova escola de escultores naturalistas. Os pintores prosperaram e suas obras deixaram de constituir um privilégio exclusivo dos ricos. Os modernos métodos de reprodução tornaram os preços das gravuras acessíveis, e fizeram com que se tivessem multiplicado nas paredes da maioria das casas.

Sobretudo no domínio dos direitos civis, Portugal tinha se tornado um exemplo para o resto do mundo. Ainda que com algumas limitações, os não católicos puderam começar a casar e a registrar o nascimento de seus filhos. As mulheres passaram a ter direito à propriedade individual. A escravatura foi declarada ilegal por todo o Império Português, bem como a pena de morte, os trabalhos forçados e o prolongado isolamento prisional. O conceito de prisão como lugar de punição foi substituído pelo conceito de reforma e reinserção social. Os detidos passaram a adquirir competências profissionais que lhes permitissem levar uma vida digna após a libertação. As mulheres eram ensinadas a fazer tapetes de Arraiolos que, hoje em dia, rendem cerca de 200 euros por metro quadrado. Os homens aprendiam uma variedade de ofícios, e o estabelecimento prisional de Coimbra tornou-se um centro de encadernação da mais alta qualidade. Outros centros prisionais vendiam às lojas os objetos produzidos pelos prisioneiros, que eram depois comprados pela burguesia após as missas de domingo.

Esse ambiente de paz, instrução e progresso foi perturbado pelos ventos do conflito entre proprietários de fábricas e os trabalhadores, que, iniciados no exterior, chegaram a Portugal, envolvendo-o na internacionalização da contenda. Teve início em Lancashire, no norte da Inglaterra, onde os trabalhadores das fábricas têxteis foram os primeiros, no mundo ocidental, a organizarem-se em sindicatos e a fomentarem o ensino para adultos em escolas noturnas, possibilitando-lhes, assim, o acesso à leitura das novas teorias socialistas. O fato conduziu à reivindicação de salários adequados, ao direito à semana de trabalho de seis dias, bem como a outros direitos, designadamente o de não ser despedido em caso de doença temporária. Os proprietários das fábricas tentaram responder investindo no norte de Portugal, e transferiram para lá a produção. Os trabalhadores acabaram por responder à opressão de modo idêntico ao que os ingleses haviam feito — realizaram greves. Então, as máquinas têxteis já eram tão sofisticadas e simples de operar, que até uma criança conseguia fazê-las funcionar. E foi exatamente isso o que aconteceu. Os proprietários das fábricas despediram os trabalhadores adultos e contrataram seus filhos. O exemplo foi seguido pelo monopólio estatal do tabaco e pelos proprietários ingleses das fábricas de cortiça, no Alentejo.

Do outro lado do Atlântico, também estouraram greves nas fábricas têxteis da Nova Inglaterra. Seus proprietários despediram os trabalhadores americanos, e enviaram agentes a Portugal, a fim de contratar substitutos. Uma das colônias portuguesas de trabalhadores têxteis, que ainda sobrevive na Nova Inglaterra, está situada em Fall River, perto de Cambridge, no estado de Massachusetts. O professor Pedro da Cunha, que ali passou dois anos, na década de 1980, verificou que ainda existia o receio de que o ensino pudesse constituir um caminho para a calamidade.

Tal como em toda parte, também em Portugal, no século XIX, a revolução industrial trouxe igualmente miséria e benefícios. O caso seguinte aconteceu com o motim ocorrido na marinha brasileira, envolvendo os barcos de guerra portugueses que, na época, se encontravam no porto do Rio de Janeiro. Os oficiais e a tripulação solidarizaram-se com os amotinados, permitindo que mais de 600 subissem a bordo, transportando-os, depois, para lugar seguro, em Buenos Aires. O governo brasileiro insurgiu-se e cortou relações diplomáticas com Portugal. Este não foi, no entanto, o único golpe registrado na atividade comercial das cidades de Lisboa e do Porto. Foi também questionada a subsistência de muitas famílias, a partir do momento em que foram impedidas de receber as remessas dos familiares que trabalhavam como emigrantes no Brasil. Num jogo de dominó econômico, o sistema bancário ficou grandemente enfraquecido e os rendimentos fiscais do governo caíram abruptamente. Todos esses fatores foram agravados por uma recessão geral, provocada por uma oferta excessiva de bens manufaturados, produzidos por indivíduos malpagos que, sem dinheiro para comprar esses bens, não podiam, por sua vez, alimentar o mercado.

O rei D. Carlos I sucedeu ao pai, em 1889. Era um aquarelista prolífico — quadros seus sobre temas marítimos ainda são hoje vendidos pelas casas de leilão de Lisboa. Seu gosto pelo mar envolvia também uma queda por iates caros, que o governo comprava com alguma relutância. Apesar de todos os seus defeitos, incluindo uma certa ineficácia e alguns ataques de fúria, nada fazia, de fato, prever a crise que iria pôr termo à dinastia de Bragança de forma súbita e violenta.

Na época da sucessão de D. Carlos ao trono, as perspectivas para Portugal pareciam, de novo, invulgarmente brilhantes. Em vez de se digladiarem pelo poder na Europa, as principais nações do continente estavam, agora, empenhadas numa corrida pelo seu quinhão na África, um território que tinha sido praticamente ignorado desde a proibição do comércio de escravos. Missionários e exploradores regressavam, contando histórias de riquezas sem-fim: reservatórios de cobre e ouro; diamantes que podiam ser encontrados na superfície da terra; manadas de elefantes capazes de fornecer quantidades aparentemente infinitas de marfim.

Neste novo e fabuloso jogo, os portugueses tinham uma posição privilegiada, pois eram os únicos que nunca tinham virado as costas à África. A continuação da sua presença ali, após 400 anos, foi reconhecida pela França, num tratado que lhe conferia o direito a explorar a África Ocidental, com exceção da Guiné Portuguesa. Os alemães, ao reclamarem o sudeste da África, reconheceram que Angola, mais ao norte, pertencia aos portugueses. Os ingleses também anuíram, inicialmente, ao papel de Portugal como potência europeia na África Central. Eles eram, no fim das contas, os mais antigos aliados e o continente era suficientemente grande para ser partilhado.

Em fins do século XIX, ainda não existia colonização, no sentido que lhe seria dado, na África. Mais do que governar os povos de Angola e de Moçambique, nas costas ocidental e oriental da África Central, respectivamente, os portugueses conviviam com eles. Tinham construído portos e estabelecido povoamentos europeus ao longo da costa. Empossaram governadores e instalaram guarnições. Algumas das terras mais para o interior eram cultivadas por famílias portuguesas ou por empresas agrícolas, produzindo café e tabaco. As nações do interior da África Central não tinham, na generalidade, sido incomodadas. Entre Angola e Moçambique, viviam os pacíficos machonas e, mais ao sul, encontrava-se o reino dos matabeles. Eram dos mais prósperos povos de toda a África Oriental, vivendo, sobretudo, do comércio com a Índia e a China. Sua capital fortificada, Zimbabué, que deu o nome à atual nação centro-africana, era uma obra notável de arquitetura e engenharia — uma das maiores, ainda que pouco conhecida, maravilhas do mundo. Os portugueses estabeleceram relações diplomáticas e comerciais. Na década de 1880, concebeu-se, com o acordo dos matabeles, um plano de implantação de uma série de entrepostos ao longo da África Central, com o objetivo de estimular o comércio e o desenvolvimento. Na parte oriental, os portugueses iniciaram a exploração de minas de cobre e ouro.

Em Lisboa, Henrique Barros Gomes, ministro das Colônias, levantou-se, perante o Parlamento, e desenrolou um mapa, em que toda a África Central — que é hoje a Zâmbia, o Zimbabué e o Malauí, assim como Angola e Moçambique — tinha sido pintada de cor-de-rosa. Tudo isso — afirmou então — representa o território de Portugal, tal como foi acordado em vários tratados europeus e na grande conferência de Berlim, presidida por Bismarck. Em ambiente de exultação, foi decidido enviar tropas para proteger as concessões, e foi fundada a Sociedade de Geografia, a fim de angariar, através de subscrição pública, capital destinado ao desenvolvimento e à exploração dos territórios.

A contestação à pretensão portuguesa não foi inspirada por qualquer governo, mas por Cecil Rhodes, um aventureiro inglês, filho de um pároco de aldeia. Tinha deixado o liceu aos 17 anos, para ir trabalhar em uma pequena plantação de algodão do seu irmão mais velho, em Natal, local onde possuía também três concessões de diamantes, de que Rhodes tomou conta. Aos vinte anos era um homem rico. Foi para Oxford, em 1873, onde foi aceito como estudante universitário no Oriel College, formando-se oito anos mais tarde. Continuou hipnotizado pela riqueza da África, que estava decidido a fazer sua. Para o conseguir, criou a British South Africa Company, reclamando, em nome dela, o território ao sul do Zambeze, que os portugueses tinham pintado de cor-de-rosa nos seus mapas e diziam ser seu. Armou e treinou membros de tribos do sul de Moçambique, mandando-os combater contra os portugueses, sem lhes dizer, é claro, que se tratava de uma guerra de independência, mas tão somente a conquista de terrenos para a sua empresa. Em inferioridade numérica, mas, quase sempre, com enorme bravura, os portugueses os derrotaram.

Rhodes regressou à Inglaterra e lançou uma gigantesca campanha contra Portugal e os portugueses. Procurou, de modo particularmente empenhado, o apoio das sociedades missionárias protestantes, uma das quais estava ligada ao explorador David Livingstone, a quem era atribuída a descoberta da África Central, e não aos viajantes portugueses que o precederam. Os portugueses eram católicos e, após séculos de proibição, só recentemente o catolicismo tinha sido legalizado de novo na Inglaterra. Ainda era, no entanto, olhado com desconfiança, como uma espécie de superstição mais ou menos sinistra, comandada pelos italianos e fundamentalmente contrária à maneira de ser dos ingleses. As almas dos nobres selvagens da África Central tinham de ser protegidas contra os padres maquiavélicos do sul da Europa. Além disso, os portugueses não estavam impondo a lei e a ordem na região, tornando-a, por isso, pouco segura tanto para os empresários como para os missionários ingleses. A solução era obviamente expulsar os portugueses, a quem Rhodes classificava de "raça de mestiços bastardos, preguiçosos e incompetentes", e fazer com que a British South Africa Company assumisse o controle do território e garantisse a segurança dos evangelistas protestantes. Tão grande era o fervor que o governo inglês cedeu, ainda que sem perspectiva de grandes benefícios para o interesse nacional ou para o contribuinte.

A 1 de junho de 1890, o embaixador britânico em Lisboa apresentou um ultimato ao governo português, segundo o qual Portugal deveria retirar imediatamente suas tropas da África Central. Se Portugal recusasse, o embaixador britânico seria mandado regressar a Londres e os dois países passavam a considerar-se em estado de guerra. O rei D. Carlos estava no trono há menos de um ano. Membros do Conselho de Ministros levaram a mensagem dos ingleses ao rei. Foi convocada uma reunião de emergência, onde foi decidido sugerir aos ingleses que o assunto fosse submetido à arbitragem internacional. Os ingleses recusaram. O embaixador de Portugal em Londres assinou um acordo humilhante, segundo o qual Portugal se obrigava a retirar para o interior da África Central. Em Lisboa, o governo caiu. As ruas encheram-se de manifestantes ruidosos e desordeiros anti-ingleses.

A imprensa tornou-se cada vez mais mordaz em relação aos ingleses, ao mesmo tempo que aumentava a hostilidade pública. Teófilo Braga, professor de literatura da velha Universidade de Coimbra, e que viria a ser o primeiro presidente da República, escreveu um panfleto que rapidamente se tornou famoso, onde considerava que as principais causas dos problemas do país tinham sido "os Braganças e a aliança inglesa". Não é difícil, mesmo hoje em dia, encontrar, em Portugal, uma sensação de humilhação e ressentimento, devido ao que consideram ter sido uma injustiça, pela qual os ingleses ainda terão de pedir desculpas.

O rei D. Carlos foi ao Parlamento declarar a sua dissolução e proferiu um discurso anunciando uma nova era. Nomeou primeiro-ministro e presidente do Movimento de Renovação e

Liberdade o seu mais íntimo confidente e conselheiro político, João Franco, que passou a governar por decreto. Como principal missão, a erradicação do sentimento antimonárquico que se apoderara do país. Os jornais da oposição foram fechados e os manifestantes eram brutalmente atacados pela polícia de choque. O rei e sua família refugiaram-se no seu palácio, relativamente modesto, numa coutada de caça, isolada, em Vila Viçosa, no Alentejo, ao sul do rio Tejo.

A 31 de janeiro de 1908, o rei assinou, por insistência de Franco, um decreto, dando poderes ao ditador para expulsar do país, sem julgamento, qualquer pessoa que ele considerasse hostil. De imediato, dois líderes republicanos, João Chagas e António de Almeida, foram colocados a bordo de um navio no porto de Lisboa. João Franco disse ao rei que, a partir de então, ele e a família real podiam regressar com segurança a Lisboa. No dia seguinte, a 1 de fevereiro, D. Carlos, a rainha D. Amélia e o príncipe herdeiro, Luís Filipe, viajaram no seu comboio privado até a margem sul do Tejo. Dali atravessaram o rio de barco, desembarcando no Terreiro do Paço, onde foram recebidos por João Franco e pelo segundo filho do rei, D. Manuel. Subiram a bordo de duas carruagens abertas, puxadas por cavalos, e arrancaram através de uma multidão hostil. Um jovem saltou para o estribo da primeira carruagem, onde viajavam os monarcas, puxou de uma pistola e matou o rei. Outro atirador disparou uma carabina e matou o príncipe herdeiro, mas as balas só feriram de raspão o irmão mais novo, D. Manuel.

Os assassinos foram abatidos no local do crime — um deles pelo capitão Francisco Figueira, da guarda real, que pouco depois fugiu do país, com medo de represálias. Só regressou cerca de quarenta anos mais tarde, numa visita breve e sub-reptícia.

De João Franco, que também abandonou o país, após se ter demitido na noite que se seguiu aos assassínios, nunca mais houve notícias. D. Manuel foi proclamado rei. Tinha 18 anos e, como observou um historiador contemporâneo, "foi mais órfão do que herdeiro". Como filho mais novo, não tinha recebido qualquer preparação para o desempenho das funções monárquicas. Nomeou e exonerou uma sucessão de governos, deixando o país à deriva. De toda a Europa, e do outro lado do Atlântico, correspondentes estrangeiros de jornais e agências noticiosas começaram a concentrar-se em Lisboa, à espera da revolução que praticamente todos consideravam inevitável.

Em outubro de 1910, a série de acontecimentos que fizeram cair a monarquia constituiu um curioso prólogo do que viria a ser, em outubro de 1917, a queda da dinastia Romanov, em São Petersburgo. Na noite de 4 de outubro, o rei D. Manuel, que tinha jantado com o presidente da nova república do Brasil, encontrava-se no seu palácio em Lisboa, jogando *bridge* com a mãe e dois membros da corte, quando, de repente, se deram conta de que estavam sendo bombardeados. O palácio era metralhado pelos oficiais e pela tripulação de um barco de guerra português, atracado no rio Tejo. Chamaram um motorista, que os conduziu até Mafra, situada a nordeste da capital. Na manhã seguinte, o carro levou-os até o porto de pesca da Ericeira, ali próximo. Subiram a bordo do iate real, cujo comandante os conduziu para Gibraltar, de onde prosseguiram, no iate real britânico, o *Victoria and Albert*, com destino à Inglaterra. D. Manuel passou o resto da vida em Twickenham, um subúrbio de Londres, dedicando-se à recolhida e meticulosa catalogação de livros portugueses de antiguidades.

Em Lisboa, na manhã seguinte, grupos de republicanos marcharam sobre o palácio real e sobre os quartéis-generais do exército e da polícia, apoderando-se deles. Os oficiais, que se encontravam no comando de algumas unidades militares, ordenaram aos seus homens que dispersassem e se escondessem. O povo acorreu à rua. A ele se juntou um grande número de soldados e marinheiros que tinham desertado com suas armas. Um quartel permaneceu na posse dos monarquistas. Bombas feitas à mão foram atiradas para o seu interior, por cima dos muros, provocando pesadas baixas. Outras unidades monarquistas continuaram a oferecer resistência, trocando tiros com os amotinados.

Nessa altura, um grupo de homens de negócios alemães tinha acabado de chegar à estação ferroviária do Rossio, em visita oficial. A praça, lá fora, estava cheia de tropas monarquistas e os Restauradores, ali mesmo ao lado, ocupados por republicanos revolucionários. O chefe da delegação empresarial alemã amarrou um lenço branco ao guarda-chuva e atravessou as ruas à frente do grupo. Os republicanos, pensando que ele era uma entidade oficial, proclamaram a rendição do regime. Os revolucionários marcharam em direção à Câmara Municipal, saltaram para a varanda e içaram a bandeira republicana. Ninguém combateu pelo rei e a maioria das tropas, incluindo a forte e bem-armada Guarda Municipal, permaneceu nos quartéis. Assim caiu a monarquia, que nunca mais foi restaurada.

Capítulo XVIII
Descambar em ditadura

Nos 15 anos que se seguiram à abolição da monarquia, Portugal passou por sete eleições gerais, oito presidentes e 45 governos, um dos quais durou menos de um dia. De todos esses presidentes, só um conseguiu terminar o mandato de quatro anos.

Em meados dos anos 1920, parecia não restar dúvida, no povo, que a democracia falhara, que tinha, de certo modo, posto o país à deriva, afastando-o dos seus verdadeiros interesses. Algumas das inovações dos republicanos foram, no entanto, bastante importantes. As melhorias radicais verificadas no ensino incluíram a criação de novas universidades em Lisboa e no Porto, incrementando a investigação e administrando cursos virados para as necessidades contemporâneas. A separação entre Igreja e Estado permitiu não apenas a liberdade de culto para os não católicos, mas também a liberdade de expressão e o atenuar da discriminação por motivos religiosos, inclusive no emprego.

No entanto, as mulheres continuavam a não ter o direito de voto, de administrar seus bens, ou de sair do país sem autorização do pai ou do marido. Uma mulher portuguesa, ao casar com um estrangeiro, perdia automaticamente a cidadania e, com ela, a herança.

A grande falha dos republicanos foi não terem lançado um imposto eficaz sobre a riqueza herdada, para financiar o desenvolvimento econômico e social, já que a classe dominante ainda provinha das famílias mais ricas, numa nação cuja pobreza, parafraseando o primeiro padroeiro de Portugal, Santiago, gritava por socorro.

O direito de os trabalhadores se organizarem, assinarem contratos coletivos de trabalho com a entidade patronal e até de fazerem greve já estava implantado há mais de um século — desde 1822, bem à frente de grande parte do mundo desenvolvido. Nas principais cidades, as injustiças e as reivindicações durante tanto tempo reprimidas deram origem a greves de tal dimensão e aspereza que provocaram danos irreparáveis em setores importantes da indústria. A anarquia alastrou-se das fábricas às ruas. Depois, os motins passaram das ruas para o Parlamento, onde os deputados interrompiam os debates para se envolverem em cenas de pugilato.

Mas, por detrás dos tumultos, existia muito mais do que o simples descontentamento popular. Havia aqueles que, vindos do campo para a cidade em busca de trabalho mais bem remunerado, permaneciam leais à monarquia. Um grupo de aristocratas conspirou, tentando que o rei regressasse do exílio. Os republicanos procuraram aproveitar ao máximo a tradição portuguesa de anticlericalismo. Os portugueses recusavam, como ainda hoje, aliás, a obediência cega e subserviente em relação à autoridade eclesiástica. Ao longo dos séculos, reis e estadistas têm-se recusado a submeter-se às ordens do papa, sempre que estas colidam com o interesse nacional. Já no reinado de D. João II, membros do clero, pomposos e presunçosos, tinham sido alvo, tacitamente autorizado, de ridículo público. Quando os republicanos proibiram as ordens religiosas, não estavam criando um precedente — para os jesuítas era a sua terceira expulsão de Portugal. A diferença, desta vez, estava nas causas apontadas. Anteriormente, tinham sido expulsos por razões de excessivo poder político, social e econômico, por governantes que, apesar de tudo, se consideravam católicos. Afonso Costa, um líder republicano, proclamava como objetivo a "total erradicação da religião em Portugal no espaço de duas gerações". Agora, ir à missa tratava-se, por vezes, de um ato de coragem. Aliás, a expulsão de padres implicou a diminuição substancial da celebração de missas. Os dominicanos irlandeses foram autorizados a ficar, devido não apenas ao seu colégio, o primeiro a ter ensino escolar feminino, mas também como pastores da colônia de expressão inglesa. Sua Igreja do Corpo Santo, em Lisboa, passou a estar apinhada de crentes portugueses.

Se os republicanos tivessem circunscrito os ataques à hierarquia, poderiam ter sofrido poucos danos. Ao visarem à própria fé — a superstição, como a designaram — revelaram conhecer mal as razões que motivavam os fiéis. Era exatamente por causa da sua lealdade incondicional ao catolicismo que eles se achavam no direito de criticar os bispos e outros membros da hierarquia, que, a seu ver, se tivessem desviado do caminho certo. A ideia de que eles consideravam a Igreja um fardo na vida estava muito longe da realidade. Era a Igreja que lhes proporcionava praticamente todo o ensino secundário, muitos dos hospitais e quase todo o bem-estar social, para além da atenção prestada aos mais necessitados. Era a animadora da maior parte dos espetáculos, festejos e diversões, sendo ainda a força congregadora das terras e das comunidades. Lógico, pois, que se transformasse no fulcro à volta do qual se congregava a oposição aos republicanos.

O testemunho de três pastorinhos, segundo o qual a Virgem Maria lhe teria aparecido, num monte em Fátima, enquanto guardavam o rebanho da família, foi, de início, recebido com desconfiança pelo patriarca e pela hierarquia da Igreja. Encontro-me entre os muitos que sentiram o poderoso ambiente espiritual de Fátima. No entanto, parece difícil negar que, ao inverterem a sua atitude anteriormente cética, os bispos estavam cientes da importância política do fato. Fátima atraía multidões em muito maior número do que qualquer outro ponto do país. Tal permitia aos bispos insinuar que a adesão maciça do povo ao catolicismo significava a oposição ao regime republicano.

O golpe seguinte contra o governo de Lisboa veio da África colonial. Em 1923, os jornais da capital noticiavam que enormes quantidades de notas de banco falsas inundavam o país. Rapidamente se constatou que a sua origem era a filial de Lisboa do Banco de Angola e Metrópole (a última palavra do nome referia-se à área do território reservada ao povoamento europeu). O único fundador do banco, que era o homem por detrás da fraude, tinha vindo da África para se instalar num apartamento de luxo em Paris. Seu nome era Alves dos Reis.

À semelhança de muitos portugueses inteligentes da sua geração, oriundos das classes baixas e frustrados nas suas carreiras pelas ainda rígidas barreiras sociais, também Reis tinha ido para Angola em busca de prestígio e prosperidade. Após uma temporada na Companhia de Caminhos-de-Ferro, tentou várias iniciativas empresariais, mas sem êxito. Angariou mais capital para investir e partiu para a Inglaterra. Ali chegado, dirigiu-se à sede da Waterlows, a famosa empresa impressora de notas de banco, onde entregou cartas de apresentação que o referenciavam como representante do Banco de Portugal. Como o negócio estava fraco, o diretor de vendas aceitou as credenciais sem qualquer confirmação posterior. Alves dos Reis encomendou dois milhões de libras em notas de 500 escudos, que foram impressas, empilhadas, embrulhadas e entregues em Londres. Trouxe o dinheiro para Lisboa e o colocou em circulação através do banco que tinha constituído para isso. A Waterlows defendeu-se, argumentando que a carta, pedindo informações ao Banco de Portugal, tinha sido interceptada por cúmplices de Alves dos Reis. Um tribunal internacional, concluindo que a empresa não tinha tomado as devidas precauções, obrigou-a ao pagamento de uma indenização. Desde então, as notas de banco portuguesas passaram a ser impressas na França.

Após a descoberta da fraude, rapidamente os portugueses perceberam que a situação era bem mais grave do que as notas serem realmente falsas. Só que, na prática, as notas eram verdadeiras. Alves dos Reis até utilizara números de série de notas que, emitidas pelo Banco de Portugal, se encontravam já em circulação. Não havia, pois, forma de distinguir as emitidas pelo Banco de Portugal e as emitidas por Alves dos Reis. O Banco de Portugal acabou por resgatar ambos os tipos de notas, trocando notas válidas, tanto pelas fraudulentas como pelas genuínas.

O montante total do dinheiro perdido não foi muito grande. O Banco de Portugal não terá provavelmente sofrido um prejuízo superior a um milhão de libras. A questão que se levantou com este incidente foi outra: em que estado se encontrava, de fato, a gestão financeira do país para que tal tramoia fosse possível? Era o caos idêntico que tinha provocado, ao longo dos cinco anos anteriores, um enorme colapso cambial no valor do escudo de 127,40 escudos para 7,50 por libra.

A dívida nacional aumentou assim de uns modestos 400 milhões de escudos para uns impressionantes oito bilhões. Entre os débitos que se encontravam por liquidar estava um ao governo britânico, no valor de 80 milhões de libras, que devia ser pago em moeda estrangeira. Era o custo das munições e outros aprovisionamentos fornecidos por ocasião da expedição militar portuguesa, na França, no decorrer da I Guerra Mundial. Portugal entrara na guerra por insistência da "velha aliada", Inglaterra. A campanha tinha sido desastrosa. Morreu uma boa parte dos soldados portugueses, vítimas de várias doenças contraídas nas trincheiras, especialmente a disenteria. Os restantes foram facilmente desbaratados pelos alemães. Agora, exigia-se dos portugueses que pagassem os custos de um desastre, para o qual, sem lógica plausível, haviam sido aliciados pelos ingleses.

Como consequência, mas sem prazer, os oficiais do exército português engrossaram as crescentes fileiras de funcionários públicos, cujos salários estavam, aliás, sendo pagos com muito atraso. Como católicos — ainda que à sua maneira —, começaram a olhar com desconfiança o regime ateu. Corria, nos alojamentos dos oficiais, a notícia de que surgia uma "nova ordem" na Europa. Se os fascistas, assumindo o poder na Itália, a colocavam em ordem, e os názis, o mesmo na Alemanha, por que não em Portugal?

A 26 de maio de 1926, o general Gomes da Costa falou ao país. Tinha abandonado há pouco tempo o exército, passando a viver em Braga, a cidade-catedral do norte do país. Era um homem dominado pela excentricidade e pela vaidade. Ainda que, recentemente, tivesse passado a integrar um pequeno e secreto partido da extrema esquerda, foi aliciado por oficiais da direita para, a partir de Braga, assumir a liderança do país. "A situação neste país tornou-se intolerável para homens de honra...", afirmou ele na sua alocução. "Venham comigo salvar Portugal, até a vitória ou até a morte. Às armas, portugueses!"

À maneira do que, quatro anos antes, fizera Mussolini, avançando sobre Roma, Gomes da Costa marchou sobre Lisboa. Era a quarta tentativa em dois anos, por parte do exército, para tomar o poder. Desta vez, o governo republicano caiu sem resistência. O presidente e vários ministros foram para o exílio, no estrangeiro. O general anunciou que, além de ter abolido o Parlamento, nomeara um outro general e um comandante naval para, em conjunto, governarem o país. Não foram necessárias mais de oito semanas para os outros membros da Junta concluírem que o general era exageradamente limitado e de uma incompetência crassa. Promoveram-no a marechal e exilaram-no nos Açores.

O general Óscar Carmona foi nomeado presidente. Era um oficial de carreira de cavalaria e tinha integrado um tribunal de guerra que, pouco tempo antes, absolvera um grupo de oficiais do exército acusados de terem tentado um golpe de Estado. Admirador de Mussolini, tinha promovido uma marcha de jovens pelas ruas, que, envergando camisas negras e dizendo-se defensores da linguagem da Nova Ordem, proclamavam a "missão divina" de "um Portugal mais grandioso". Ficaria como presidente durante 25 anos, até a sua morte, em 1951, de um regime que descreveu, estranhamente, como "uma ditadura sem ditador".

Pouco depois de tomar o poder, Carmona constatou que a situação financeira do país era ainda pior do que muitos imaginavam. Verificou, por exemplo, que o déficit que constava do orçamento governamental era apenas um quinquagésimo do déficit real. Em nome do governo britânico, Winston Churchill perdoou quase três quartos da dívida de guerra que ainda precisava ser paga. Carmona e seus colegas solicitaram depois auxílio à Sociedade das Nações. O pedido inicial foi um empréstimo surpreendentemente modesto, no valor de 12 milhões de libras, destinado a financiar um projeto quase consensual de modernização de três importantes portos portugueses. A garantia oferecida era indiscutivelmente sólida: uma parte do monopólio estatal da indústria do tabaco.

A Sociedade das Nações prontificou-se a emprestar o dinheiro, mas, argumentando com a falta de confiança, impôs uma condição invulgar: como o empréstimo seria pago através de direitos alfandegários sobre as importações de tabaco, estes passariam a ser cobrados não pelo governo, mas por funcionários da Sociedade das Nações que, para tal, seriam enviados da Suíça. O insulto foi intencional. Até então, a Sociedade das Nações só havia imposto condições semelhantes aos povos que, na I Guerra Mundial, tinham terminado do lado dos vencidos. Portugal era o único país dentre os aliados a ser tratado de forma tão humilhante. As condições foram rejeitadas por Carmona, que as considerou uma ofensa à dignidade nacional. A decisão foi acolhida como um grande triunfo por multidões que saíram às ruas de Lisboa, dando vivas. Mas, agora, como pagariam as contas?

Carmona e seus colegas recorreram à única fonte que conheciam: o guru de economia da Universidade de Coimbra, o professor Oliveira Salazar.

Salazar tinha 37 anos na época. Levava uma vida de solteirão em alojamento austero, que, perto da universidade, partilhava com um padre, Manuel Gonçalves Cerejeira, que seria nomeado cardeal-patriarca de Lisboa pouco antes de Salazar se tornar presidente do Conselho de Ministros. A lealdade do cardeal para com Salazar, que durou toda a vida, trouxe, por associação, descrédito à Igreja. Serve de exemplo o assentimento dado à proibição de reentrada em Portugal do bispo do Porto, após uma visita oficial a Roma, por ter defendido publicamente a causa dos mais pobres, afrontando o regime.

O próprio Salazar tinha passado oito anos estudando no seminário, sendo frequentemente tratado por "senhor padre" nas visitas a Santa Comba Dão, sua terra natal. Após receber as ordens menores, em vez de prosseguir até a ordenação, mudou para direito, formando-se com um ano de antecedência.

O reitor da Universidade de Coimbra considerou, então, chegado o momento de a universidade começar a lecionar cursos de economia, uma nova quase ciência que estava na moda. Como não havia ninguém, em Portugal, claramente habilitado para a lecionar, a universidade promoveu um concurso para o melhor trabalho sobre o tema. Salazar concorreu e ganhou, sendo nomeado o primeiro professor universitário de ciência econômica do país. Sua carreira tivera um toque de rebeldia. Despedido da universidade, por se envolver em políticas subversivas pró-monárquicas, tinha sido readmitido um ano mais tarde. Depois candidatou-se ao Parlamento, tendo sido eleito nas listas do Partido do Centro Católico. Apanhou o trem para Lisboa e participou nas sessões do Parlamento durante um dia. Depois, regressou a Coimbra, recusando-se a desempenhar qualquer papel em democracia política.

Escreveu uma série de artigos sobre finanças públicas, onde defendia orçamentos equilibrados e o regresso ao padrão-ouro. Apontava as enormes quantidades de trigo importadas como um dos grandes males da economia do país.

A oferta que Carmona lhe fez do cargo de ministro das Finanças foi a segunda que tinha recebido. As negociações realizadas dois anos antes fracassaram porque a Junta Militar se havia recusado a conceder-lhe uma exigência de base, que ele considerava absolutamente indispensável — as despesas de todos os ministérios teriam de ficar sob o seu controle. Como as finanças do governo continuavam a agravar-se e a economia nacional definhava, desta vez os generais cederam às exigências de Salazar, que, finalmente, se mudou para a capital.

Salazar criou impostos e reduziu os gastos de forma tão drástica que conseguiu elaborar um orçamento equilibrado no seu primeiro ano de governo. Em breve, seus orçamentos produziram excedentes, que utilizou para resgatar as dívidas portuguesas no exterior, reforçando, assim, o *rating* de crédito do país e reduzindo quase à metade o juro que Portugal tinha de pagar sobre a dívida que ainda faltava saldar. Virou suas atenções para os enormíssimos montantes depositados pelos fundos de pensões, aforradores individuais e outros, que estavam praticamente parados na Caixa Geral de Depósitos, o banco do Estado. Pediu esse dinheiro emprestado e investiu-o em projetos de irrigação de grande vulto e na modernização dos transportes. Aumentou muito a produção de arroz, produto em que Portugal se tornou a única nação europeia a atingir a autossuficiência, como sucedâneo do trigo importado. Modernizou a embalagem da fruta seca e as conservas de sardinha, que começou a comercializar no estrangeiro em troca de farinha.

O desemprego foi reduzido de forma drástica, com o correspondente aumento das receitas fiscais. Embora Portugal não tivesse conseguido passar incólume à grande depressão do final dos anos 1920 e princípios dos anos 1930, sofreu, no entanto, menos do que a maioria dos países ocidentais. Devido à estabilidade financeira e social, o país granjeou uma nova reputação, que atraiu grandes quantidades de divisas externas, juntamente com estrangeiros abastados à procura de um refúgio mais seguro e tranquilo, a salvo das conturbações vividas um pouco a cada lado. O Estoril, uma estância turística de luxo recém-construída a oeste de Lisboa, tornou-se a pátria de ingleses que pretendiam escapar aos impostos e de famílias espanholas abastadas, que fugiam das ameaças republicanas. Seguiu-se um fluxo de realeza exilada — o príncipe Juan Carlos, pretendente ao trono espanhol; o rei Carol da Romênia; o rei Umberto da Itália; o almirante Horthy, regente da Hungria; e o conde Henri, pretendente ao trono da França.

No seio do governo, os ministros demitiam-se uns após outros, com a frustração de não terem verdadeiro poder. Ao saírem, Salazar assumia, frequentemente, ele próprio, suas pastas. Além de permanecer como ministro das Finanças, também foi, em diferentes contextos, titular das pastas dos Negócios Estrangeiros, Guerra, Colônias e Interior. Como a maioria dos que substituiu eram oficiais do exército, foi assim, através de Salazar, que o governo foi regressando às mãos de civis.

O presidente Carmona acabou por dar o passo lógico, e nomeou Salazar primeiro-ministro, incumbindo-o também de presidir à elaboração de uma nova Constituição. Mais tarde, o próprio Salazar haveria de descrever o "Estado Novo", criado por ele, como "anticomunista, antidemocrático, antiliberal e autoritário... uma ditadura da razão e da inteligência".

O texto apresentado, em conjunto com uma equipe de professores da Universidade de Coimbra, entre 1930 e 1933, baseava-se, ao que se afirma, tal como Constituição fascista da Itália e a futura Constituição franquista da Espanha, nos ensinamentos sociais "antimodernistas" dos papas Leão XIII *(Rerum Novarum)* e Pio XI. A rivalidade política entre os partidos era considerada "intrinsecamente maligna". A forma de avançar, pela via da virtude, consistia num misto homogeneizado de patriotismo, catolicismo e prudência financeira. Do ponto de vista pseudoplatônico, a sociedade humana era distinta dos indivíduos que a compunham e mais importante do que eles. Sua unidade de base era a família. Cada família tinha um chefe: o marido e pai. Eram os chefes de família que votavam em eleições nacionais, a fim de elegerem o chefe da família nacional. O Parlamento viria a tornar-se uma espécie de centro de conferências da família, onde os membros podiam fazer sugestões, bem como apelos e comentários, mas não tinham voto na forma como o chefe da família nacional atribuía as verbas do Estado. Tudo isso espelhava os princípios jurídicos das finanças caseiras: uma mulher ou um menor podiam possuir bens, mas a gestão dos mesmos era uma prerrogativa do chefe do agregado familiar.

Como família, a nação portuguesa não tolerava luta de classes ou qualquer outra forma de conflito interno. Neste contexto, os sindicatos e os partidos políticos foram dissolvidos e as greves proibidas. Os industriais organizaram-se em grêmios, com base num modelo quase medieval, e o mesmo aconteceu em relação aos membros das classes profissionais, com os trabalhadores manuais a serem integrados em associações sindicais. Os representantes de cada um desses grupos integravam a Câmara Corporativa, cuja tarefa era resolver as questões surgidas entre eles, de forma pacífica e no interesse comum. Foi devolvido à Igreja seu papel tradicional de mãe da nação — e deste modo sujeita, como todas as mães em Portugal, ao chefe da família. Como Salazar declarou, então: "Não existe nenhuma autoridade imposta por alguém sobre outrem que não provenha de Deus. A autoridade humana foi instituída por Deus e por Ele conferida àqueles que estão no poder."

Para substituir os partidos políticos, criou a União Nacional, "com o fim de apoiar a ditadura, os seus objetivos e os seus atos". Os funcionários do Estado eram obrigados a assinar, anualmente, um documento onde declaravam que se opunham ao comunismo e juravam que não eram membros da Maçonaria, organização que Salazar declarara ilegal. Suas obrigações, enquanto cidadãos do Estado Novo, eram mostrar "respeito pela família, como unidade social ideal, pela autoridade e ditadura da Nova Ordem, pelos valores espirituais e hierarquia da Igreja". Comprometiam-se, ainda, a trabalhar e a reconhecer a importância da virtude e da piedade.

Competia às mulheres tratarem do lar, ir às lojas fazer as compras e frequentar a igreja; aos homens, trabalhar. É que, de acordo com Salazar: "Nos países em que as mulheres dividem com os homens o trabalho nas fábricas, nos escritórios e nas profissões liberais, a família desagrega-se." Por isso, acrescentou, "defendemos a família como pedra basilar de uma sociedade organizada".

Uma mãe viúva requereu, junto ao tribunal, seu direito a voto, enquanto chefe de família. O juiz decidiu a seu favor, mas Salazar alterou a lei eleitoral, de modo a negar-lhe tal direito.

A derrota da viúva e a vitória de Salazar não foram, no entanto, senão simbólicas. Os que iam às urnas, tanto para eleger o presidente como a Assembleia Nacional, não tinham opção. Os que, perante a ausência de opções, não se davam ao incômodo de votar, descobriam que suas abstenções eram contadas a favor do *status quo*.

Manifestações contra a ditadura tinham começado, em 1927, nas cidades de Lisboa e do Porto. Uma sucessão de protestos de menor envergadura conduziu, em 1929, à detenção policial dos organizadores e ao seu exílio para os Açores. A primeira grande manifestação contra o próprio Salazar realizou-se em 1934, na Marinha Grande, centro da indústria vidraceira. Foi efetuado mais de um milhar de detenções, e 150 dos seus principais opositores foram também enviados para os Açores.

Salazar criou uma nova força, a Polícia Internacional de Defesa do Estado (Pide).[1] Introduziu a censura estatal, não apenas em relação às notícias, mas a toda a forma de comunicação, desde livros até convites para festas de aniversário de crianças. Rapidamente, os redatores de jornais e revistas constataram que o poder da censura não se limitava ao corte de notícias e comentários, já que os espaços assim libertados eram preenchidos por textos da responsabilidade dos serviços de propaganda de Salazar. Foi instituído um Tribunal Plenário, de cujas decisões não se podia recorrer, destinado a julgar crimes políticos de menor gravidade. Um novo Tribunal Militar julgava os casos mais graves (civis incluídos) dentre os que eram acusados de "crimes contra a segurança do Estado".

As vagas de protesto continuaram pelo ano seguinte (1935), sobretudo na forma de greves contra a criação de associações de trabalhadores, de estilo fascista, controladas pelo Estado, em substituição dos sindicatos democráticos que tinham sido declarados ilegais. Salazar respondeu, ordenando a construção da prisão do Tarrafal, um campo de concentração no arquipélago de Cabo Verde.

Os primeiros desterrados foram para ali transportados em outubro de 1936. Tinham idades compreendidas entre os vinte e os trinta anos. Portugal tinha sido uma das primeiras nações ocidentais a abolir a pena de morte, em meados do século anterior. Salazar não a reintroduziu, formalmente, mas

---

[1] Ainda que tenha ficado conhecida por Pide, esta polícia, resultante da fusão e reestruturação da Polícia de Informação e da Polícia Internacional, começou por ser designada (1933) por Polícia de Vigilância e Defesa do Estado (PVDE). Só mais tarde (1945) passou, de fato, a chamar-se Polícia Internacional e de Defesa do Estado (Pide). A partir de 1969, alterou o nome para Direção-Geral de Segurança (DGS). (N.T.)

as condições eram tão duras que o diretor da prisão disse aos primeiros detentos: "Aqueles que vêm para aqui, para o Tarrafal, vêm para morrer."

Vários desses jovens morreram no espaço de um ano.

Entretanto, em Portugal, oficiais do exército antissalazaristas tentaram por duas vezes derrubá-lo. O ditador inaugurou uma enorme estátua ao marquês de Pombal, seu antecessor no século XVIII, e reformou a nova polícia secreta. A seu pedido, Mussolini enviou, da Itália, instrutores nas novas técnicas de tortura, que não deixavam marcas físicas visíveis. Seguiu-se uma enorme série de detenções, prisões, interrogatórios e internamentos em campos de concentração.

Mussolini enviou também, em visita a Lisboa, uma delegação de jovens camisas negras, chefiada pelos seus próprios filhos. Salazar criou a Mocidade Portuguesa, a que era obrigatório todos os jovens pertencerem, mesmo os filhos dos ricos e poderosos. As fardas ostentavam fivelas com a letra "S". A União Nacional realizou uma manifestação em Lisboa para felicitar Salazar por ocasião dos seus 52 anos. Seu amigo, cardeal Cerejeira, realizou uma conferência eclesiástica em Coimbra intitulada "A Base Cristã do Estado Novo".

No entanto, à medida que a II Guerra Mundial se erguia de forma ameaçadora sobre o resto da Europa, Salazar, apesar da desgraça que estava para vir, construíra uma impressionante base larga de apoio. Tinha feito um esforço enorme para distanciar — em matéria de propaganda interna — o Estado Novo, não só do nazismo, de que era na verdade distinto, mas também do fascismo do resto do sul da Europa. Embora para os observadores externos, tanto nesse momento como agora, as diferenças fossem sobretudo de pormenor, ele teve bastante êxito, ao apresentar o salazarismo como o regresso aos valores tradicionais portugueses.

A principal força da oposição encontrava-se nos sindicatos industriais, que eram relativamente pequenos. Em outros quadrantes, até a criação da própria polícia secreta, foi olhada com gratidão, já que constituía um sinal do empenho de Salazar em garantir "a lei e a ordem". Ainda estavam vivas as memórias da anarquia da I República e da ditadura militar que lhe sucedeu. A disciplina tinha sido reimposta nas Forças Armadas, a fim de inviabilizar outro golpe de Estado militar.

O caos econômico, que havia conduzido à perda de empregos e de depósitos bancários, estava a ser substituído por uma nova prosperidade, pelo menos em relação à classe média. Os funcionários públicos e outros trabalhadores dependentes do Estado recebiam os salários regular e integralmente. Os agricultores tinham, de novo, um mercado viável para os produtos agrícolas. Os projetos de obras públicas — estradas, hospitais, prisões, escolas e estádios — criaram novos postos de trabalho e ajudaram a reforçar o orgulho nacional.

Os maiores projetos foram os hidroelétricos, para a produção de energia destinada especialmente à exploração das vastas reservas minerais existentes no país, entre as quais as de cobre, ouro, estanho e ainda volfrâmio, que seria revelado como o mais lucrativo de todos.

Capítulo XIX
A II Guerra Mundial:
traição e luta pela liberdade

Numa reunião de emergência do gabinete de guerra, em Londres, em fevereiro de 1943, Winston Churchill mostrou aos seus ministros fotografias aéreas tiradas no dia anterior, por aviões de reconhecimento da Royal Air Force (RAF). Tratava-se de estranhas estruturas de cimento, construídas em redor de Calais e que, assemelhando-se a plataformas de saltos de esqui invertidas, estavam apontadas na direção de Londres. Era a confirmação dramática dos rumores chegados aos serviços secretos, na sequência de investigações iniciadas meses antes por um grupo polonês de espionagem antinazista.

Os alemães tinham desenvolvido uma bomba que, lançada através de um foguete, Hitler tencionava utilizar para arrasar a capital britânica e o seu império até a rendição total da população. Os foguetes eram produzidos em massa em fábricas instaladas em grutas situadas bem no interior das montanhas de Drakenburg, impenetráveis a qualquer ataque. Especialistas econômicos do Ministério da Guerra concluíram que o projeto dependia apenas da capacidade de os alemães obterem quantidades muito superiores de volfrâmio. Se os bocais dos foguetes fossem feitos com um metal com um ponto de fusão mais baixo ou com uma dureza ou elasticidade inferiores, desintegrar-se-iam antes de levantarem do chão.

Os alemães compravam este metal raro da Checoslováquia ocupada e da Espanha neutra, para o fabrico de balas, canhões, chapa de blindagem e tanques. Como consequência, o preço tinha aumentado quarenta vezes no mês seguinte ao do início da I Guerra Mundial. As únicas fontes que, então, dispunham deste bem raro em quantidades suficientes para as necessidades dos alemães eram umas minas situadas na cordilheira central de Portugal, em que a maior parte do terreno geológico permanecia impregnado de volfrâmio. A maior dessas minas, a da Panasqueira, era propriedade de ingleses, tendo sido rapidamente nacionalizada pelo governo britânico, que também tinha acesso a amplos fornecimentos de volfrâmio provenientes dos Estados Unidos.

Foi para assegurar uma maior quantidade de volfrâmio — o suficiente para arrasar Londres — que Albert Speer, ministro da Guerra de Hitler, se deslocou de carro, de Berlim até Lisboa, atravessando a França ocupada pelos názis e a Espanha fascista, para prestar vassalagem a Salazar. Portugal era supostamente neutro na II Guerra. Desde o início dos anos 1940 que o embaixador britânico em Lisboa tinha pedido a Salazar que cortasse o fornecimento de volfrâmio para os alemães, com o argumento de que, sendo os dois países os "mais antigos aliados", Portugal estava obrigado a agir em conformidade.

Salazar se recusou. Tinha já anteriormente recusado as exigências de Churchill de fazer Portugal entrar na guerra; de, pelo menos, permitir que as tropas britânicas atravessassem território português na África; e de impedir a entrada de cidadãos alemães em território português, ou de proibir a transmissão, a partir dos Açores, de previsões meteorológicas não codificadas relativas ao Atlântico, que pudessem ser captadas por tripulações de navios e submarinos alemães. Foram decisões tomadas com um intuito populista, provocadas pelo ressentimento em relação aos ingleses, acusados de, historicamente, sempre terem tentado lucrar à custa dos infortúnios dos seus "mais velhos aliados".

Para aumentar as frustrações de Churchill, os serviços secretos britânicos investigavam informações segundo as quais um dos fornecedores dos alemães, em Portugal, era um homem de negócios de nacionalidade britânica.

O governo britânico ofereceu mais do que os alemães pelo volfrâmio, mesmo sem precisar dele, e o preço do metal subiu acentuadamente mais uma vez, mas, apesar disso, as remessas destinadas à Alemanha continuaram a aumentar. Para pagar essas remessas, os nazis dispunham de grandes quantidades de ouro, que tinham confiscado dos bancos centrais de Holanda, Noruega, Bélgica, França e Itália.

Churchill e seu gabinete ordenaram ao MI6, o serviço de espionagem britânico, que mandasse sua seção portuguesa utilizar meios menos ortodoxos para cortar o abastecimento. No Departamento dos Serviços Secretos para a Península Ibérica, chefiado por Kim Philby, não existia seção portuguesa. Sua organização congênere, o Executivo de Operações Especiais, funcionava em Portugal sob a proteção da empresa petrolífera Shell. Seus agentes, descobertos pela polícia secreta de Salazar, tinham sido expulsos do país. Kim Philby recorreu à ajuda do seu amigo Graham Greene, que, vindo da África Ocidental, acabava de regressar a Londres, caído em desgraça. Tinha discutido de tal modo com o chefe dos Serviços Secretos britânicos, em Lagos, que Londres chegou a temer que ele pudesse sofrer um ataque cardíaco. Sua última proposta tinha sido a criação de um bordel itinerante português, que subisse e descesse a costa da África Ocidental, a fim de seduzir e extrair informações das tripulações dos submarinos alemães que se encontravam de licença em terra. Greene foi nomeado chefe de todas as atividades secretas britânicas em Portugal. Recrutou uma equipe de oficiais, homens e mulheres, que entraram em Portugal disfarçados.

Foi dado a Álvaro Cunhal e a outros líderes do Partido Comunista, não legalizado e na clandestinidade, um "esconderijo seguro". Daí os comunistas emitiram um manifesto, impresso em uma das máquinas trazidas clandestinamente da Inglaterra, declarando que estavam preparados para participar numa frente unida antissalazarista. Decorrido pouco tempo, juntaram-se a eles os socialistas, os católicos liberais e outros democratas. Elegeram como líder o general Norton de Matos, que, durante os primeiros anos do governo de Salazar, tinha renunciado ao cargo de governador de Angola como protesto contra a abolição, por parte do ditador, das leis que protegiam os direitos dos trabalhadores africanos e ainda pelo cancelamento do seu plano de desenvolvimento econômico. Salazar tinha substituído esse projeto por uma ordem determinando que todos os camponeses angolanos cultivassem algodão destinado à exportação para a metrópole, em vez de alimentos para consumo local. Após a partida de Norton de Matos, o fato provocou manifestações contra a fome, que foram brutalmente reprimidas. Salazar pretendia obter o algodão, para não gastar divisas comprando-o dos Estados Unidos. De nada valeram os protestos dos donos das fábricas de têxteis no norte de Portugal, denunciando o fato de o algodão de Angola ter uma fibra muito curta. O resultado tinha sido a fome, na África Central, com a destruição simultânea da imagem de qualidade de que gozava a indústria têxtil portuguesa.

Norton de Matos era o chefe da Maçonaria portuguesa, que Salazar tinha proibido. Mas nem ela nem nenhum dos outros grupos clandestinos rivalizavam com os comunistas em termos de organização da resistência. Arno Barradas, num ensaio publicado em 1996, descreve a coragem das mulheres que dirigiam os centros comunistas clandestinos, bem como as duras condições em que trabalhavam, imprimindo cópias de jornais ilegais, escondendo camaradas perseguidos pela polícia, juntamente com alguns daqueles que haviam conseguido fugir das prisões ou dos campos de concentração. Por amor à causa, muitas abdicaram do casamento e da maternidade. Várias das que decidiram ter filhos foram apanhadas e levadas para celas da polícia secreta política, juntamente com os bebês.

De acordo com o dr. Barradas, juntamente com o professor D.L. Raby no seu livro *Fascism and Resistance in Portugal*, a ideia comum à maioria dos antifascistas era a de que funcionários dos Serviços Secretos britânicos, além de fornecerem o financiamento e outros apoios práticos, tinham deixado clara a promessa de que, em contrapartida pelo apoio aos Aliados em prol da vitória, a Grã-Bretanha garantiria eleições livres e democráticas depois da guerra.

Um navio alemão, no porto de Lisboa, estava carregado com caixas de areia em vez de volfrâmio. Pouco depois de zarpar, e antes que a trapaça fosse descoberta, o navio foi destruído. Latas de sardinha, também cheias de areia, foram carregadas num barco, em Setúbal. Estouraram greves e motins nos estaleiros. Os vagões de ferrovias, carregados de volfrâmio, com destino à Alemanha, foram sub-repticiamente pintados com avisos, dizendo que continham "excedentes alimentares" oferecidos pelos portugueses aos alemães. As donas de casa, indignadas com o racionamento dos alimentos, colocaram-se nos trilhos, não deixando as mercadorias passar. A Guarda Nacional Republicana recebeu ordens para avançar e dispersá-las. As mulheres, no entanto, mantiveram-se firmes. Os guardas desobedeceram às ordens para as retirar à força. Eram jovens e as mulheres podiam ser mães deles — e em alguns casos até eram.

Além de se recusar a impedir o envio de volfrâmio para a Alemanha, Salazar ia protelando a resposta ao pedido dos Aliados de instalarem bases militares nos Açores. O arquipélago era utilizado por submarinos alemães como um abrigo seguro, a partir do qual poderiam atacar colunas que transportavam alimentos e outros mantimentos essenciais para a Grã-

-Bretanha. Com a ajuda de submarinos, Hitler estava perto de realizar o sonho de derrotar os ingleses por meio da fome. Mesmo assim Salazar resistiu. O próprio povo açoriano há muito que tinha laços pessoais mais estreitos com os Estados Unidos do que com Portugal continental. Aliás, havia mais açorianos vivendo naquele país do que nos Açores. Não havia dúvida, pois, em relação à sua preferência. Uma vaga de manifestações ocorreu na ilha exigindo a independência em relação a Portugal. No verão de 1943, de forma ab-rupta, ao que parece, Salazar cedeu a ambas as exigências dos Aliados. Proibiu todas as exportações de volfrâmio e autorizou que um grupo de técnicos, vindos da Grã-Bretanha, se deslocasse a Lisboa, com o objetivo de negociar os pormenores relativos à implantação das bases militares nos Açores. Ao mesmo tempo, a polícia secreta de Salazar efetuava uma série de detenções de líderes da resistência antissalazarista. Obviamente que a polícia secreta atuou na sequência de denúncias baseadas em informações precisas e atuais relativamente à identidade das pessoas e aos seus paradeiros.

Os agentes britânicos em Portugal negaram posteriormente que tivesse havido qualquer acordo ou troca. O certo é que, passado pouco tempo, Graham Greene se demitiu do cargo de chefe do MI6 em Portugal. A primeira coisa que escreveu, após a demissão, foi uma história irônica sobre a incompetência e a traição dos serviços secretos. No livro, descreve sua própria personagem como "o Chefe", vivendo em relativa segurança e conforto em Albany, nos arredores de Londres, mesmo muito perto da amante e do seu marido. Como, na manhã seguinte a uma lauta refeição, sofria de dispepsia, manipulava os agentes, fazendo-os representar como se fossem criações da sua mente inebriada. Só quando, ao executarem as suas ordens, eles eram confrontados com mortes violentas, é que, pela primeira vez, tomou consciência de que, afinal, os agentes eram pessoas verdadeiras. A história, originalmente escrita como argumento cinematográfico, foi proibida pela censura do governo britânico. Acabou por ser editada em livro, anos mais tarde, reescrito e sob o título de *Nosso homem em Havana*.

Como país neutro, durante a maior parte da II Guerra Mundial, Portugal era a única nação atlântica, no continente europeu, que não tinha sido ocupada pelos názis. Lisboa permaneceu uma cidade aberta aos ingleses e seus aliados. Era através de Lisboa que a Cruz Vermelha Internacional transferia o correio dos detidos de cada lado do conflito para as respectivas famílias que se encontravam do outro lado. O correio com destino à Inglaterra ou proveniente daquele país era transportado por hidroaviões da KLM, que também era a principal companhia utilizada pelos passageiros que chegavam à capital portuguesa, vindos da Grã-Bretanha. Para quem deixara uma Londres às escuras, assolada por bombardeios, sofrendo de racionamento de alimentos e gasolina e com casas e locais de trabalho praticamente sem aquecimento, Lisboa era uma cidade de tranquilidade e luz. Malcolm Muggeridge, um dos oficiais que integravam os serviços secretos dirigidos por Graham Greene, recordou como, após anos de privação, a mera visão dos cardápios expostos do lado de fora dos restaurantes, em Lisboa, era de tal modo desconcertante que eles acabavam por entrar num café e pedir um sanduíche de queijo. Lisboa deu nome a um musical — agora recordado pela melodia principal, *Pedro, o pescador* — que, durante anos, esteve em cena no West End de Londres. O primeiro policial de Ian Fleming, outro homem dos serviços secretos que visitou Portugal, centrado em James Bond, *Casino Royale*, passa-se no Estoril.

Há quem tenha dito, mais tarde, que a personagem criada por Fleming teria se baseado em Dusco Popov, um iugoslavo que, então, vivia no Estoril. O verdadeiro Popov, aristocrata, frio e um jogador que gostava de apostar forte, tanto dentro como fora do cassino, era um dos mais importantes agentes duplos dos ingleses. Dando a entender aos alemães que era seu espião, passou-lhes informações falsas elaboradas por peritos em desinformação. O que se pretendia era levar os alemães a acreditarem que os Aliados se preparavam para invadir a Europa ocupada através da zona costeira em redor de Calais. Este embuste funcionou como se esperava, já que os Aliados, ao desembarcarem na Normandia, mais ao sul, encontraram uma resistência muito reduzida por parte dos alemães, tendo, assim, sido poupadas muitas vidas. Popov foi levado de avião, disfarçadamente, para Londres, onde foi agraciado com uma alta condecoração, no decorrer de uma cerimônia secreta realizada no Palácio de Buckingham.

Foi também em Lisboa que alemães anti-Hitler, nomeadamente o advogado Otto John e membros destacados da Abwehr, colaboraram na tentativa de derrubar o Führer e negociar uma paz, através da constituição de um governo não názi. Kim Philby, na sua qualidade de chefe da seção ibérica dos serviços secretos britânicos, mas simpatizante dos soviéticos, como, aliás, veio a se confirmar, temia que tal plano pudesse intensificar o assalto alemão à Rússia. Respondeu, de modo enérgico, dizendo que a Grã-Bretanha apenas aceitaria uma rendição total e sem condições. Um grupo de alemães eminentes residentes em Lisboa forneceu, no entanto, aos agentes britânicos, informações valiosas, tendo até um deles pago tais serviços com a própria vida.

O grande herói português, nos anos da guerra, foi Aristides de Sousa Mendes, que era cônsul de Portugal em Bordéus, no ano de 1940, no período em que a França caiu em poder dos názis. Abordado por um grande número de judeus, que fugiam de uma perseguição certa e de uma morte provável, prontamente emitiu para eles vistos portugueses gratuitamente. Quando, em Lisboa, descobriram o que estava fazendo, ordenaram-lhe que parasse. Mendes reuniu a família, que se encontrava com ele em Bordéus, incluindo o genro recém-casado, e expôs-lhe a situação. A consciência dizia-lhe que, como católico, devia continuar a distribuir os vistos, só que tal fato significaria provavelmente cair em desgraça perante o regime de Salazar e, consequentemente, a ruína financeira, sua e da família. A mulher, as filhas e o genro não só o incentivaram a continuar, como, ainda, que nem funcionários, o ajudaram a conceder um maior número de vistos. Quando a notícia se alastrou, muitos judeus começaram a aglomerar-se diariamente à porta do consulado. A família Sousa Mendes pôs-se a trabalhar noite afora. O cônsul português em Baiona telefonou-lhe dizendo que a rua junto ao seu escritório estava cheia de refugiados judeus. O que havia de fazer? "Conceda-lhes vistos, claro", afirmou Aristides.

Nada menos do que 30 mil judeus foram salvos dos názis. Alguns deles ainda vivem tranquilamente na cidade termal das Caldas da Rainha. Muitos mais radicaram-se nas Américas do Norte e do Sul. Aristides foi suspenso de suas funções e mandado de volta a Lisboa. Foi julgado em segredo por um tribunal disciplinar com base no pormenor de, contra as ordens recebidas, ter passado um visto a um fugitivo que, para vergonha dos acusadores do cônsul, veio a descobrir-se ser um eminente professor de direito internacional. Aristides de Sousa Mendes foi proibido de trabalhar, passando a receber uma pensão de miséria. Passou o resto da vida ignorado, numa zona rural do país. Em 1967, o governo de Israel prestou-lhe homenagem pública, atribuindo-lhe o título de "Justo entre as Nações". O próprio governo português presta-lhe homenagens, a título póstumo, desde 1980.

Se anteriormente poderia ainda existir alguma dúvida, o fim da guerra mostrou de que lado estava a população portuguesa. As ruas de Lisboa e de outras cidades do país encheram-se de multidões de pessoas agitando bandeiras inglesas e americanas, aclamando a vitória dos Aliados e gritando palavras de ordem antirregime. Poucos dias mais tarde, Salazar, um pouco assustado, organizou uma manifestação em que foi aplaudido, de forma pouco convincente, pela sua "contribuição para a vitória dos Aliados". Reconhecendo a força do sentimento contra a ditadura, prometeu eleições livres, "tão livres como na Inglaterra livre".

Rapidamente, no entanto, mudou de opinião, afirmando que admirava os ingleses, "o seu modo de vida, o respeito que têm pelas suas instituições nacionais e o seu amor pela liberdade. Só que, infelizmente, conheço os portugueses muito bem para perceber que tais princípios não se aplicam a este país".

Enquanto a coligação antifascista formava o seu Movimento de Unidade Democrática, Salazar dirigia a modernização e o alargamento do âmbito da polícia política, presidindo às suas reuniões semanais de estratégia. Uma pedra angular dessa política era prender não apenas os que eram conhecidos pela luta travada contra o regime, mas também aqueles que, no futuro, o poderiam vir a fazer. À campanha da oposição contrapôs-se a limitação da liberdade, a censura, a perseguição, e um número cada vez maior de detenções. Uma grande manifestação, em Lisboa, exigiu que Salazar cumprisse sua promessa de eleições livres. Foi feita uma petição a favor da democracia que contou com 300 mil assinaturas. No Porto, os organizadores mantiveram secretas as identidades dos signatários — aparentemente em número superior a cem mil. As listas das assinaturas recolhidas em Lisboa foram enviadas, pelo governo, à polícia, que ordenou a demissão imediata de todos os funcionários públicos que tivessem assinado. Alguns dos professores mais conceituados do país foram, igualmente, despedidos das universidades. No setor privado, as entidades patronais foram também pressionadas para demitir os trabalhadores que assinaram a petição. As eleições realizaram-se sem um único candidato da oposição.

Alguns membros do Movimento Democrático recordaram o que acreditavam ter sido uma promessa dos Aliados: a garantia de realização de eleições livres, em Portugal, como recompensa pelo apoio dado à causa aliada durante a guerra. Os alemães, bem como outros derrotados da guerra, viram a democracia ser-lhes imposta. A ideia generalizada é de que, na ocasião, Salazar conseguiu convencer os governos britânico e americano de que a liberdade política, em Portugal, redundaria na tomada de poder pelos comunistas. Ainda que, na realidade, o Partido Comunista não contasse, provavelmente, com mais de sete mil ativistas, o fato é que, desde há muito, era de longe o mais bem-organizado de todos os grupos da oposição, tendo revelado, designadamente, uma considerável eficácia na organização de greves antissalazaristas. A evidência era, no entanto, contrária à ideia de que uma nação católica, como Portugal, os colocasse no poder.

Estava-se, contudo, perante a ameaça da Guerra Fria, existindo a forte convicção em Washington de que a "ameaça comunista" constituía a única alternativa ao fascismo em Portugal, unindo políticos tão díspares como Henry Kissinger e Robert Kennedy. Mesmo a proibição da entrada, em Portugal, da revista *Time*, ao longo de sete anos, por ter publicado um artigo criticando os excessos de Salazar, foi tolerada pelas autoridades americanas.

Salazar convocou outras eleições gerais, em 1952. Claro que não houve candidatos da oposição. Henrique Galvão, um dos protegidos de Salazar, foi eleito, e reparou que, pelo menos no seu círculo eleitoral, os escrutinadores não se tinham dado ao trabalho de contar os votos antes de o declararem vencedor. Jovem oficial do exército, Henrique Galvão tinha atingido a patente de capitão, sendo, depois, transferido para o serviço colonial. Organizou, em Lisboa, uma exposição que, evocativa dos feitos levados a cabo no Império Português, obteve grande sucesso. Salazar nomeou-o, então, inspetor superior da Administração Colonial.

Ao visitar Angola e Moçambique, Galvão constatou, espantado, que as realidades contradiziam a propaganda oficial de que ele próprio tinha sido destacado mentor. A fim de apresentar aos seus colegas deputados, na Assembleia Nacional, escreveu um relatório descrevendo a degradação humana e o cinismo oficial que se lhe tinham deparado. A polícia política confiscou todos os exemplares do relatório que conseguiu encontrar.

De acordo com Galvão, nesse relatório, quase todos os homens fisicamente saudáveis, que o puderam fazer, abandonaram Angola e Moçambique, para irem viver na África do Sul, onde desfrutavam não só melhores salários e condições de vida, mas também mais direitos cívicos, apesar da opressão do *apartheid*.

Em segundo lugar, a maioria dos homens com idades compreendidas entre os 14 e os setenta anos que, tendo permanecido naqueles territórios, eram considerados fisicamente aptos para o trabalho, foram reunidos, por agentes do governo português, e colocados numa espécie de currais, onde eram alugados a proprietários de minas e de plantações, bem como a outras entidades patronais. Para ele, este sistema de trabalho forçado era pior do que a própria escravatura. Enquanto o proprietário de um escravo, ao investir nele, tinha todo interesse pessoal em mantê-lo vivo e saudável, um angolano ou um moçambicano que, alugado pelo governo, adoecesse ou morresse era simplesmente devolvido, pela entidade patronal, para ser substituído sem qualquer encargo adicional.

Em terceiro lugar, a situação dos que, em aldeias de Angola e Moçambique, permaneciam em aparente liberdade, cultivando as terras da família, era pouco melhor. O que se propagandeava no momento da exposição era que esses camponeses recebiam ajuda de técnicos portugueses, visando à produção de lucrativas culturas, como o café, o algodão, o arroz e o chá. Só que, na realidade, além de nunca terem tido acesso a tais conhecimentos técnicos, eram obrigados, pelas entidades coloniais e pelos agentes das empresas que os visitavam, a vender o pouco que ali era produzido a preços irrisórios, que, depois, era revendido com lucros enormes. Os camponeses ficavam, assim, impossibilitados de sustentar financeiramente suas famílias. Os serviços médicos eram praticamente inexistentes. Galvão calculou que a taxa de mortalidade infantil era de 60%, tendo ainda constatado que, em algumas zonas, 40% das mães morriam por ocasião do parto. Muitos dos que sobreviviam — mães e filhos — sofriam da doença endêmica esquistossomose. Multiplicava-se o número de mães doentes e de filhos órfãos.

Historiadores do colonialismo africano, no tempo de Salazar, consideram que essas estatísticas sobre saúde possam pecar por exagero, mas não o resto do relatório, citado como um modelo de moderação. Ainda que não de nome, Salazar tinha, na prática, reintroduzido a escravatura que seus antecessores liberais haviam abolido cerca de um século antes. A filosofia do ditador expressava-se do seguinte modo: "O negro não trabalha, a não ser que para tal seja obrigado pela força."

O relatório desapareceu mesmo antes de ser rejeitado e, menos ainda, discutido. Galvão renunciou ao cargo. Declarou que a situação na África Portuguesa representava uma total traição aos tradicionais valores portugueses de humanismo e justiça. A culpa não era do povo português, mas de um "governo ilegítimo que a nação continuava a aguentar porque a isso era obrigada pelas forças policiais".

A Grã-Bretanha e os Estados Unidos tinham alguma culpa, pois, além de facultarem auxílio financeiro a Salazar, davam apoio diplomático no estrangeiro. "Ao apoiarem a ditadura, não só atraiçoam seu ideal de democracia, mas também levantam obstáculos a democratas portugueses que tentam a libertação."

Galvão foi detido por "membros da polícia política", que, como contou mais tarde, se comportaram como "*gangsters* assaltando um banco". Mantiveram-no em isolamento, torturaram-no, fizeram com que fosse declarado culpado e enviaram-no para a prisão. Após sete anos de encarceramento, Henrique Galvão adoeceu gravemente, vítima, segundo ele próprio, de uma eventual tentativa de envenenamento com arsênico, por parte da polícia política.

Foi transferido para o Hospital de Santa Maria, em Lisboa. Guardas faziam turnos, dois de cada vez, mantendo-o sob apertada vigilância. A janela do seu quarto tinha grades. Galvão fugiu por uma pequena janela de um banheiro no sétimo andar. Desceu lentamente, de peitoril em peitoril, até chegar a uma janela aberta que dava para um corredor. Encontrou um vestiário do pessoal, no qual se disfarçou de médico. Saiu para a rua pela entrada principal, dirigindo-se, depois, à Embaixada da Argentina, onde pediu asilo político. O embaixador negociou seu salvo-conduto até o aeroporto, de onde embarcou num avião para Buenos Aires.

Menos de dois anos mais tarde, em janeiro de 1961, o mundo acordou com a espantosa notícia de que o *Santa Maria*, um paquete de luxo e orgulho da marinha mercante portuguesa, havia sido tomado de assalto. A maioria dos passageiros eram americanos em cruzeiro pelas Caraíbas. Através da rádio soube que os piratas tinham mudado os passageiros da terceira classe para as suítes da primeira que se encontravam vagas. Organizaram bailes regados a champanhe.

Na noite anterior, Henrique Galvão, com mais 23 democratas portugueses exilados, tinham entrado no *Santa Maria*, disfarçados de passageiros e de técnicos. Como alguns deles não possuíam dinheiro suficiente para comprar bilhetes, entraram a bordo como visitantes e esconderam-se. Tinham em sua posse uma variedade de armas compradas no mercado negro venezuelano. No meio da noite, tomaram de assalto a ponte de comando. O oficial de serviço recusou render-se e foi atingido a tiro, vindo mais tarde a morrer. Foi o único oficial ou membro da tripulação que ofereceu resistência. O próprio comandante rendeu-se de imediato quando o acordaram na sua cabine. Como, mais tarde, observou Galvão, este homem, ora autoritário, ora choramingas ou bajulador, personificava a covardia e a torpeza moral a que Salazar tinha tentado reduzir toda a nação. Vários dos oficiais rapidamente mudaram de lado e puseram-se ao lado dos assaltantes.

Salazar invocou a aliança da Otan e pediu aos países-membros que ajudassem a marinha portuguesa a perseguir e recapturar o *Santa Maria*. Declarou que Galvão era conhecido por ser comunista e que a punição, internacionalmente aceita para um ato de pirataria, era a morte por enforcamento no mastro mais alto do navio.

A maioria das nações da Otan ignorou o apelo. A França rejeitou-o publicamente. A Grã-Bretanha enviou duas fragatas da Marinha Real e os Estados Unidos, um barco de guerra e aviões de reconhecimento. Galvão não era um ideólogo, mas um idealista e católico convicto. Rebatizou o navio com o nome de *Santa Liberdade* e emitiu uma declaração, através da rádio, declarando que não se tratava de um ato de pirataria. Citou, a propósito, Hayward e Hapworth, reconhecidas autoridades em direito marítimo internacional, de cujo manual, por eles escrito, levou um exemplar para bordo. Um navio era território soberano do país cuja bandeira arvorava. O *Santa Liberdade* fazia parte de Portugal, um país que ele e seus colegas queriam liberto de uma ditadura ilegal e devolvido ao regime constitucional.

O novo presidente dos Estados Unidos, John Kennedy, consultou, ele próprio, juristas, tendo concluído que os argumentos de Galvão eram bem-fundamentados. A Grã-Bretanha juntou-se aos Estados Unidos, retirando seus navios.

A intenção inicial de Henrique Galvão era levar o *Santa Liberdade* para Angola, dando, assim, a imagem de uma revolta pública antifascista naquela colônia. A falta de combustível e a pressão dos Estados Unidos persuadiram-no, no entanto, a dirigir-se antes para o Brasil. De acordo com os depoimentos dados à imprensa que os aguardava, quase todos os passageiros americanos desembarcados no Recife se diziam, agora, defensores de um Portugal livre. Henrique Galvão foi escoltado com honras até a Assembleia Nacional do Brasil, onde foi ovacionado de pé pelos seus membros.

Salazar permaneceu ditatorialmente à frente do país, mas sua base interna de apoio esmorecera. A subida do nível de vida registrada em grande parte do resto da Europa e o regresso dos países à democracia, à livre discussão de ideias e à justiça social seduzia cada vez mais uma nação cansada do ultranacionalismo e de um provincianismo exageradamente tacanho. Salazar respondeu à inquietação e à impaciência aumentando seus poderes, alargando a atuação da polícia política, impondo uma censura ainda mais feroz e considerando o ensino, sobretudo o de nível universitário, um inimigo oculto. Milhares de estudantes foram excluídos dos cursos universitários e enviados para a África, como milicianos, a fim de ajudarem a reprimir as revoltas nas colônias.

No exterior, a ideia que se tinha de Salazar mudou radicalmente. O esteio da civilização, enfrentando sozinho a tomada de Portugal por parte dos soviéticos, era agora olhado como um tirano isolado e humilhado. Nesse mesmo ano, o exército indiano invadiu e conquistou Goa, bem como outros enclaves coloniais de Portugal na Índia. Tanto a Grã-Bretanha como os Estados Unidos recusaram-se a intervir, sequer com um protesto diplomático simbólico. A Anistia Internacional, fundada em Londres, teve como objetivo primeiro assegurar a libertação de estudantes universitários pró-democracia que se encontravam detidos em prisões da polícia política, em Lisboa. Álvaro Cunhal, o lendário líder dos comunistas portugueses, que teve ajuda para fugir da cela fortemente guardada, onde se encontrava preso, reapareceu, triunfante, em Moscou. O general Humberto Delgado, que, em 1958, se tinha candidatado à Presidência da República, contra o regime, e que muitos continuam convictos que, de fato, recebeu a maioria dos votos, teve de abandonar o país, perseguido pela polícia política. Uma vez no Brasil, tornou-se o fulcro de uma oposição a Salazar, que, sediada no exterior, era cada vez mais forte. A resposta de Salazar à inevitável rendição de Goa foi mandar prender os comandantes e oficiais superiores, apenas pelo fato de terem agido de forma eficaz, evitando assim o que poderia ter resultado numa carnificina. Foram julgados, humilhados em tribunal de guerra e duramente punidos. A Pide assassinaria Humberto Delgado, na Espanha — os nomes dos seus algozes podem, hoje, ser vistos no Museu da República e Resistência, em Benfica. Em Angola, um grande levante realizado contra as arbitrariedades e injustiças do Estado foi implacavelmente reprimido, com a perda de muitas vidas. Entretanto, uma nova geração de oficiais, tendo embora participado nas repressões, começava a discutir, entre si, quanto mais tempo se poderia ou deveria tolerar que a opressão sobrevivesse, tanto em Portugal continental como nos territórios ultramarinos.

Capítulo XX
Liberdade ao amanhecer

Passavam 24 minutos da meia-noite. Era a madrugada de 24 para 25 de abril de 1974, quinta-feira, quando Leite de Vasconcelos, produtor de um programa de rádio, se encontrava num dos estúdios na Rádio Renascença. Abaixou a agulha do toca-discos para ouvir *Grândola, Vila Morena*, uma canção cuja letra tinha sido proibida pela censura. Algumas das pessoas que a escutaram eram ouvintes do programa pela primeira vez. Tinham ligado o rádio e sintonizado o programa motivados por uma crítica que, publicada num jornal da tarde anterior, considerava o programa de "audição obrigatória".

Entre os novos ouvintes, alguns eram jovens oficiais. Tanto a crítica, no jornal, como a passagem da canção eram o sinal codificado de que era chegado o momento de pôr em prática o plano de ação durante meses concebido em reuniões secretas, algumas delas realizadas nos fins de semana no interior do Alentejo. Ao amanhecer, aos lisboetas que se levantavam mais cedo depararam-se tanques e carros blindados apontados para as fachadas de edifícios militares e do governo, importantes postos da polícia, aeroporto, estação de rádio do Estado e outras instalações-chave.

Salazar morrera em 1970. A cadeira de praia em que estava recostado, enquanto a manicure lhe cuidava dos pés, na varanda da casa de férias, no Estoril, foi-se abaixo. A cabeça bateu no chão, mas, de início, não pareceu ter sofrido nada mais do que uma ligeira contusão. Duas semanas mais tarde, começou a queixar-se, dizendo que estava se "sentindo muito velho". Foi levado para o hospital, onde lhe descobriram um coágulo no cérebro. Foi submetido a intervenção cirúrgica, mas acabou morrendo.

Quando, 35 anos mais tarde, visitei sua terra natal, Santa Comba Dão, o memorial que ali tinha sido construído em sua honra, um mural de azulejos representando sua vida, nem tinha sido retirado, nem preservado. O fato refletia a ambivalência que se vivia em relação a Salazar e que ainda hoje perdura em muitas zonas do país. As políticas postas em prática pelo ditador tinham salvo Portugal da situação precária em que se encontrava quando assumiu o poder, mas, ao mesmo tempo, haviam rotulado Portugal internacionalmente de país fascista, já que Salazar se deixara influenciar grandemente por Mussolini e Franco. Apesar de tudo, não tinha recorrido a sistemas tão brutais como os utilizados por aqueles ditadores. Possivelmente, menos do que uma dúzia dos seus opositores políticos morreram vítimas da tortura infligida diretamente pela polícia. Só que o catolicismo, que ele professava, é bem claro quando diz que não se trata apenas do número de pessoas torturadas até a morte, mas da utilização da própria tortura. A Anistia Internacional, fundada como resposta direta à repulsa sentida em nível internacional pelo tratamento dado aos presos políticos, denunciou a situação vivida em Portugal.

Salazar seria, hoje, acusado de crimes contra a humanidade se fosse vivo? O professor Fernando d'Orey, um estudioso das reformas econômicas de Salazar, em conversa, após a detenção de Pinochet, em Londres, defendeu que o ditador português, se vivo, também teria sido alvo de um pedido de extradição por parte da Espanha, acusado de crimes que diziam muito mais respeito àquele país do que os registrados no Chile. Basta recordar a devolução às forças franquistas dos refugiados republicanos espanhóis, que, tendo pedido asilo político a Portugal, foram depois executados numa praça de touros. A falta de respeito pelos direitos humanos na África permanece como uma mácula terrível no bom nome do país.

Era ele um fascista ou um patriota autocrático, seguindo as pisadas do marquês de Pombal? A *Columbia Encyclopedia* define fascismo como uma "filosofia totalitária de governo que glorifica o Estado e a Nação, atribuindo ao Estado o controle de todos os aspectos da vida nacional... O seu caráter essencialmente vago e emocional facilita o desenvolvimento de variantes nacionais únicas, cujos líderes frequentemente negam, indignados, que sejam de todo fascistas".

A Salazar sucedeu Marcelo Caetano no cargo de presidente do Conselho de Ministros. Caetano, que tinha sido o protegido predileto de Salazar, era um professor de direito que, enquanto estudante, tinha mostrado simpatia pelo fascismo de estilo italiano. Colaborou ativamente na elaboração da Constituição do Estado Novo. Após ter passado por vários ministérios e ter orquestrado repressões nas colônias da África, foi nomeado reitor da Universidade de Lisboa. Demitiu-se mais tarde como forma de protesto pelo fato de policiais fardados terem irrompido nas instalações da universidade, com o objetivo de dispersar uma manifestação de estudantes. Seu protesto, no entanto, nada tinha a ver com a selvageria da polícia, mas contra a afronta de terem entrado na universidade sem antes solicitarem e obterem a sua autorização. Foi acordado em sua casa, às duas da manhã, pelo ministro da Defesa, que o alertou da existência, em Lisboa, de movimentos não autorizados de tropas. Caetano refugiou-se no quartel-general da Guarda Nacional Republicana, no Carmo.

Ao final da manhã, o quartel estava cercado pela cavalaria. Os sitiantes abriram fogo, mas apenas por alguns instantes, já que Marcelo Caetano concordou em receber o oficial que comandava os revoltosos. Informaram-no de que, durante a noite, Portugal tinha sido libertado do fascismo e que, a partir daquele momento, ele se encontrava sob prisão. Exigiram-lhe que se demitisse imediatamente.

Caetano afirmou que só apresentaria a demissão ao general Spínola, a quem telefonou. Spínola informou-o de que não tinha nada a ver com o golpe, mas que se deslocaria ao quartel a fim de conferenciar com os oficiais rebeldes. Foi, depois, falar com Caetano, em nome dos oficiais, e aceitou sua demissão. Naquela noite, os oficiais nomearam Spínola chefe de uma Junta de Salvação Nacional composta por oito membros. Spínola, que tinha sido pró-fascista, sendo, durante a II Guerra Mundial, abertamente pró-názi, só recentemente se tinha convertido à democracia. Encontrava-se entre os muitos que, a princípio, não acreditavam no êxito fácil de um golpe de Estado. Passados dois dias, Caetano, acompanhado de três dos seus principais ministros, bem como do presidente da República, o almirante Américo Tomás, foram levados de avião para o exílio, no Brasil,[1] sob detenção. Quase meio século de fascismo em Portugal chegava ao fim.

A única resistência ao golpe militar veio de um grupo de membros da Pide que se encontravam encurralados na sede. Quando os soldados se aproximaram, a polícia abriu fogo sobre eles. As duas mortes e os 13 feridos foram as únicas baixas provocadas pelo golpe militar, que rapidamente se tornou conhecido como a "Revolução dos Cravos", consequência dos cravos que os soldados colocaram nos canos das armas. Vinte anos mais tarde, praticamente todos, em Portugal, ainda se lembram de onde estavam, ou do que faziam, quando tomaram conhecimento de que o fascismo havia fracassado.

---

[1] Ainda que se tenha exilado no Brasil, onde viveu seis anos, Marcelo Caetano começou, no entanto, por ser deportado para a Madeira, tendo aí permanecido entre os dias 26 de abril e 25 de maio de 1974. Idêntica foi a situação em relação a Américo Tomás, que, em 1978, foi autorizado a regressar a Portugal, falecendo em 1987. (N.T.)

Os jornalistas que se encontravam no Hotel Avenida Palace, recordam-se de ver as ruas se encherem de gente, exultando e abraçando os soldados. Jovens milicianos, que aguardavam, receosos, a ida para a terrível Guerra Colonial, lembram-se, ainda hoje, ao verem abrir-se os portões dos quartéis e ouvirem dizer que podiam ir embora, bastando apenas despir as fardas e vestirem-se à paisana.

A filha de uma família rica recorda-se de as criadas terem ido para o jardim, fardadas, ver o desfile dos soldados vitoriosos, e de a mãe as mandar para dentro com receio de que tanto pessoal doméstico os pudesse denunciar como inimigos do povo. Várias das famílias mais ricas, defensoras destacadas do regime salazarista, fugiram para o exterior, levando consigo todo o dinheiro e bens que puderam, instalando-se em hotéis de luxo, em Londres, Paris e no Rio de Janeiro. Mas fora eles e a maioria dos membros da polícia política, que foram autorizados a partir sem serem molestados, todos estavam gratos por continuarem vivos, espantados apenas pelo modo como tão rapidamente se havia evaporado o apoio ao "Estado Novo, a tenebrosa experiência salazarista de remodelação da sociedade".

Embora nem o próprio Salazar, como, aliás, o prova sua conduta, parecesse acreditar que, pelo menos nos últimos anos, ainda continuava a contar com o apoio da maioria dos portugueses, o fato é que seu regime tinha, sem dúvida, simpatizantes. Sua base de apoio ia além das famílias, cujos negócios haviam prosperado enormemente durante os anos de economia controlada pelo Estado. Poucos, no entanto, tinham sido atraídos pela sua ideologia quase fascista. O que alguns membros da classe média apreciavam era a paz e a aparente estabilidade que consideravam um apanágio da época salazarista. Havia uma aura de ordem, que, ignorando as atividades da polícia política, evidenciava os eficientes serviços postais, as ruas varridas e limpas, uma taxa de criminalidade extraordinariamente baixa e as estações ferroviárias recém-pintadas e com canteiros de flores, de onde, à Mussolini, os trens partiam conforme o horário. O ditador tinha também conquistado o respeito pela sua discrição, pela frugalidade da sua vida pessoal, pela sua genuína incorruptibilidade financeira e por transmitir muito a ideia de que amava os portugueses como se de sua família fossem.

A origem do colapso fatal de apoio ao regime não aconteceu propriamente no interior do país, mas nas suas colônias, na África. À medida que as guerras pela independência se alastravam a grande velocidade, o regime abandonava a imagem de família benigna e acolhedora, uma ideia que Salazar se tinha empenhado em propalar. Começavam a multiplicar-se os telegramas chegados nas casas dos milicianos que, nas colônias, se encontravam em comissão de serviço, trazendo a notícia das suas mortes. Fotografias de jovens mortos por uma causa que não lhes dizia respeito, e em que muitos tampouco acreditavam, eram afixadas nas paredes das igrejas das aldeias, por pais abatidos pela dor. Nas capelas, santuários e ermidas, um pouco por todo o país, viam-se flores e velas, evocando os que tinham morrido e pedindo pelos que continuavam a combater. Com a ajuda e o incentivo das famílias, muitos dos jovens que se aproximavam da idade de incorporação fugiam de Portugal, apesar do rigoroso controle das fronteiras, dos portos e aeroportos. Os profissionais liberais, que tinham sido pilares do regime, começaram, de repente, a olhá-lo de modo diferente, sobretudo a partir do momento em que tomaram consciência de que seus filhos estavam sendo utilizados como carne para canhão nas guerras na África. Comunidades de jovens refratários portugueses iam aumentando em Amsterdã, Genebra, Paris e na América do Sul.

A política de resistência armada, prosseguida pelo governo de Lisboa, parecia uma loucura ainda maior aos olhos dos portugueses que residiam na África. Um grande número de cidadãos mudou-se para a África do Sul. Só em Joanesburgo, existe hoje em dia uma população de 400 mil portugueses. Grandes individualidades arriscaram suas carreiras ao fazerem campanha abertamente a favor do movimento antifascista contra a Guerra Colonial, o qual passou também a integrar a vasta maioria dos oficiais das Forças Armadas.

O general Spínola era o comandante-chefe das tropas portuguesas que combatiam contra o movimento de libertação da Guiné. Sua autoridade em nível local foi reforçada a partir do momento em que Lisboa o nomeou também governador-geral da província. Em 1973, Spínola informou o governo de Lisboa de que os portugueses não tinham qualquer hipótese de vitória. Caetano repreendeu-o. Spínola regressou a Lisboa e, após uma acalorada discussão com o presidente do Conselho de Ministros, apresentou a demissão.

Seu estatuto de herói e líder dos oficiais militares antifascistas foi ainda mais consolidado pelo livro que escreveu. Proibido na África, Spínola conseguiu, no entanto, que, em fevereiro de 1974, ele fosse impresso e distribuído em Portugal, tendo constituído um êxito editorial. Intitulado *Portugal e o futuro*, Spínola considera inviável o sistema de controle da economia e da sociedade do país pelo Estado. Defendia ainda que, na África, o governo devia realizar referendos junto das populações de Angola e Moçambique, colocando duas opções: ou tornarem-se independentes e cortarem os laços com Portugal, ou integrarem uma associação de nações de expressão portuguesa, sensivelmente idêntica à Comunidade Britânica. Em Portugal continental, considera necessária a realização de eleições e a reposição de uma série de liberdades básicas, a exemplo do que acontecia no resto da Europa Ocidental. Já então deposto do cargo de primeiro-ministro, Marcelo Caetano haveria de afirmar: "No momento em que li o livro, apercebi-me de imediato que o regime estava acabado."

E estava — dois meses mais tarde. Só que, para desilusão de muitos, tal não significou, no entanto, uma transição imediata para a democracia. Spínola formou um governo em que incluiu o líder dos socialistas, Mário Soares, e o líder do Partido Comunista, Álvaro Cunhal, ambos regressados do exílio. O verdadeiro poder nas ruas parecia, no entanto, estar nas mãos de um grupo de oficiais de extrema esquerda, chefiados por Otelo Saraiva de Carvalho. Ergueram bloqueios nas estradas, vexando as pessoas que suspeitavam ser "inimigos da classe". Roubavam dinheiro, relógios, carros e ocupavam casas. Detiveram ilegalmente o duque de Palmela e outros membros da nobreza. Prenderam alguns dos membros da família dos banqueiros Espírito Santo. Outros fugiram, entretanto, para o exterior.

Os revolucionários nacionalizaram todos os bancos e muitas das principais indústrias, sem qualquer indenização. De igual modo, confiscaram grandes propriedades agrícolas e sobreirais, com o argumento de que o faziam em nome dos operários e dos camponeses.

Spínola demitiu-se e tentou congregar os oficiais de direita a fim de derrubar seus colegas comunistas. Foi um fiasco. Por pouco, Spínola não foi capturado pelos comissários marxistas-leninistas. Apoderou-se de um helicóptero do exército e refugiou-se na Espanha. As promessas de eleições livres começaram a afigurar-se ilusórias, tal como o tinham sido sob o domínio salazarista. Em Washington, o secretário de Estado, Henry Kissinger, afirmava que Portugal era uma causa perdida. O futuro inevitável do país era tornar-se a Cuba da Europa. A Embaixada dos Estados Unidos em Lisboa mais parecia — aspecto que ainda hoje, de certo modo, se mantém — um enclave fortificado do que uma missão diplomática.

A censura à imprensa tinha sido abolida, juntamente com o fascismo. Otelo, como o major Saraiva de Carvalho era agora popularmente conhecido, conseguiu colocar nas redações dos jornais os chamados "comissários políticos", que tentavam selecionar as notícias e o que consideravam importante. Como quase toda a imprensa já tinha sido nacionalizada, poucos veículos além do *República*, dirigido por Raul Rego, que, tendo passado longos períodos nas prisões do regime salazarista, lutando pela causa da liberdade de imprensa, não estavam dispostos a ceder perante uma ditadura de esquerda. Os jornalistas e outros defensores da imprensa de informação organizaram uma manifestação em seu apoio, defronte do palácio presidencial. Otelo mandou tropas e carros blindados dispersarem a manifestação.

A televisão já era propriedade do Estado, quando, por ocasião da Revolução de Abril, foi ocupada pelos militares. Os marxistas-leninistas acusavam as Forças Armadas de recusarem à extrema esquerda o tempo de antena suficiente para defenderem suas ideologias. Os diretores de programas e os jornalistas mais liberais foram despedidos. Seus sucessores esquerdistas organizaram um programa, ao vivo, para que Álvaro Cunhal pudesse expor minuciosamente a estratégia do Partido Comunista em relação ao futuro do país. Convidaram também Mário Soares, líder socialista, confiantes de que Cunhal lhe daria um banho. Enganaram-se redondamente.

Não houve praticamente nenhum português que, nessa noite, não tivesse visto o programa. Embora muitos não possuíssem ainda seus próprios aparelhos em casa, juntaram-se em frente à televisão nos cafés, nos bares e nas lojas da esquina. Os dois políticos já se conheciam há muito. Soares era filho do diretor de um colégio, onde estudou e foi aluno de Álvaro Cunhal, que ali dava aulas de geografia.

Ambos haviam conhecido as celas da polícia política, o isolamento prisional e o exílio. Cunhal tinha passado grande parte da sua vida adulta na clandestinidade, organizando o partido. Soares havia lutado abertamente contra o fascismo: terminada a licenciatura em direito, dedicou-se à promoção dos direitos cívicos, através, designadamente, da defesa, em tribunal, dos acusados de crimes contra o Estado. Considerado um empecilho pelas autoridades, foi, por várias vezes, detido e torturado, tendo finalmente sido desterrado por Salazar para são Tomé. Aí, em vez de ficar inativo como se pretendia, retomou o exercício da advocacia, defendendo funcionários menores indiciados, com base em falsas acusações, de tentarem formar um sindicato. A resposta dos juízes coloniais não se fez esperar: aos clientes defendidos por Soares impunham penas muito mais duras do que no caso de serem representados por outro advogado, ou até mesmo por nenhum. Após a condenação de um guarda-fiscal a dez anos de prisão, quando, na pior das hipóteses, devia ter sido multado em meia semana de ordenado, Soares foi autorizado a regressar à metrópole, onde continuou a ser controlado pela polícia política. Alguns meses depois, fugiu para Paris, onde se dedicou à fundação do Partido Socialista.

Após a Revolução, Spínola nomeou-o ministro dos Negócios Estrangeiros. Soares viajou pela Europa, angariando apoio para um Portugal livre. Como o Ministério dos Negócios Estrangeiros não dispunha de grandes verbas, contou, para tanto, com a solidariedade dos partidos socialistas de outros países, liderados pelo Partido Trabalhista inglês. Soares passou rapidamente a ser uma figura destacada no panorama político internacional. Kissinger chamou-o, com desdém, de "Kerenski português", numa alusão ao político liberal russo que, tendo promovido a queda dos czares da Rússia, a fim de preparar o caminho para a democracia, acabou por ser derrubado pelos bolcheviques. Os comunistas em Portugal consideravam Mário Soares o inimigo público número um e traidor da causa antifascista.

O programa de televisão que contou com a participação de Cunhal e Soares, em novembro de 1975, não poderá ser descrito como um confronto, ou até mesmo um debate, entre os dois líderes e suas ideologias. Soares era um homem perspicaz, afetuoso e tinha um discurso vivo. Tratava os espectadores como iguais. Parecia totalmente à vontade com a situação, confiante, mas não arrogante, simpático e afável. Cunhal tinha sido educado em moldes autoritários. Sentou-se, hirto, com ar sério e aparentemente distante. Leu o manifesto do Partido Comunista Português que tinha preparado. Era um documento longo, escrito numa linguagem fria e burocrática, semelhante à utilizada pelos ideólogos estalinistas. Quando, depois de desafiado por Soares, Cunhal parava para o deixar fazer a pergunta — a que não respondia, passando por cima da questão —, retomava, depois, a leitura em tom monocórdio.

Bem antes do final do programa, já a maioria dos portugueses tinha chegado à conclusão de que Cunhal não era mais do que um Salazar com nova roupagem. O fato de o comunismo ter sido claramente derrotado não passou despercebido a Otelo e aos seus camaradas oficiais da extrema esquerda, ordenando às tropas paraquedistas que ocupassem todas as instalações militares em Lisboa e arredores que se encontravam sob o comando de membros liberais das Forças Armadas. Na quarta semana de novembro, parecia a muita gente, além de Kissinger, que a causa de um Portugal livre tinha chegado praticamente ao fim.

Aconteceu, no entanto, uma das mais inesperadas reviravoltas da história de Portugal. A impressão deixada por Soares, tanto em militares como civis, foi tal que o general Ramalho Eanes, um liberal das guerras da África, juntamente com um grupo de oficiais, que tinham escondido suas crenças políticas com receio de eventuais represálias, ganharam coragem e decidiram arriscar tudo para restaurar a democracia em Portugal. Na tarde de 24 de novembro, sob o comando de Eanes, executaram uma série de ataques-relâmpago a unidades militares controladas por comunistas, apoderando-se delas. Cunhal, honradamente, emitiu um comunicado, apelando aos militares comunistas para não resistirem, com receio de um terrível banho de sangue. Otelo e seu grupo foram detidos e, mais tarde, julgados, acusados de crimes contra a população.

Em abril de 1976, exatamente dois anos após a revolução, Mário Soares foi eleito primeiro-ministro. Em sinal de gratidão, a população elegeu presidente o general Ramalho Eanes, com uma maioria de 61% dos votos.

A situação dos portugueses permaneceu difícil, em muitos aspectos. Às convulsões registradas no ano anterior, havia que juntar a deterioração provocada por meio século de salazarismo, sob cujo domínio Portugal se tinha tornado o país mais atrasado da Europa Ocidental. Tinha a mais alta taxa de analfabetismo e de tuberculose. Para Salazar, quanto mais ignorantes os camponeses fossem, mais felizes seriam. Seu dito mais famoso, e porventura mais cínico, era de que não apenas os camponeses, como todos os restantes trabalhadores, deveriam alimentar-se de "fado, Fátima e futebol". Era de opinião de que a distribuição gratuita de medicamentos para combater a tuberculose constituía um vexame para a população. O país debatia-se, uma vez mais, com uma dívida de tal dimensão a credores estrangeiros que os economistas em Lisboa consideraram necessárias duas gerações para baixá-la a níveis aceitáveis. Depois, com o fim do domínio português nas colônias da África, Portugal recebeu uma vaga de 500 mil refugiados, majoritariamente descendentes das classes média e operária, que ali se tinham radicado, com o objetivo de encontrar um ambiente em que o progresso das carreiras não fosse entravado pelo estatuto social. Agora, boa parte estava sem dinheiro, com famílias inteiras vivendo num único quarto, em hotéis abandonados por turistas e empresários estrangeiros, e apenas com uma muda de roupa.

Havia escassez de gasolina e até nos bancos havia falta de dinheiro. Francisco Sá Carneiro, fundador do Partido Social-
-Democrata e personalidade altamente respeitada entre os

moderados, morreu quando o avião em que viajava caiu. Para muitos, tratou-se de uma tragédia levada a cabo por antidemocratas, da esquerda ou da direita, conforme as simpatias. Soares manifestou-se contra o sentimento alargado de que os portugueses eram estruturalmente incapazes de se comportarem como uma nação moderna, tanto democrática como economicamente.

Sua influência na força anímica do país foi importante para a recuperação. Parte da crise pós-revolucionária tinha sido provocada pela fuga para o exterior de mais de dez mil técnicos, gestores, engenheiros e outros profissionais qualificados, de quem dependia fundamentalmente o funcionamento da indústria e do comércio. Nesse momento, voltavam e dinamizavam os projetos fabris e a construção. Enquanto exilados, muitos dos jovens refratários à Guerra Colonial não tinham ficado parados. De volta à pátria, trazendo consigo a mais-valia de conhecimentos em medicina, tecnologia e arquitetura, além de habilitações para a docência universitária. Entre os retornados, que apenas superficialmente poderiam inspirar apenas compaixão, encontravam-se não só médicos, arquitetos, engenheiros e acadêmicos, mas também empresários enérgicos, dispostos a aplicar seus conhecimentos no desenvolvimento de novas indústrias e na criação de novas empresas. A taxa de crescimento econômico de Portugal acelerou, tendo-se aproximado da do resto da Europa. O país passou a ser conhecido, na imprensa financeira estrangeira, como a *tiger economy*. Uma gestão prudente e capaz reduziu a dívida nacional, tornando-a uma das baixas do mundo ocidental.

Nova legislação parlamentar, pelo menos em relação aos objetivos alcançados, tornou Portugal um dos países mais avançados. Novas leis fizeram com que os direitos das mulheres e das crianças passassem a ser ainda maiores do que no Reino Unido. Houve enormes melhorias no Serviço Nacional de Saúde, no saneamento básico e no ensino. O governo foi mudando tranquilamente de mãos e por várias vezes. Já não existe um partido fascista — o situado mais à direita é o Partido Popular, cuja ideologia é idêntica à dos outros partidos "populares" do resto da Europa, e que nem sequer parece capaz de atingir 10% dos votos. Os comunistas gozam de respeito, conquistado, sobretudo, através de eficiência, integridade e esclarecimento no nível do poder local. Sua gestão da cidade de Évora é, por muitos, apontada como um modelo de excelência. Nunca conseguiram, no entanto, uma implantação superior à da direita em nível nacional.

Apesar da sucessão de problemas e dos inúmeros desafios, as conquistas dos portugueses ao longo dos seus primeiros 15 anos de liberdade, tornou-se uma luz de esperança para as nações da Europa Oriental, quando, de repente, constataram que, também elas, se poderiam libertar de duas gerações de despotismo. Verificaram que, durante um século, Portugal tinha tido a experiência, primeiro, de uma ditadura militar e, depois, do fascismo e do comunismo; que também os portugueses tinham experimentado a sensação de aviltamento que se seguia à libertação, tendo mesmo sido considerados um caso perdido, já que precisariam de, pelo menos, duas gerações para recuperar a economia. A única esperança — dizia-se — era continuarem uma vida de privação e abnegação.

Havel foi de Praga a Lisboa, a fim de se encontrar com Mário Soares, que era, na ocasião, presidente da República. Juízes checos integraram um grupo de profissionais que foram a Portugal com o objetivo de aprender a atuar perante uma Constituição democrática. Técnicos portugueses foram à Hungria como consultores para a modernização das fábricas. Lech Walesa saiu da Polônia para agradecer a Nossa Senhora de Fátima a libertação do seu país.

A importância de Portugal no mundo constitui, hoje em dia, a prova de que outros países, traumatizados ao longo do século XX, têm motivos para viver com esperança.

A propósito das fontes

Sou um repórter e não um acadêmico. *Portugal e a revolução global* não é nem um manual nem uma dissertação, mas tão somente uma crônica pessoal sobre o modo como surgiu o Portugal de hoje.

É, acima de tudo, o resultado de oito anos vivendo, trabalhando e viajando entre os portugueses, além dos deslocamentos feitos à procura da sua história, no norte da África, na Andaluzia e na Borgonha.

Estou grato aos muitos amigos portugueses que contribuíram com o testemunho das suas experiências em relação aos acontecimentos que, em fins do século XX, fizeram o país regressar à democracia, juntamente com uma notável recuperação, que tornou possível sua entrada na União Europeia e a adesão ao euro.

Além disso, consultei ainda várias centenas de textos escritos em português, inglês e francês, tanto nas suas línguas originais como através de traduções feitas do árabe, alemão e latim. Muitas delas estão citadas no decorrer do texto, outras na lista de "Sugestões bibliográficas", mais adiante. Essas fontes incluem não apenas livros, mas também publicações, sobretudo em português, de jornais diários a revistas eruditas. Desde o fim da censura, nos finais da década de 1970, que foram abertos à consulta pública documentos até então considerados secretos. Uma nova geração de investigadores e historiadores, livre dos condicionalismos ideológicos, tanto de esquerda como de direita, está reexaminando o passado a uma nova luz.

Pude contar também com a consulta de jornais diários, como o *Público* e *Diário de Notícias*, o semanário *Expresso*, revistas como a *História*, panfletos publicados pela British Historical Association of Lisbon, monografias publicadas na *Brotéria*, a revista erudita dos jesuítas portugueses, e ainda os boletins do Centro Camões da Universidade de Colúmbia, em Nova York.

As obras de Tito Lívio, Plínio, o Velho, e Plutarco proporcionam uma informação fascinante sobre as eras pré-romana e romana, dados que foram bastante ampliados pela pesquisa arqueológica, em áreas que vão dos extraordinários feitos da engenharia romana — como a extração de minérios em poços profundos ou a construção de barragens — à introdução do cristianismo na Europa Ocidental, em que pesquisas recentemente efetuadas contradizem a crença popular.

O pioneiro da pesquisa do período islâmico foi Reinhart Dozy, da Universidade de Leyden, na década de 1850. Sua *Histoire des Musulmans d'Espagne* constitui o resultado de anos de estudo de arquivos da época, que os mouros tinham levado com eles, quando da fuga para o Marrocos. Mais recentemente, em 1975, um simpósio realizado na Universidade de Nova York, presidido pelo professor Bayley Winder, congregou peritos eminentes ocidentais e árabes sobre a contribuição islâmica para o desenvolvimento da civilização ocidental, com início na Ibéria. Seus estudos foram posteriormente publicados pelo Massachusetts Institute of Technology, sob o título *The Genius of Arab Civilization*.

Talvez a era mais contestada da história de Portugal seja, como já disse na introdução, a "reconquista" — a expulsão à força dos muçulmanos e a integração do país no mundo cristão. O relato português tradicional é fortemente contestado por fontes estrangeiras, sobretudo os registros do Concílio de Troyes e a fundação da Ordem do Templo, bem como as cartas de são Bernardo de Claraval, na Borgonha. Tenho uma dívida muito especial para com o irmão Irénée Vallery-Radot, o biógrafo cisterciense de são Bernardo.

Meu relato sobre a Inquisição, os judeus e sua expulsão do país baseia-se em fontes judaicas sefarditas e em estudos modernos de registros meticulosos, guardados pela própria Inquisição. A era pombalina continua a ser um campo minado para os historiadores, contestada sobretudo pelos jesuítas e por aqueles que os consideram, no momento, os grandes adversários da modernização. Tive de recorrer a ambos os lados para a minha versão dos acontecimentos: é, por isso, provável que não satisfaça nenhum deles. Minha intenção, no entanto, foi ser justo para ambas as partes.

Por consenso, a *História de Portugal*, da autoria de Alexandre Herculano, sobre o período do Iluminismo, num país livre de censura, publicada em meados do século XIX, constitui a primeira obra de vulto neste domínio. Entre as histórias posteriores, de autores abalizados, inclui-se a de Oliveira Martins, de que só estão disponíveis versões nas línguas portuguesa e francesa. Nos tempos modernos, a *História*, em dois volumes, compilada por Oliveira Marques — e agora traduzida e publicada em inglês —, constitui um notável trabalho de erudição. De longe o mais popular dos historiadores modernos é José Hermano Saraiva, que adora destruir lendas ultranacionalistas, sobretudo relativas à ditadura de Salazar, substituindo-as por outras mais convincentes capazes de levarem os portugueses a orgulharem-se do seu passado.

Ao socorrer-me de relatos estrangeiros — sobretudo ingleses — sobre a história de Portugal, reparei, repetidamente, que é preciso ter muito cuidado. A Grã-Bretanha tem mostrado um grande interesse por Portugal, quase desde a sua fundação, na Idade Média, que por vezes colide com a realidade dos portugueses. É uma propensão que se repete regularmente: desde o exagero colocado na importância do infante D. Henrique na descoberta do mundo além da Europa, apenas porque era meio inglês, até a divulgação da ideia de que a Grã--Bretanha reclamou a África Setentrional aos portugueses para benefício dos seus habitantes e não para enriquecimento de Cecil Rhodes. Outras asserções, tais como as de Livermore, segundo as quais Portugal não tem fronteiras naturais com a Espanha — um absurdo óbvio para qualquer pessoa que tenha viajado ao longo delas —, representam um ponto de vista que, implicitamente, pretende contestar o direito de Portugal à independência.

A nobre exceção entre os historiadores ingleses sobre Portugal é Charles Boxer. Ironicamente, esteve proibido de entrar em Portugal durante muitos anos, ao longo da ditadura salazarista, embora, posteriormente, tenha sido alvo de homenagem. São magistrais seus relatos sobre o "império marítimo" português, alguns dos quais constam da lista bibliográfica que se segue.

Sugestões bibliográficas

Esta lista de livros, em inglês, inclui publicações até o ano 2000. Alguns são originais, outros são traduções ou adaptações de manuscritos que datam de cerca de mil anos atrás ou de obras dos séculos XVIII e XIX. A lista está longe de ser completa: o catálogo da British Library enumera mais de cinquenta mil textos só na categoria "História de Portugal".

Excluí na minha seleção manuais escolares, embora não tenha evitado fazer referência a obras acadêmicas sempre que considerei necessário. Pretendi apenas orientar o leitor que deseje aprofundar uma ou mais das matérias versadas. A lista é eclética, tanto em relação às áreas especializadas como nos diferentes pontos de vista, muitos dos quais não são necessariamente os meus. As datas de publicação, que são fornecidas quando disponíveis, referem-se, sempre que possível, à edição mais recente e de mais fácil aquisição.

ALDEN, Dauril. *Royal Government in Colonial Brazil: With Special Reference to the Administration of the Marquis of Lavradio, Viceroy, 1769-1779*, University of California Press, 1968.

ANDERSEN, Hans Christian. *A Visit to Portugal, 1866*, 1972. (Edição portuguesa: *Uma visita a Portugal em 1866*, Instituto de Cultura e Língua Portuguesa, 1984.)

ANDERSON, James M. *Portugal, 1001 Sights* (guia arqueológico e histórico), Universidade de Exeter, 1994.

BARETTI, Giuseppe. *A Journey from London to Genoa through England, Portugal, Spain and France*, Open Gate Press Nov, Londres, 1970.

BEAMISH, Huldine. *Cavaliers of Portugal*, Geoffrey Bless, Londres, 1966.

BERNARDO DE CLARAVAL, São. *The Letters of St. Bernard of Clairvaux*, nova tradução por Bruno Scott James, Burns Oates, Londres, 1953.

BERMEO, Nancy. *The Revolution within the Revolution: Worker's Control in Rural Portugal*, Princeton University Press, 1986.

BLOOM, Murray Teigh. *The Man Who Stole Portugal*. (Edição portuguesa: *A grande burla*, duas edições da Acrópole, em 1976 e 1977, e uma edição da Editorial Panorama, em 1968.)

BODIAN, Mirian. *Hebrews of the Portuguese Nation — Conversos and Community in Early Modern Amsterdam*, Indiana University Press, 1977.

BOXER, Charles R. *From Lisbon to Goa, 1500-1750*, 1991.

———. *Salvador de Sá and the Struggle for Brazil and Angola, 1602-1686*, Athlone P., Constable, 1952.

———. *South China in the 16th Century*, edição de autor, Londres, 1953. (As narrativas são de Galeote Pereira, frei Gaspar da Cruz O.P., frei Martim Rada etc.)

———. *Portuguese Society in the Tropics: the Municipal Councils of Goa, Macao, Bahia, and Luanda, 1510-1800*, University of Wisconsin Press, 1965.

———. *The Tragic History of the Sea, 1589-1622*, 2 vols., Hakluyt Society at the University, 1959, 1968. (Tradução portuguesa de Bernardo Gomes de Brito, *A história trágico-marítima, 1589-1622*.)

———. *The Portuguese Seaborne Empire, 1415-1825*, Hutchison, 1977. (Edição portuguesa: *O império marítimo português, 1415-1825*, Edições 70, 1992.)

BRADFORD, Sarah. *The Englishman's Wine: The Story of Port*, Macmillan, Londres, 1969.

BRAGANÇA CUNHA, Vicente de. *Eight Centuries of Portuguese Monarchy. A Political Study*, Stephen Swift, Londres, 1911.

BREARLEY, Mary. *Hugo Gurgeny: Prisoner of the Lisbon Inquisition*, Jonathan Cape, Londres, 1947.

BRETT, Michael. *The Moors: Islam in West*, Orbis, Londres, 1980.

BRETTELL, Caroline B. *Men Who Migrate, Woman Who Wait*, Princeton University Press, 1986. (Edição portuguesa: *Homens que partem, mulheres que esperam*, Dom Quixote, 1991.)

BRUCE, Neil. *Portugal The Last Empire*, Newton Abbot, 1975.

CAMÕES, Luís de. *The Lusiads*. (Traduzido do original *Os Lusíadas* por William Atkinson, 1952.)

CHARLES, Sir Oman. *A History of the Peninsular War*, Greenhill, 1999.

CHEKE, Marcus. *Dictator of Portugal: A Life of the Marquis of Pombal*, Sidgwick & Jackson, 1938. (Edição portuguesa: *O ditador de Portugal, marquês de Pombal*, Civilização, Porto, 1960.)

COATES, Austin. *City of Broken Promises*, Muller, 1967.

COLLINS, Roger. *The Arab Conquest of Spain*, Blackwell, Oxford, 1989.

CORKILL, David. *The Portuguese Economy Since 1974*, Edinburgh University Press, 1993.

DUFFY, James. *Portuguese Africa*, Harvard University, Cambridge.

EVANS, Gillian R. *Bernard of Clairvaux*, Oxford University Press, 2000.

FEATHERSTONE, Donald. *Campaigning with the Duke of Wellington and Featherstone: A Guide to the Battles in Spain and Portugal with Donald Featherstone, the Duke of Wellington and All the Others, 1808-14 and 1973-92*, Emperor's Press, 1993.

FERREIRA, Hugo Gil, e MARSHALL, Michael W. *Portugal's Revolution: Ten Years On*, Cambridge University Press, 1986.

FIELDING, Henry. *Journal of a Voyage to Lisbon*, Oxford University Press, Londres, 1907. (Edição portuguesa: *Diário de uma viagem a Lisboa*, introdução e notas de João Manuel de Sousa Nunes, Ática, Lisboa, 1992.)

GALLAGHER, Tom. *Portugal: A 20th Century Interpretation*, University Press, Manchester, 1983.

GERVERS, Michael. *The Second Crusade and the Cistercians*, St. Martin's Press, 1992.

GÓIS, Damião de. *Lisbon on the Renaissance*, 1999. (Edição portuguesa: *Lisboa de Quinhentos*, adaptação de Raul Machado, Livr. Avelar Machado, Lisboa, 1937.)

GRAHAM, Lawrence S. *In Search of Modern Portugal: The Revolution and its Consequences*, University of Wisconsin Press, 1983.

GUNN, Geoffrey C. *Encountering Macao, A Portuguese City State*, 1996. (Edição portuguesa: *Ao encontro de Macau: Uma cidade-Estado portuguesa na periferia da China, 1557-1999*, tradução de José António N. de Sousa Tavares, Comissão para as Comemorações dos Descobrimentos Portugueses, Fundação Macau, Macau, 1998.)

HAMILTON, Russell G. *Voice from an Empire: A History of Afro-Portuguese*, University of Minnesota Press, Minneapolis, 1975.

HUGFARD, M. Kilian. *Saint Bernard of Clairvaux: A Theory of Art*, Mellen, 1989.

ISHERWOOD, Christopher. *Christopher and His Kind*, Farrar, Straus & Giroux, 1988.

JANITSCHEK, Hans. *Mario Soares Portrait of a Hero*, 1979.

LEVENSON, Jay A. (org.). *The Age of the Baroque in Portugal*, National Gallery of Art, 1993.

LOWE, K.J.P. *Cultural Links between Portugal and Italy in the Renaissance*, Oxford University Press, 2000.

MARQUES, António H. de Oliveira. *History of Portugal*; vol. I: *From Lusitania to Empire*; vol. II: *From Empire to Corporate State*, 1971, 1972. (Tradução do original *História de Portugal*; vol. I: *Das origens ao Renascimento*; vol. II: *Do Renascimento às revoluções liberais*; vol. III: *Das revoluções liberais aos nossos dias*, Editorial Presença, Lisboa.)

MARQUES, Susan Lowndes. *A Traveller's Guide to Portugal*, 1954.

MAXWELL, Kenneth. *The Making of Portuguese Democracy*, Cambridge University Press, 1995. (Edição portuguesa: *A construção da democracia em Portugal*, tradução de Carlos Leone e revisão de Saul Barata, Editorial Presença, 1999.)

MAXWELL, Kenneth. *Pombal: Paradox of Enlightenment*, Cambridge University Press, 1995. (Edição portuguesa: *Marquês de Pombal: Paradoxo do Iluminismo*, tradução de António de Pádua Danesi, Paz e Terra, Rio de Janeiro, 1996.)

MCGUIRE, Brian Patrick. *The Difficult Saint Bernard of Clairvaux*, 1991.

MELVILLE, C.P. (org.). *Christians and Moors in Spain: Arabic Sources 711-1501*, Aris & Phillips, 1992; *Texts of the Reconquest*, 1990.

MIRA, Manuel S. *Forgotten Portuguese: The Melungeons and the Portuguese Making of America*, Portuguese Amer Research Foundation, 1998.

MOLINOS, Arturo. *The Archaeology of the Iberians*, Cambridge University Press, 1998.

MYATT, Frederick. *British Sieges of the Peninsular War*, 1996.

NOWELL, Charles Edward. *A History of Portugal*, D. van Nostrand Co., Nova York, 1952.

OPELLO, Walter C. *Portugal from Monarchy to Pluralist Democracy*, Westview Press, Colorado, 1991.

PARIS, Erna. *The End of Days: A story of Tolerance, Tyranny, and the Expulsion of the Jews from Spain*, Prometheus Books, 1995.

PASSOS, John dos. *The Portugal Story: Three Centuries of Exploration and Discovery*, 1969. (Edição portuguesa: *Portugal: Três séculos de expansão e descobrimentos*, Íbis, Lisboa, 1976.)

PEARSON, M.N. *The Portuguese in India — New Cambridge History of India*, Cambridge University Press, 1990. (Edição portuguesa: *Os portugue-

ses na Índia, tradução de Ana Mafalda Tello, Teorema, O Jornal, Lisboa 1990.)

PESSOA, Fernando. *The Book of Disquietude*. (Traduzido do original, *O livro do desassossego*, por Richard Zenith.)

PHILLIPS, Jonathan. *The Conquest of Lisbon*, 2000.

PIERSON, Peter. *Commander of the Armada: The Seventh Duke of Medina Sidonia*, Yale University Press, 1989.

PINTO, António Costa. *Salazar's Dictatorship and European Fascism: Problems of Interpretation*, Social Science Monographs, Boulder, 1995. (Traduzido do original *O salazarismo e o fascismo europeu — Problemas de interpretação nas ciências sociais*, Ed. Estampa, 1992.)

PINTO, Fernão Mendes. *The Travels of Mendes Pinto*. (Ed. por Rebecca D. Catz, traduzido do original *A peregrinação*.)

QUEIRÓS, Eça de. *The Illustrious House of Ramirez*. (Traduzido do original *A ilustre Casa de Ramires*.)

READ, Jan. *The Moors in Spain and Portugal*, Rowman & Littlefield Pub. Inc., 1975.

ROBINSON, Richard A. Hodgon. *Contemporary Portugal*, 1979.

SARAMAGO, José. *The History of the Siege of Lisbon*, 1997. (Traduzido do original *A história do cerco de Lisboa*, Caminho, Lisboa, 1989.)

SHIRODKAR, P.P. *Researches in Indo-Portuguese History* (2 vols.), 1998.

SINGERMAN, Robert. *Spanish and Portuguese Jewry: A Classified Bibliography*, Greenwood Press, 1993.

SITWELL, Sir Sacheverell. *Portugal and Madeira*, B.T. Batsford, Londres, 1954.

SMITH, Colin (org.). *Christians and Moors in Spain: AD-1195-1614*, 1990.

SOARES, Mário. *Portugal's Struggle for Liberty*. (Traduzido do original *Portugal amordaçado*.)

STANISLAWSKI, Dan. *The Individuality of Portugal*, University of Texas Press, Austin, 1959.

STRANDES, Justus. *The Portuguese Period in East Africa*, 1961.

STRANGFORD, Lord. *Poems from the Portuguese of Luis de Camoens*, James Carpenter and Son, 1824.

SUBRAHMANYAM, Sanjay. *The Career and Legend of Vasco da Gama*, 1997. (Edição portuguesa: *A carreira e a lenda de Vasco da Gama*, Comissão Nacional para as Comemorações dos Descobrimentos, Lisboa.)

TAMEN, Miguel, e BUESCU, Helena Carvalhão. *A Revisionary History of Portuguese Literature*, Garland Publishing Company, "Hispanic Issues", vol. 18, 1999.

VERNON, Paul. *A History of the Portuguese Fado*, Ashgate, cop., 1998.

VIEIRA DA SILVA, José Custódio. *The National Palace of Sintra*, Scala Publis, Londres, 2002.

WHEELER, Douglas L. *Republican Portugal: A Political History, 1910-1936*, University of Wisconsin Press, 1978.

WILLS, John E. *Embassies and Illusions: Dutch and Portuguese Envoys to K'Ang-His, 1666-1687*, Harvard University Press 1984.

WILNIUS, George. *The Fatal History of Portuguese Ceylon: Transition to Dutch Rule*, Harvard University Press, 1971.

WISE, Audrey. *Eyewitness in Revolutionary Portugal*, Spokesman, 1975.

WORDSWORTH, William. *Concerning the Convention of Cintra*.

ZIMLER, Richard. *The Last Kabbalist of Lisbon*, 1996. (Edição portuguesa: *O último cabalista de Lisboa*, tradução de José Lima, Quetzal, Lisboa, 1996.)

Sites

www.portugal.com
   Site de busca especializado, que permite o acesso a informações referentes a Portugal: comercial, sobre viagens, comunicação social etc.

www.well.com/user/ideamen/portugal.html
   Ampla lista de *home pages* de fornecedores de informação sobre Portugal, que vão desde a CIA até a Universidade do Minho.

www.the-news.net
   Notícias sobre Portugal, em inglês, atualizadas semanalmente.

www.algarveresident.com
   Notícias do Algarve, atualizadas semanalmente.

www.alemnet.org/aol/elo
   Notícias e informações *online* sobre a região do Algarve.

Índice onomástico

A

Abd-al-Rahman, dinastia 68, 77, 78, 79
Abis, rei-deus 38, 39
Abraão, rabino 156, 157, 225
Abu Tabé Muhammad 151
Adahu 129, 130
Adriano, imperador romano 44, 50
Afonso Henriques, primeiro rei de Portugal 8, 89, 90, 91, 92, 93, 95, 99, 101, 102, 104
Afonso IV, rei de Portugal 109
Afonso, rei de Leão e Castela 88
Afonso VI, rei de Portugal 238, 244
Afonso V, rei de Portugal 139
Agila, príncipe visigodo 65
Alarcão, Jorge 57
Alberto, príncipe 282
Albuquerque, Afonso de 9, 177, 178, 179, 182, 183, 184, 185
Alenquer, capitão Pêro de 111, 161
Alexandre, o Grande 43
Alexandre VI, papa 144
Al-Idrisi, geógrafo árabe 78, 79
Almeida, Francisco de 176, 181
Al-Mu'tamid, príncipe de Sevilha 82, 83

Altabé, David, rabino 211, 214
Altenburg 258
Amadeu, conde de Saboia 89
Amélia, rainha de Portugal 292
Amílcar, comandante militar de Cartago 37, 39
Andeiro, João Fernandes, conde 110, 111
Andersen, Hans Christian 10, 25, 282, 283, 345
Aníbal, filho de Amílcar 7, 37, 38, 39, 40, 41, 53
Anjiro 188, 189
António de Almeida, líder republicano 292
António, prior de Crato 231, 232, 233, 234
Arib bin Said 80
Aristóteles 82, 265
Arroio, João 283
Arruda, Diogo de 197
Arruda, Francisco 197
Arundel, Conde de 122
Asdrúbal 39
Auden, W.H. 22
Augusto, imperador 47
Azambuja, Diogo de 145

Azurara, Gomes Eanes de 121, 131, 132, 134, 135

B

Badomel, rei do Senegal 134
Baldaia, capitão Afonso Gonçalves 128, 129, 130
Barlow, padre 239, 240
Barradas, Arno 313, 314
Beresford, lorde (William Carr) 275, 276, 278
Bismarck 10, 289
Bodley, *Sir* Thomas 9, 235
Boitac, Diogo de 197
Bolt, Robert 262
Bosch, Hieronymus 236
Boxer, Charles 162, 344
Bragança, princesa Catarina de 10, 26, 194, 239, 240, 241, 242
Braganças 10, 248, 250, 270, 271, 291
Braga, Teófilo, primeiro presidente republicano 291
Brito, Gabriel Mesquita de 14
Brito, irmão Bernardo de 237
Brito, João de, padre 178
Burton, David 193
Byron, lorde 21

C

Cabral, Pedro Álvares 145, 175, 176
Cadaval, marquesa de 21
Caetano, Marcelo, torna-se presidente do Conselho de Ministros 329, 330
Canning, Lord 275
Caracala, imperador romano 54
Carlos II, rei da Inglaterra 10, 162, 194, 239, 240, 243
Carlos I, rei da Inglaterra 287, 291, 292
Carlota Joaquina, rainha de Portugal 279

Carmona, general António Óscar 301, 302, 303, 304
Carneiro, Francisco Sá 338
Carneiro, Roberto 29
Carol, rei da Roménia 304
Carvalho, Otelo Saraiva de 334
Castlemayne, Lady 242, 243
Castro, Américo 69
Castro, Inês de 105
Castro, Isabel de 190
Castro, João de 200
Catarina, princesa espanhola 212
Catz, Rebecca 187
Cerejeira, Manuel Gonçalves, cardeal-patriarca de Lisboa 302, 308
Cervantes, Miguel 186
Chagas, João, líder republicano 292
Chagyat, Juddah, rabino 211
Che Guevara 33
Churchill, Winston 301, 310, 311, 312
Cipião, Caio Cornélio, general romano 40, 41
Clemente V, papa 107
Clemente XIII, papa 263, 264
Clemente XIV, papa 264
Coates, Austin 13
Coleridge 20
Colombo, Bartolomeu 142
Colombo, Cristóvão 8, 119, 138, 140, 141, 142, 149
Colombo, Fernando 142
Conrad Roth, banqueiro alemão 204
Constantino, imperador romano 56
Correia, Gaspar 170
Cortesão, Armando 163
Costa, Afonso, líder republicano 297
Covilhã, Pêro da 8, 143, 149, 150, 151, 152, 156, 157, 158, 159, 160, 161
Cunhal, Álvaro, líder comunista 11, 313, 325, 334, 335, 336, 337

Cunha, Pedro da 5, 13, 27, 32, 287
Cunha, Susan 27
Cunha, Tristão da 9, 13, 182, 195, 198, 199

D

Dalrymple, major 104
Daniel, Thomas 112
Delgado, general Humberto 326
Delgado, general Humberto 326
Descartes 263
Dias, Bartolomeu 8, 131, 138, 143, 156, 157, 158, 163, 164, 175
Dickens, Charles 282
Dinis, rei de Portugal 8, 105, 106, 107, 108, 109, 208
Domiciano, imperador romano 54, 58
Dourado, Fernão Vaz, cartógrafo 226
Dozy, Reinhart 342
Drake, *Sir* Francis 9, 227, 230, 231, 232, 233, 234, 235
D‚rer, Albrecht 199
Duarte, rei de Portugal 116, 118, 119, 122, 125, 208
Duque da Terceira 280
Duque de Alba 206, 224
Duque de Aveiro 256
Duque de Beja 152
Duque de Bragança 139, 236, 237, 244
Duque de Medina Sidónia 150
Duque de Olivares 236
Duque de Palmela 334
Duque de Portland 274
Duque de Viseu 139
Duzy, Reinhart 69

E

Eanes, general, Ramalho 337, 338
Eanes, Gil 128
Eberhardt 133
Eduardo II, rei da Inglaterra 106

Eiffel, Gustave, engenheiro 284
Eliezer, rabino 208
Escoffier 273
Essex, conde de 9, 231, 232, 233, 234, 235
Eugénio III, papa 92
Eugénio IV, papa 158
Eulógio 71, 72

F

Fernandes, Carlos 14
Fernandes, Mateus 197
Fernando II, rei de Portugal (duque de Saxe-Coburgo Gotha) 282, 283
Fernando I, rei de Portugal 110
Fernando, príncipe, filho de D. João I de Portugal 118, 125, 151
Fernando, rei de Castela 210, 212
Ficalho, conde de 137
Fielding, Henry 20
Figueira, Francisco 292
Filipa, filha de John Gaunt (rainha de Portugal) 114, 115, 116, 118, 122
Filipe III, rei de Portugal (IV de Espanha) 236
Filipe II, rei de Portugal (III de Espanha) 235
Filipe I, rei de Portugal (II de Espanha) 205, 215, 229, 235
Filipe IV, rei de França 107
Filipe, Luís, príncipe 292
Fleming, Ian 21, 316
Fonseca, Frei João Vicente da, arcebispo 226
Fonseca, José Maria da 54
Forest, padre 228
Franco, Francisco, ditador espanhol 328
Franco, João, presidente do Movimento de Renovação e Liberdade 292
Fuentes, conde de 231, 232

G

Galvão, Henrique 11, 320, 323, 324, 325
Gama, Estêvão da 164
Gama, Paulo da 164, 174
Gama, Vasco da, conde da Vidigueira 9, 138, 145, 161, 162, 163, 166, 167, 168, 169, 170, 171, 172, 173, 174, 175, 179, 197, 198, 224
Gargaris, deus-rei, inventor do cultivo 38
Garrett, Almeida 281, 284
Gascon, Samuel 208
Gaunt, John, duque de Lancaster 110, 114
Geddes, Michael 220
Geraldo Sem-Pavor, cavaleiro lendário 8, 91, 92
Gilberto, bispo de Lisboa 101, 102
Glanvill, Herbay de 96
Godofredo de Saint-Aumer 86
Godofredo V, rei de Inglaterra 112
Goethe 251
Gomes da Costa, general Manuel 300
Gomes, Fernão 136
Gomes, Henrique Barros, ministro das Colônias 289
Gonçalves, Antão 129
Graham, Billy 28
Greene, Graham 21, 312, 315, 316
Guilherme IV, rei de Inglaterra 223
Góis, Damião de 195, 196

H

Hapworth 324
Havel, Vaclav 340
Hayward 324
Heinz 21, 22
Henri, conde, pretendente ao trono francês 304
Henrique, cardeal-arcebispo de Lisboa, torna-se rei 203
Henrique, conde da Borgonha 89
Henrique, o Navegador, príncipe 117, 118, 119, 120, 121, 122, 123, 124, 125, 126, 127, 129, 130, 131, 132, 133, 134, 135, 136, 137, 138, 151, 344
Henrique VIII, rei de Inglaterra 212
Herculano, Alexandre, historiador 283, 284, 343
Herodes Agripa II 61
Heródoto, historiador 36
Hipócrates 200
Hitler, Adolf 310, 311, 315, 317
Hoofman, Cornelius 226
Horthy, regente da Hungria 304

I

Ibn al-Awaam, agrônomo 73
Ibn al-Basaal, agrônomo 73
Ibn al-Labban, poeta 85
Ibn Ammar, poeta 82, 83, 84
Imulce, filha do senhor das Montanhas de Prata 40
Isaac, irmão 70, 71
Isabel, filha de Fernando e Isabel, reis de Castela 212, 213
Isabel I, rainha da Inglaterra 201, 230
Isabel, princesa, irmã de D. João II 202
Isabel, rainha de Castela 210, 212, 213, 231
Isabel, rainha de Portugal 105, 109
Isherwood, Christopher 21, 22

J

Jaffrey, Madhur 193
Júlio César, governador da Hispânia Ulterior, depois imperador romano 7, 42, 43
Júlio II, papa 152
John, Otto 317
Jonas 35

João de Deus 283
João III, rei de Portugal 202, 203, 231
João II, rei de Portugal 137, 138, 139, 141, 142, 145, 146, 150, 151, 152, 155, 163, 164, 165, 211, 296
João I, rei de Castela 110, 112, 113
João I, rei de Portugal 118, 122
João IV, rei de Portugal 237
João VI, príncipe-regente de Portugal 269, 270, 271, 275, 278
João V, rei de Portugal 248, 249
José I, rei de Portugal 253, 254, 256, 257, 258, 259, 260, 263, 267
Juan Carlos, príncipe, pretendente ao trono espanhol 304
Junot, general, duque de Abrantes 270, 271, 272, 273

K

Kennedy, John 324
Kennedy, Robert 320
Kéroualle, Louise de, duquesa de Portsmouth 243
Kissinger, Henry 320, 334, 336, 337
Konestske, Richard 69

L

Lancaster, Terence 16
Lane, Salles 23
Leonor, princesa austríaca 202
Leão XIII, papa 305
Leão X, Papa 198
Linshoten 226
Livermore 344
Livingstone 290
Lívio, Tito, historiador romano 36, 37, 39, 40, 342
Lopes, Fernão, cronista 111
Luísa de Gusmão, rainha de Portugal 237, 239, 244
Luís, rei de Portugal 282

Luís XI, rei de França 139
Luís XIV, rei de França 239, 257

M

Madjiid, Ahmed ibn 163
Mafalda, rainha de Portugal 89
Maia, Manuel da 257
Major, Richard 117, 118, 119
Manuel II, último rei de Portugal 292, 293
Manuel I, rei de Portugal 9, 159, 163, 164, 185, 195, 196, 197, 198, 199, 201, 202, 203, 212, 213, 214, 215
Maomé, profeta 69, 70, 72, 73, 96, 180
Maria Ana de Habsburgo, rainha mãe de Portugal 248, 255
Maria da Glória, rainha Maria II de Portugal 279, 280, 282
Maria Francisca, rainha Maria I de Portugal 267
Martins, Estêvão 143
Martins, Lourenço 112
Maschioni, Bartolomeu 152
Massena, general 273, 277, 278
Matos, general Norton de 313
Máximo, imperador romano 60
Medicis 137, 138, 145, 152, 198
    Giovanni de 198
    Lourenço de 198
Melo, Paulo de Carvalho e, irmão do Marquês de Pombal 264
Melo, Sebastião José de Carvalho e, marquês de Pombal 253, 255, 256, 258, 260, 261, 262, 266, 268, 308, 329
Mendes, Aristides de Sousa 317, 318
Mendes, Diogo 224
Mendes, Graça 223
Mendes, Álvaro 223
Mendes, Moisés 223
Mendonça, Salvador Furtado de 246

Miguel, príncipe-regente, rei Miguel I 279, 280
Miller, John 243
Mântua, duquesa de 237
Molay, Jacques de 107
Monçaide, piloto 173
Moore, Susan 14
Muça ibn Nusayr 67, 68
Muggeridge, Malcolm 316
Mulachik, rei de Fez 151
Mussolini, Benito 300, 301, 308, 328, 332

N

Nacala, padre 85
Napier, Charles 280
Napoleão Bonaparte 10, 269, 270, 272, 274, 278
Nasi, Josef 223
Noé 35
Norris, *Sir* John Blackjack 230
Nunes, João 170
Nunes, Pedro 200

O

O'Connor, John 14
O'Daly, padre Daniel 239, 244
Oliveira Marques, historiador 137, 343
Oliveira Martins, historiador 343
Oliveira, padre Fernando 135
Orey, Fernando d' 13, 32, 328
Orta, Garcia de 200
Osório, Jerónimo, bispo do Algarve 235

P

Pannikar, K.M. 162
Pascal 209, 263
Paynes, Hugues de 86, 89, 90, 92
Pedro Hispano, único papa português (João XXI) 81
Pedro II, rei de Portugal 238, 244
Pedro I (IV de Portugal), imperador do Brasil 279
Pedro I, rei de Portugal 105
Pedro, príncipe-regente 116, 118, 123
Pepys, Samuel 240, 241
Pereira, Nuno Álvares 113
Pessagna, Manuel 106
Pessoa, Fernando 198
Philby, Kim 312
Pinochet, Augusto 328
Pinto, Fernão Mendes 186, 187
Pio XI, papa 305
Plínio, o Velho 50, 51, 52, 342
Plutarco, biógrafo romano 42, 342
Polo, Marco 149, 154
Ponsard, Mesnier du, engenheiro 285
Popov, Dusco 316, 317
Preste João 8, 157, 158
Prisciliano, bispo de Ávila 62, 63

Q

Queirós, Eça de, escritor 285
Quintiliano, historiador ibérico 58

R

Raby, D.L. 314
Raleigh, *Sir* Walter 235
Recesvinto, rei visigodo 64
Rego, Raul, jornalista 335
Reis, Alves dos 298, 299
Reis, Francisco, padre 150, 152, 158, 159, 160
Reis, Jaime 13
Rex Argentonius 36
Rhodes, Cecil 289, 344
Ricardo, Coração de Leão 85
Ricardo II, rei da Inglaterra 112, 114, 115
Richelieu, cardeal francês 236
Rodrigo, médico 148

Rodrigo, rei visigodo 65, 66, 113
Romanov, dinastia 293

S
Saher, lorde de Archelle 96, 100
Salazar, António de Oliveira 10, 11, 13, 26, 33, 302, 303, 304, 305, 306, 307, 308, 309, 311, 312, 313, 314, 315, 318, 319, 320, 322, 324, 325, 326, 327, 328, 329, 331, 332, 336, 337, 338, 343
Saldanha, António 13
Samorim, Senhor dos Oceanos 154, 161, 170, 171
Sandwich, conde de 240, 241
Santiago 7, 59, 60, 61, 62, 73, 88, 296
Santo Agostinho 90, 166
Santo António de Lisboa 13, 233
Santos, Eugénio dos, arquiteto 258
Saraiva, António José 216
Saraiva, José Hermano 91, 165, 343
Saramago, José 250
Sarfati, Isaac, rabino 222
Scarlatti, Domenico 249
Schomberg, general 244
Sebastião, rei de Portugal 9, 203, 204, 205
Séneca 50
Shakespeare, William 196
Silva, Aníbal Cavaco 29
Silva, Madre Paula da 249
Siqueira, Bartolomeu 246
Sisenando 70
Soares, Mário, líder socialista 19, 334, 335, 336, 338, 340
São Bernardo, abade de Claraval 8, 33, 88, 90, 91, 92, 93, 94, 103, 104, 110, 343
São Francisco Xavier 9, 17, 19, 178, 180, 187, 188, 262
São João Batista 249
São Martinho, bispo de Braga 64
São Paulo 60, 75
São Pedro 264
São Tomás de Aquino 265
Soult, general 273, 275
Southey, Robert 20
Speer, Albert 311
Spender, Stephen 21, 22
Spínola, general António de 330, 333, 334, 336
Stephens, William 104
Stukeley, *Sir* Thomas 204, 205

T
Talleyrand 271
Tarik, general árabe 65, 66, 67
Távora, marquesa de 256
Teles, Leonor, rainha de Portugal 110, 111
Tennyson, Alfred 21
Teresa, princesa, segunda filha de Afonso, rei de Leão 88, 89
Tibério, imperador romano 45
Timoja, emissário hindu de Goa 177
Tirdo, Josef, rabino 224
Tomás, Américo 330
Tomlin, Geraldine 14
Torralva, Diogo de 197
Toscanelli, Paolo 143
Tristão, Nuno 129, 130, 131, 132, 133

U
Umberto, rei da Itália 304
Urbano VII, papa 238

V
Vallery-Radot, irmão Irénée 343
Vasconcelos, José Leite de 327
Vasconcelos, Miguel de 237
Vasques, Fernão 110
Velho, capitão Manuel Garcia 247

Velho, Álvaro 165, 166, 168, 170, 171
Vicente, Gil 196, 197, 201, 284
Vieira, António, padre 221
Viriato, líder lusitano 41
Visinio, José 149
Vitiza, rei visigodo 7, 65, 68
Vitória, rainha da Inglaterra 282
Voltaire 251, 263, 265

W

Walesa, Lech 340
Wellesley, Sir Arthur, duque de Wellington 274
Willis, médico 269
Winder, Bayley 342
Wordsworth, Dorothy 20
Wordsworth, William 20

Produção
Adriana Torres
Ana Carla Sousa

Produção editorial
Frederico Hartje
Guilherme Bernardo
Rosana A. Moraes

Indexação
Adriana Torres

Revisão
Eduardo Carneiro
Mariana Oliveira

Diagramação
DTPhoenix Editorial

Este livro foi impresso no Rio de Janeiro, em novembro de 2011, pela Edigráfica, para a Editora Nova Fronteira.
A fonte usada no miolo é Iowan Old Style, corpo 10,5/14,5.
O papel do miolo é chambril avena 70g/m², e o da capa é cartão 250g/m².

Visite nosso site: www.novafronteira.com.br